다시 만난
월든

다시 만난
월든

정여울이
직접 걷고, 느끼고,
만난 소로의 지혜

정여울 지음 이승원 사진

자, 이제 우리들의 철학을 세상 속으로 가지고 나갈 때가 되었다.

헨리 데이비드 소로, 『소로의 일기』(1857년 6월) 중에서

월든 호수로의 초대장

오늘도 과연 내 길이 맞는가 의심하며 자신을 괴롭혔는지요.
타인의 시선을 신경 쓰며 너무 피곤한 하루를 보내는 우리들.
사회적 시선에 지치고 감정노동에 지친 여러분께, 나는 초대장
을 내밀고 싶습니다.

여기서부터는 '월든 존'이라고. 이제부터 감정노동은 그만!
대신 지적이고 생동감 넘치는 사유의 모험 속으로 여러분을
초대하고 싶습니다.

여기서부터는 월든 존입니다. 여기서부터는 완전히 마음을
내려놓아도 됩니다. 신발을 벗어버리고, 걱정을 벗어버리고,
슬픔도 벗어버리고, 헨리 데이비드 소로와 함께하는 아름다
운 산책의 시간 속으로 들어오세요.

월든, 지친 마음의 안식처

"우리의 삶은 사소한 것들로 지나치게 낭비된다.
······ 단순하게, 더욱 단순하게, 이루 말할 수 없이 단순하게 살아라."
—헨리 데이비드 소로, 『월든』 중에서

너무 많은 걱정을 짊어지고 살아가던 우리에게 '정말 그 모든 짐을 혼자 다 지고 갈 건가요?'라고 묻는 듯한 장소가 있다. 걱정을 내려놓고, 부담도 욕심도 내려놓고, 그저 티 없이 맑은 나를 만나볼 용기를 준 장소, 그곳이 바로 월든이었다. 월든으로 가는 길은 곧 오랫동안 잊고 있던 내 첫 마음과 만나는 길이었다. 매일 걷던 똑같은 길도 온전히 마음을 집중하여 걸으면 새로운 길, 나만의 길이 된다. 모두가 똑같은 박자와 멜로디를 강요할 때도, 나만의 리듬, 나만의 흥얼거림으로 살아갈 용기를 준 사람. 남들의 속도를 흘깃거릴 필요 없이, 가만히 홀로 걷는 길의 아름다움을 알려준 사람. 그 머나먼 곳에 꼭 가야겠냐고 타박하는 나의 두려움을 향해, '그곳에 가야만 만날 수 있는 월든'의 아름다움을 그려준 사람. 그가 바로 헨리 데이비드 소로다.

늪지대 특유의 다양한 식물과 동물들이 가득하고, 수영하는 사람과 낚시하는 사람과 독서하는 사람과 산책하는 사람이 너무도 자연스럽게 어우러지고, 그렇게 많은 사람들이 모여 있어도 신기하게 고요하고 평화로운 월든 호수의 매력은 바로 우리를 '아름다운 고독의 방' 속으로 초대하는 곳이라는 점이다. 소로가 1845년부터 약 2년 2개월 동안 머물며 '첫 책'을 썼던 바로 그곳.

그가 숲속으로 들어간 이유는 단지 소란스러운 바깥세상을 피하기 위해서가 아니라 '삶의 정수'를 온몸으로 대면하기 위해서였다. 지금이 아니라면 결코 만날 수 없는 꾸밈 없는 나의 모습. 바쁘다는 이유로, 돈을 벌어야 한다는 이유로 잊고 살았던 푸르른 꿈. 바로 그 마음 깊은 곳의 '뒤집지 않은 카드'를 끝내 뒤집어보기 위해, 소로는 숲속 한가운데 작은 오두막을 지었다.

아무도 못 오게 가로막은 것이 아니라, 누구든 올 수 있게 언제든 문을 열어놓았다. 그는 까다로운 숲속의 은둔자가 아니라 자발적으로 고독을 선택한 즐거운 방랑자였다. 그는 『월든』에서 이렇게 쓴다.

> 내가 숲으로 들어간 이유는 삶의 빛나는 정수만을 간절히 체험해 보고 싶었기 때문이다. (…) 나는 삶이 아닌 삶은 살고 싶지 않았다. 삶이란 그토록 소중한 것이기에. (…) 나는 삶의 골수 깊은 곳까지 모조리 빨아들이고 싶었고, 스파르타인처럼 강인하게 살아가며, 삶이 아닌 것은 모조리 제거해 버리고 싶었다.

그는 삶의 온전한 정수, 모든 장신구를 떼어낸 삶의 뼈대를 절실히 경험하기 위해, 작은 오두막을 짓고 그 안에서 은둔하며 '내 안에 최고의 잠재력'을 끌어내기 위해 분투한 것이다. 수천수만의 관중 앞에서 노래하는 것도 용기이고, 용감하게 전쟁터에 나아가 목숨을 걸고 싸우는 것도 용기이지만, 나는 소로처럼 '자신의 내면으로 깊이 파고드는 용기'야말로 인생을 제대로 사는 용기의 정수임을 믿는다. 월든을 향한 여행은 바로 아직 나에게 남아 있는 '내 삶의 가장 깊은 곳에 숨어 있는 진짜 나 자신'을 만나고픈 열정을 발견하기 위한 내면의 모험이었다.

당신이 만약 너무 바쁘다는 이유로 '진짜 나 자신'을 잊었다면, 부디 이 차가운 지성과 뜨거운 열정이 공존하는 『월든』의 세계 속으로 떠날 수 있기를. 『월든』이 너무 두껍고 어려워 책장에만 꽂아둔 당신 또한 이 책의 친구가 될 수 있기를. 『다시 만난 월든』을 읽고, 소로의 『월든』을 읽는다면 월든으로 가는 머나먼 길은 결코 외롭거나 어렵지 않을 것이다.

소로를 통해 나는 깨달았다. 어떤 외로움은 슬픔이 아니라 아름다움의 얼굴을 하고 내게 다가온다는 것을. 오직 홀로 걸어야만 보이는 운명의 길이 있음을. 단지 소란스러움을 피하기 위해서가 아니라 온전한 나 자신이 되기 위해 선택해야 할 외로움이 있음을.

그는 나에게 이상을 품고 살아갈 권리를 알려주었다.

소로는 『월든』에서 이렇게 말했다. "만약 당신이 허공에 성을 지었다면, 괜찮다. 그 성은 있어야 할 자리에 있는 것이다. 이제 그 밑에 기초를 쌓기만 하면 된다." 기초를 쌓아가며 천천히 준비만 하느라 이상조차 잃어버린 나에게, '먼저 이상을 추구하고, 기초는 나중에 쌓아도 된다'는 기발한 아이디어를 제공한 사람이 바로 소로였다. 그리하여 나는 매일 '남들이 꾸지 말라는 꿈을, 피곤하니까 추구하지 말라는 이상'을 품을 자유를 지키고 싶다.

소로처럼 오직 숲길을 산책하는 것만으로도 온 세상을 다 가진 것 같은 '영혼의 재벌'이 되는 법을 배운 나는, 이제 외로움이 두렵지 않다. 이상을 꿈꾸다가 현실에서 뒤처질까 봐 두려워하지도 않는다. '마음껏 이상을 꿈꾸고, 기초는 나중에 쌓을 테다!'라고 호언장담하는 배짱도 생겼다.

당신이 너무 어려운 길을 간다고 걱정하는 주변 사람들에게 말하라. 어떤 외로움은 나를 가두는 것이 아니라 오히려 나를 열어준다고. 남다른 아름다움을 창조하는 영혼은 오직 홀로 걸을 수밖에 없다. 고독은 나를 무너뜨리지 않는다. 오히려 새로운 나를 창조하는 눈부신 고독과 만나기 위하여, 오늘도 나는 길을 떠난다.

2025년 10월

언젠가 다시 월든으로 떠날 수 있기를 간절히 염원하며

정여울

사냥개와 밤색 말과 비둘기, 그리고 내 삶의 행방

사진까지 동봉한 몹시 두꺼운 초대장을 받았는데, 여기 오지는 않더라도 밖으로 나가란다.

보낸 곳은 미국 매사추세츠 주 콩코드 강가의 아주 오래된 숲 월든. 읽다가 어느새 외투를 챙기고 신발 신는 자신을 볼 수 있다는 점, 문장을 따라가다 코끝에 흙냄새가 아렴풋해지고 시나브로 마음에 햇빛이 스민다는 특징. 다정한 초대장이 도리어 집 바깥으로의 퇴거를 명하는 이율배반을 어쩌란 말인가?

초대한 이는 작가 정여울. 글을 읽을수록 뭔가 이상한 사람 같다. 일찍이 동네 산책길에서 만나는 수백 그루 나무를 세어보았기에 그 숫자를 정확히 댈 수 있고, 시간을 아름답게 수놓는 법을 배우는 것이 인문학이라는 깜짝 놀랄 말을 한다. 그러니 도심의 가로

수를 보며 자연과 인위의 조화에 관한 철학적 가치를 간별(簡別)해 낼 수 있었으리라. 정녕 시인이면서 학자인 자의 시선. 그 눈으로 하루에 한 번은 하늘을 우러러보는 자기만의 의례에 몰두하고, 시작하는 한 해의 텅 빈 달력에서 삶의 가능성과 잠재력, 시간의 평등함을 발견한다. 대학에서 정말 가르쳐야 할 것은 스스로 집을 짓고 자급자족하는 법이라 여기며 그런 수업이라면 기꺼이 다시 학생이 되겠노라 자처하는 사람이다.

지와 사랑을 겸비한 이상하면서도 이상적인 문학가, 정여울이 우리에게 보낸 초대장은 자신만의 월든 숲과 호수를 찾으며 채록한, 삶의 진실로 가득 채운 다정하고 간곡한 선물이다.

그와 함께 숲속 길에 들어서면 소로가 오래전에 잃어버린 사냥개와 밤색 말, 비둘기의 행방이 더욱 궁금해진다. 그들은 대체 어디로 사라졌을까? 과연 실재하긴 했을까? 육식을 위한 사냥, 더 빨리 가기 위한 수단, 공생이란 명목으로 자유를 속박하는 케이지. 그 모두가 월든 숲의 소로에겐 애초에 무용하기 때문이다. 육식을 멀리한 사람, 걷기 여행의 예찬자, 동물과 자연을 지키고 해방하는 방법으로 국립공원을 고안한 자라면 '필요의 환상'에 시달리진 않았으리라. 그래서 소로가 사라진 존재의 행방에 관해 사람들과 묻고 답하는 광경은 마치 진리를 구하는 선문답 같다. '삶에 필요한 것은 무엇인가'라는 공안. 한때 갈구했으나 애초에 필요하지 않았음을 깨달은 이들이 만나 서로 마음의 안부를 묻는 것만 같다.

우리는 평생 무엇인가 찾아 헤맨다. 도시란 '무엇인가 더 필요하다는 환상'을 우상으로 떠받드는 곳이기에. 그래서 우리는 언제나 결핍하고 허기진다. 이곳에서 내가 오래전에 잃어버린 것은 정말 무엇일까? 이 책은 우리에게 산책을 나서길 부단히 청하며 헛된 것 말고 진짜 삶을 찾으라고 말한다. 어서 집 바깥으로 나가 당신만의 월든, 우리 삶의 지도가 숨겨진, 거리의 진짜 서재를 찾아보라고.

정여울 작가의 글은 언제나 읽는 자의 편에서 등불을 들고 걸어가는 것 같다. 말하는 자신보다는 듣는 당신 편이 환하도록. 자신을 비움으로써 타인에게 온전하게 내어주는 문장들이 신비롭다. 그래서 그의 길 안내는 놀랍도록 헌신적이고 친절하다. 찾아오는 이에게 모든 것을 다 내어줄 것만 같은 초대. 어쩌면 나는 현업 청소부이기에 더는 덜어낼 것 없는 빈 곳을 좀 더 애틋하게 바라보는지도 모른다. 그 빈자리에 찾아드는 것은 영혼의 눈부심밖에 없으리라.

이 책은 월든 숲으로 가는 사뿐한 계단이다. 한 계단만 오르면 우리가 축복받는 존재임을 깨닫는 삶의 여정이 환하게 펼쳐질 것이다. 믿음직한 안내자 정여울과 함께 숲으로 들어가 우리 삶을 되찾자. 성공과 실패의 잣대로 당신을 판단하려는 모든 권력에 맞서 싸우자. 산책으로, 월든으로, 내 마음의 평화로!

김완
죽음 현장 특수청소부, 『죽은 자의 집 청소』 저자

지치고 상처받은 잿빛 일상을 뒤엎는 이토록 '파란' 세계

지금부터 이 책에서 펼쳐질 절경과 마주하기 위해서는 산 하나를 넘어야 한다. "혹시 『월든』 읽어본 사람?" 이 질문 앞에 아마 많은 사람들이 옆구리 어디쯤에서 손을 들까 말까 움찔거릴 것이다. 책장에 분명 그 유명한 책이 있긴 한데, 이걸 읽었다고 해도 되나 애매하고 머쓱해지는 사람. 그렇다면 당신은 정확히 나와 같은 처지에서 이 책을 시작하는 것이다. 하지만 단언컨대 이 책은 『월든』을 꼭 읽지 않고 시작해도 충분히 재미있다. 더불어 장담하자면, 이 책을 다 읽은 뒤 당신은 허겁지겁 책장 안쪽에서 먼지 쌓인 소로의 『월든』을 발굴해 꺼내 읽다가 또다시 정여울의 '월든'으로 돌아올 것이다. 나는 앞으로 살아가면서 이 두 책을 왕복하는 여정을 몇 번이고 반복하리라는 예감을 한다.

정여울 작가는 사람들이 소로와 『월든』에 대해 갖고 있던 끈질긴 편견을 호쾌하게 깨부순다. 나 역시 오랫동안 소로는 세상과 사람들에게 진저리가 나버려서 모든 연결고리를 차단해 버린 괴짜로, '월든'은 속세의 인연과 욕망을 버리고 정진해야만 이를 수 있는 절대적인 이상향으로만 생각했다. 너무나 속세의 사람인 나는 그토록 훌훌 다 내버리고 숲으로 들어가버린 소로가 부럽다 못해 조금은 얄미웠던가. 그래서 그 오랜 시간 『월든』을 책장 구석에 유배시켜 버렸나. 하지만 정여울 작가가 발견한 '월든'은 지금 내가 딛고 선 현실에서 떠올릴 수 있는 작은 오아시스였다. 내 주변 세계를 더 깊이 사랑하고 스스로에게 다정해지기 위한 희망과 용기의 결정체가 바로 '월든'이었다.

이 책을 읽는 동안 내 머릿속에는 '파란'이라는 단어와 이미지가 찰랑거렸다. 정여울 작가는 월든 호수의 그 투명하고 푸른 물을 한 바가지 떠와서 지치고 상처받고 목마른 나를 먹여주었다. 책장을 넘길 때마다 바삭바삭 메마른 마음이 자꾸만 파래졌고, 영혼엔 큰 물결이 일어 일렁거렸다. 묘하게도 문장에서 '두드러지게 뛰어난 부분' 또한 '파란'이라 부른다는 것을 아는지. 나는 이 책에서 정여울 작가가 선보인 놀라운 문장들을, 이 책의 장르를 뭐라고 규정해야 할지 모르겠다. 소로에 대한 더없이 아름다운 평전, 잠잠한 일상을 흔들어 깨우는 파격적인 여행기, 그리고 굳어버린 우리의 뇌와 마음을 깨부수는 도끼 같은 인문서, 이 책은 그 모든 것인 동시에 정여울 에세이의 정점과도 같은 작품이다. 이 책은 정여울 작가가 또다시 세상에 불러일으킬 힘찬 '파란'이다.

수많은 베스트셀러를 썼음에도 지금도 신인작가처럼 절실하게 쓰며 사람과 자연과 세상을 열렬하게 사랑하는 정여울 작가가 선보인 문장과 마음의 풍경에 나는 저릿했다. 한 사람이 다른 시대의 한 작가를, 공기 같은 자연을, 노상 보는 가족과 친구들을, 이름 모를 추상적인 집단인 독자를 이렇게까지 구체적이고 강렬하게 사랑할 수 있을까. 정여울 작가가 밑줄 그은 소로의 문장 앞에서 나는 잠시 숨을 멈췄다. "사랑에는 아무 약이 없다. 오직 더 많이 사랑하는 것밖에는."

정여울 작가가 소로에게 매번 새롭게 감동하고 그를 사랑하듯이, 이 책을 읽고 나는 정여울 작가를 더 사랑하기로 한다. 마음에 이토록 푸른 호수와 사랑의 오두막을 품은 이의 문장을 살아가는 동안 더 열심히 읽고 따라가야겠다고 생각한다.

　너무 많은 오해와 번잡함으로 인해 우리는 소로의 『월든』을, 그리고 각자의 '월든'을 제대로 만나지도 못한 채 '삶이 아닌 삶'을 꾸역꾸역 견뎌왔다. 삶이 아닌 삶은 단 한순간도 살고 싶지 않다는 소로, 그리고 살아갈수록 더욱더 자기 자신이 되고자 거대한 사랑을 세밀한 문장으로 기억하고 기록하는 정여울 작가. 이제는 사랑할 시간이다. 월든 호수에 머리를 적시고 파랗게 다시 깨어나 소로처럼, 정여울 작가처럼 나만의 '월든'을 찾아낼 시간이다.

이연실

편집자, 『에세이 만드는 법』 저자

일러두기

1. 본문 속에 인용된 헨리 데이비드 소로의 저서 『월든 *Walden: A Fully Annotated Edition*』(Henry David Thoreau, Yale University Press; Annotated edition, Paperback, 2006)과 『소로의 일기 *Thoreau's Journals 1837-1861*』(Henry David Thoreau, NYRB Classics; Original edition, Paperback, 2009) 그리고 헨리 솔트의 저서 『헨리 데이빗 소로우 *Life of Henry David Thoreau*』(Henry. S. Salt, University of Illinois Press, Paperback, 2000)의 내용은 저자 정여울의 번역임을 밝혀둔다.

2. 본문 인용 중 별다른 출처 표시가 없는 것은 정여울 번역의 『월든』이다.

서랍에 월든을 숨겨두다

책상 서랍 속에 월든 호수 사진을 넣어두었다. 충동적인 몸짓이었다. 유난히 힘겨운 어느 날 인터넷으로 월든 호수의 사진을 본 뒤 나도 모르게 가슴이 두근거리기 시작했고, 사진을 종이에 인쇄해 서랍 속에 넣어두었다. 책상 위에 붙여두면 '이 사진을 왜 붙여놓았냐'고 누군가 물어볼 것 같아서.

그래야만 할 것 같았다. 너무 간절한 염원은 남들 앞에서 떠들지 않고 홀로 조용히 간직해야 할 것만 같았다. 헨리 데이비드 소로의『월든』을 읽으며 '도대체 그곳은 얼마나 아름답기에 이토록 눈부신 작품을 쓸 수 있었을까'라는 호기심이 일어 월든 호수를 검색하여 사진을 찾은 것이었다. 그런데 그 사진을 서랍 속에 넣어둔 뒤 내 마음속에서 알 수 없는 일렁임이 느껴졌다. 그저 서랍 속에 호수 풍경을 찍은 사진 한 장을 넣어둔 것뿐인데, 신기하게도 내가 하루하루 더 강해지는 느낌이었다. 나도 모르게 주체할 수 없이 힘이 세지고, 아무도 나를 방해할 수 없다는 확신이 밀려왔다. 말할 수 없이 든든했다.

모든 살아 있는 것들에 대한 사랑으로 충만해지는 느낌. 남몰래 서랍 속에 우주를 숨겨놓은 기분이었다. 한겨울인데도 마음만은 뜨끈해지는 느낌. 한여름에도 마음만은 시원해지는 느낌. 월든 호수는 너무 자주 뜨거움과 차가움 사이를 오르락내리락하는 내 변덕스러운 마음에 비로소 적정 온도를 찾게 해주었다. 나는 혼자서 이 사진을 '월든 부적'이라 이름 붙여보았다. 월든 부적을 서랍 속에 숨긴 뒤, 나는 웬만한 일에는 놀라지 않게 되었다. 마음속에 월든을 닮은 잔잔한 호수 하나가 탄생했기 때문이다.

물론 이 월든 부적은 그냥 호수 풍경을 바라보기만 해서는 효험이 떨어진다. 월든 호수의 풍경을 바라보면서, 틈날 때마다『월든』을 같이 읽었다. 그렇게 나는 월든 마니아가 되었다. 처음에는 그저 자연의 아름다움을 예찬하는 책인 줄 알았는데, 결코 아니었다.『월든』은 21세기 현대인에게 필요한 거의 모든 삶의 지혜를 압축하고 있다. 적게 소유하고도 진정 풍요로운 삶을 가꾸는 법, 통장 잔고에 일희일비하지 않으면서 내 마음의 소리에 귀 기울이는 법, 자연을 경제적 자원으로만 바라보며 착취하지 않고 자연과 함께 진실로 공생하는 법, 그리고 그 어떤 상황에서도 마침내 진정한 영혼의 자유를 꿈꿀 줄 아는 용기를 지니는 법. 이 밖에도 수많은 삶의 지혜와 세계를 바라보는 눈부신 비전이 『월든』에 숨어 있다.

그리하여 이 책에는 소로의 모든 것에 대한 궁금증을 참지 못해 떠난 내 소박한 월든 투어의 기록을 담았다. 마음속에 월든의 축복을 간직함으로써 매일 '감성의 재벌'이 된 듯한 호사를 누리는, 내 행운의 비밀을 이 책 속에 담았다.

『월든』을 다시 읽을 때마다 내가 지독한 행운아라는 것을 깨닫는다. 『월든』을 이렇게 여러 번 읽으며 그때마다 새로운 감동을 느낄 수 있는 축복을, 책을 펼쳐볼 때마다 언제라도 느낄 수 있으니까. 그저 머나먼 고전 필독서로만 각인되었던 두꺼운 벽돌 책 『월든』은 마침내 내 마음속에 언제나 살아 있는 따스한 멘토이자 다정한 길벗이 되었다.

A4 한 장 크기의 창문을 통해 비로소 알게 된 것

'월든 호수를 직접 여행하고, 『월든』에 대한 책을 쓰고 싶다'는 강렬한 열망이 싹튼 것은 서른 즈음이었지만, 무려 15년이 걸렸다. 이 장대한 여정의 시작은 사실 막연한 의무감에서 비롯되었다. 『월든』을 한 문장도 빠짐없이 철저히 읽어야 한다는 '고전 필독서 완독'에 대한 강박관념이 오랫동안 내 의식을 장악했지만, 늘 네 챕터쯤에서 지쳐 나가떨어지곤 했다. 분명 재미있었는데, 이상하게도 완독은 어려웠다. 학창 시절, 대학생 시절, 대학원 시절. 조금씩 더 '월든 완독의 길'에 가까워지긴 했지만 여전히 암중모색이었다.

그런데 처음으로 부모님으로부터 독립하여 '나만의 월세방'을 갖게 된 날, 그때 비로소 『월든』이 진정으로 내 마음의 문을 두드리기 시작했다. '보증금 500만 원에 월세 40만 원'짜리 작은 원룸이었지만 나에게는 너무도 소중한 첫 번째 집이었다. 내가 돈을 벌어 월세를 낼 수 있다는 것만으로도 기뻤다.

나는 신이 나서 그 작은 방을 마치 궁전처럼 여기며 친구들을 초대하고, 더 열심히 읽고 쓰며, 그야말로 내 인생의 전성기라도 시작된 듯 기뻐했다. 하지만 나만의 집이 생겼다는 찬란한 독립의 해방감은 그리 오래가지 않았다. 얼마 지나지 않아 그 집의 치명적인 단점이 가슴을 할퀴기 시작했다. 창문을 다 열어도 A4 한 장 크기밖에 되지 않았다. 단열은 잘되었지만 무시무시하게 답답했다. 등골이 서늘하게 삭막했다. 엄마의 잔소리와 동생들의 수다로 늘 시끄럽지만, 그만큼 정겹고 따스했던 우리 집과는 딴판이었다.

나는 고독을 필요로 했지만 그 고독이 '차분함'이 아니라 '황량함'과 연결되자 당황스러웠다. 외로운 것은 얼마든지 견딜 수 있는데, 삭막함은 견디지 못하는 사람이 바로 나라는 것을 그제야 알았다. 자연의 아름다움이 고팠다. 숲의 향기로움이 그리웠다. 꽃들의 미소와 새들의 지저귐이 간절했다. 늘 도시에서 살았지만 마치 전생의 풍경이라도 기억해 내는 영매처럼 야생의 세계를 미칠

듯이 그리워하는 나 자신을 발견했다. 그때 나에게 『월든』이 다시 찾아왔다. 재미있긴 하지만 왠지 완벽하게 공감이 되지 않았던 『월든』이 그제야 더없이 다정하고 친밀하게 다가왔다.

비로소 완전한 고독과 맞닥뜨린 나에게 『월든』은 이전과는 완전히 다른 빛깔과 온도로, 나에게 새로운 말을 걸기 시작했다. 내 서랍 속의 『월든』은 마치 나에게 이렇게 속삭이는 듯했다.

거봐. 내가 뭐랬어, 너에겐 내가 꼭 필요하다고 그랬지? 넌 오랫동안 내 목소리에 귀를 막았어. 마치 자연이 네 근처로 가까이 오면 큰일이라도 날 듯이 소스라쳤지. 삭막한 빌딩 숲 속에 너를 가두어놓고 너는 진짜 야생의 숲을 잊어버리고 있었던 거야. 너에겐 숲의 에너지가 필요해. 너에겐 야생의 발자국이 필요해. 너에겐 반짝이는 호수의 잔물결이 필요해. 이 모든 것을, 넌 아주 오래전에, 태어나기도 전에 잃어버린 거야. 이제 그 잃어버린 야생의 세계를 향한 힘찬 발걸음을 시작해야 해. 친구, 나에게 와. 그 책, 『월든』과 함께 와. 거기 모든 것이 들어 있어. 네가 꿈꾸는 세상의 아득한 비밀. 네가 잃어버린 세상의 모든 것이 그 책에 들어 있어.

뜨락을 잃어버린 사람들

많은 것을 배웠고 많은 것을 가진 듯 보이지만 사실은 결정적인 것이 빠져 있는 나의 삶. 나에게 부족한 것은 단지 '널따란 창문이

딸린 커다란 집'만은 아니었다. 나는 더 크고 넓은 집을 못 가져서 불행한 것이 아니라 '뜰이 없는 집'에 살아서 불행한 것이었다. 어린 시절 한옥을 개조한 우리 집에는 마당이 있었고 옥상에는 엄마가 늘 꽃을 잔뜩 키우셔서 부족함을 몰랐다. 다섯 식구가 모여 살기엔 비좁았지만, 동네에서 가장 예쁜 꽃들이 피어나는 집이었다. 아빠가 가장 멋진 순간은 꽃들에 물을 주며 행복한 미소를 지을 때였다.

겉으로는 매우 깔끔하지만 내 마음을 황량한 사막으로 만든 내 첫 번째 원룸의 문제점은 마당도, 정원도, 텃밭도 꿈꿀 수 없는 장소라는 점이었다. 꽃들과 나무들과 새들로부터 지나치게 멀리 떨어져 있는 집. 창문을 열자마자 거대한 콘크리트 벽으로 가로막힌 건물들이 시야를 가리는 집. 하늘 전체를 바라볼 수 없고 오직 온갖 고층 건물의 윤곽선으로 날카롭고 협소하게 조각난 하늘만을 볼 수 있는 집. 그런 집에서는 오래오래 내 꿈을 가꿀 수가 없을 것만 같았다.

가정(家庭)이라는 단어에는 '집'과 '뜰'이 모두 들어 있다. '가(家)'는 방과 가구와 부엌 등이 갖추어진 집(시설)을, '정(庭)'은 뜰이나 정원처럼 자연의 세계와 연결되어 있는 공간을 의미한다. '가'가 내부의 안락함을 뜻한다면 '정'은 외부와의 소통을 추구한다. 그러니 집이라는 내부 시설과 뜰이라는 열린 자연의 공간이 갖추어졌을 때 우리는 그것을 진정한 집으로 인식하는 것이 아닐까.

나에겐 '가(家)'는 있었지만 '정(庭)'은 없었다. '집'은 있었지만 '뜰'이 없었던 나의 원룸은 도시에서 홀로 살아가는 청년들의 어떤 목마름을 증언하고 있었다. 우리는 무엇을 잃어버렸기에 이토록 목이 말랐던 것일까. 어쩌면 도시화 비율이 80퍼센트를 웃도는 현대사회에서 우리 인류는 '뜨락을 잃어버린 사람들'로 살아가는 것이 아닐까.

아무리 커다란 초고층 아파트에 살아도 베란다에선 어떻게든 화단을 가꾸는 사람들, 심지어 아파트 베란다에서도 온갖 채소를 키워 먹는 사람들이 존재한다. 바로 우리 인간이라는 존재 자체가 '가정', 즉 집과 뜰의 결합을 본능적으로 필요로 하는 존재이기 때문이다.

뜨락을 잃어버린 사람들, 정원을 잃어버린 현대인에게 『월든』은 자연과 함께함으로써 비로소 완전해지는 우리 인간의 본래 면목을 감동적으로 일깨워준다. 『월든』은 그렇게 우리 마음속 잃어버린 야생의 꿈을 되찾아준다. 집을 소유하기 위해 일만 하느라 마침내 뜰을 잃어버리고도 무엇이 잘못되었는지를 모르는 우리에게 『월든』은 '뜰이 없는 삶', '숲이 없는 삶'은 진정한 삶이 아니라고 속삭인다. 나는 이 책을 통해 바로 현대인이 잃어버린 야생의 뜨락, 야생의 들판을 되찾는 모험을 떠나고 싶다.

2022년 2월

소로처럼 맑고 환하게, 깨어 있는 마음으로

정여울

차례

1부 비로소 내 마음의 적정 온도를 찾다

2부 더 나은 삶을 위해 『월든』 속으로 걸어가다

『월든』의 생활경제 의식주를 독립적으로 해결하기

헨리 데이비드 소로의 생애

헨리 데이비드 소로는 1817년 7월 12일 미국 매사추세츠 주의 콩코드에서 아버지 존 소로와 어머니 신시아 던바의 네 자녀 중 셋째로 태어났다. 누나 헬렌과 형 존, 여동생 소피아 모두 자연과 예술과 문학을 사랑하는 소로 가문의 영향 아래 행복한 어린 시절을 보냈다. 그의 어릴 적 이름은 데이비드 헨리 소로였으나 대학을 졸업한 후부터 헨리 데이비드 소로라는 이름을 사용하기 시작했다. 소로의 가족은 잡화점, 연필 공장, 학교 등을 운영하며 여러 번 생계의 어려움을 겪었지만 소로는 경제적 문제에 집착하지 않고 오히려 자연과 함께하는 소박한 삶 속에서 커다란 위안을 얻었다.

1818년 소로가 한 살 때 그의 가족은 매사추세츠 주의 첼름스퍼드로 이사했다. 이때 소로의 아버지 존은 잡화점을 열어 가족을 보살폈다. 1821년 헨리가 4세 때 잡화점 문을 닫고 온 가족이 보스턴으로 이사했고, 존은 교사로 일하기 시작한다. 1822년 소로가 다섯 살 되던 해, 온 가족이 처음으로 월든 호수를 찾아갔다. 이때의 체험은 지울 수 없는 아름다움으로 그의 기억 속에 영원히 남았다. 그가 '콩코드의 다이아몬드 왕관'이라 불렀던 월든 호수는 그의 평생에 걸쳐 성스럽고 원초적인 야생성의 상징으로 각인된다. 이듬해 1823년 온 가족이 콩코드로 돌아오면서, 아버지 존은 연필 공장을 시작하고, 가족은 하숙을 치며 생계를 꾸린다.

1828년 11세 되던 해 소로는 본격적으로 인문학 공부를 시작한다. 콩코드 아카데미에 입학해 지리학, 역사, 과학 및 프랑스어, 라틴어, 그리스어를 공부하며 고전문학과 철학에 대한 관심을 키운다. 콩코드 아카데미에서 다양한 강연을 들으며 꿈을 키우던 사춘기 시절, 자신의 생각을 청중 앞에서 자유롭게 말하는 소로의 꿈은 이때부터 싹텄을 것이다. 1833년 16세 되던 해 소로는 하버드대학에 입학한다. 하버드 재학 시절 그는 고전 읽기의 매력에 푹 빠졌으며, 자신에게 글쓰기를 향한 열정과 재능이 있다는 것을 깨닫게 되었다. 1834년 미국의 위대한 시인이자 초월주의를 대표하는 사상가 랄프 왈도 에머슨이 콩코드로 이주한다. 이때부터 에머슨과 소로의 기나긴 인연이 시작된다. 때로는 아버지처럼 든든한 버팀목이 되어주고, 때로는 스승처럼 커다란 가르침을 주고, 때로는 친구처럼 소로와 티격태격하기도 하던 에머슨.

작가로서 소로의 재능을 알아채고 그를 크게 성공시키고 싶었던 에머슨의 바람은 그의 염원(뉴욕처럼 커다란 대도시를 무대로 활동하며 성공적인 작가로 살아가는 것)과는 다른 방식으로 이루어진다. 소로는 대도시에서 글을 쓰며 베스트셀러 작가로 활약하지는 않았지만, 콩코드의 울창한 숲속에서 오두막을 짓고 살아가면서도 스승 에머슨은 물론 당시의 거의 모든 작가들과 어깨를 나란히 하는 문학적 성취를 이루었다. 자연과 문학을 지극히 사랑하며 자연의 아름다움을 열정적으로 표현하는 글쓰기를 꿈꾸는 두 사람의 성향은 비슷했으나, 정치적 이상이 달랐다. 보수적인 에머슨은 체제 내의 개혁을 꿈꾸었고, 어떤 체제도 따르고 싶지 않았던 소로는 주어진 세상의 질서를 뛰어넘는 더욱 근본적인 삶의 전환을 꿈꾸었다.

에머슨은 소로의 글이 느릅나무처럼 뻣뻣하다고 불평했고, 그러면서도 소로의 책을 75권이나 개인적으로 구매해서 지인들에게 보내주었다. 평생 정해진 직업이 없었던 소로에게 가장 많은 일감과 글 쓸 기회를 준 이가 에머슨이었다.

소로는 에머슨에게 진심으로 이해받고 싶었지만, 가끔씩 에머슨의 의례적인 칭찬에서 진심이 느껴지지 않자 실망하고 그를 남몰래 미워했다. 인디언을 백인보다 뛰어난 지성을 지닌 존재로 예찬하는 소로의 생각에 에머슨은 불만을 품기도 했다. 보수적이고 문명친화적인 에머슨의 눈에 비친 인디언은 그저 야만적인 존재에 불과했다. 하지만 두 사람은 여전히 만나서 함께 산책하고, 소로는 에머슨의 서재에서 자연스럽게 책을 빌려갔으며, 에머슨의 아내 리디언은 소로를 지극히 아꼈다. 에머슨과 소로는 서로를 내심 미워하면서도 만남을 지속했고, 에머슨은 기회 있을 때마다 소로를 도와주었다. 애증이 교차했지만 둘은 서로의 훌륭한 지적 파트너였다.

1835년 소로가 18세 되던 해, 그는 겨울학기 동안 매사추세츠주 캔턴에서 교사로 일하며 생계를 꾸리고자 했다. 이때 그는 폐결핵에 걸려 평생 고생하게 된다. 1836년 건강이 악화되어 잠시 하버드대학을 떠났다가, 이듬해 1837년 스무 살의 나이에 졸업한다. 그가 대학을 졸업하던 해의 취업 상황은 매우 열악했다. 1837년 금융공황이 발생해 수많은 은행이 도산하고 회사들이 문을 닫았으며 실업자가 쏟아져 나왔다. 소로는 다방면으로 취업의 문을 두드렸지만, 하버드 졸업생에게도 취업의 문은 높기만 했다.

높아지는 물가와 취업난, 청년과 빈민의 주거 불안 문제에 대한 깊은 고민 속에서 소로는 '어떻게 하면 가장 적게 노동하고, 가장 적게 자연을 파괴하며, 가장 열정적으로 자신의 꿈을 실현하는 삶을 살 것인가'를 고민했다. 이때의 고민이 씨앗이 되어 '월든의 오두막'이라는 기발한 아이디어로 발전했고, 그는 '하버드 기숙사비보다 훨씬 저렴하고, 더없이 쾌적하며, 완벽하게 생태지향적인 주거 공간과 경제생활'을 실현하는 데 성공하게 된다.

소로는 대학 졸업 후 콩코드로 돌아와 공립학교 교사로 취직했지만 학생들을 습관적으로 체벌하는 문화에 강력히 반대하며 2주 만에 사직서를 제출한다. 이후 그는 집안의 가업이었던 연필 제조와 흑연 사업에 뛰어들어 바쁜 나날을 보낸다. 연필의 품질을 획기적으로 개선하는 데 성공한 소로는 이 사업에 열의를 보였지만, 연필 제조 사업도 이후 경쟁이 치열해져 서서히 내리막길을 걷게 된다.

이 무렵 에머슨은 소로에게 일기 쓰기를 권유한다. 에머슨은 소로에게 이렇게 말했다고 한다. "요새는 어떻게 지냅니까? 일기는 쓰고 있습니까?" 이 짧은 인사말이 소로에게 커다란 영향을 주어 그는 이후 평생 일기를 쓰게 된다. 기록정신이 투철했던 소로의 섬세하고도 정확한 묘사로 가득 찬 일기는 근대 초기 미국사를 연구하는 데 있어서 매우 중요한 역사적 자료가 되기도 한다.

1838년 스물한 살 되던 해, 소로는 처음으로 멀리 여행을 떠난다. 교사직을 구하기 위해 캐나다 접경 지역인 메인주를 여행한 것이다. 이해는 여러모로 뜻 깊은 해인데, 이때 소로는 콩코드 문화회관에서 '사회'라는 제목으로 첫 강연을 시작하고, 형 존과 함께 작은 사설 학교를 열기도 했다. 사회운동가로서의 소로, 사상가로서의 소로의 행보가 시작된 것이다. 얼마 뒤 소로는 콩코드 아카데미의 건물과 이름을 빌려 학생들을 모집하고, 자신의 신념과 원칙에 따라 학생들을 가르치기 시작한다. 엄격하고 통제적인 기존 교육에서 벗어나 자연 속에서 산책하기, 현장학습, 교사와 학생의 평등한 대화나 토론 같은 진보적인 수업 방식을 택했다. 생태학교와 대안

학교의 원형을 꿈꾼 콩코드 아카데미가 계속될 수만 있었다면 헨리는 사랑하는 형 존과 함께 오랫동안 행복한 나날을 보냈을지도 모른다.

1839년 소로가 스물두 살 되던 해, 그는 사랑에 빠진다. 17세 소녀 엘런 수얼이 소로 형제가 운영하는 학교에 다니는 동생을 보러 온 것이다. 2주 동안 소로 형제와 즐거운 담소를 나누고 아름다운 콩코드의 숲길을 산책하며 세 사람은 절친한 벗이 되었다. 그동안 엘런은 자신도 모르게 두 형제의 마음을 사로잡아버린다. 같은 해 소로는 존과 배를 타고 2주간 화이트산맥으로 여행을 떠나는데, 이 여행이 바로 그의 첫 번째 책이 될 『콩코드 강과 메리맥 강에서의 일주일*A Week on the Concord and Merrimack Rivers*』(1849, 국내에서는 『소로우의 강』으로 출간)의 모태가 되었다.

이듬해 1840년 형 존이 엘런 수얼에게 청혼을 했는데, 그녀가 청혼을 받아들였다가 번복하자 존은 크게 상심한다. 그 후 헨리가 그녀에게 편지로 청혼을 했지만 역시 거절당했다. 한 여성을 향해 동시에 사랑에 빠졌지만 형제는 이 일로 인해 단 한 번도 얼굴을 붉히는 일이 없었다고 한다.

같은 해 초월주의자 그룹의 기관지인 《다이얼*Dial*》이 창간되었다. 이 잡지의 편집위원이었던 에머슨의 권유로 소로는 여러 편의 글을 싣게 된다. 이때부터 본격적으로 '작가 헨리 데이비드 소로의 삶'이 시작된다. 하지만 글쓰기만으로는 생계를 해결하기 어려웠기에 독학으로 측량기사 일을 배운다.

1841년 소로가 스물네 살 되던 해, 형 존의 건강이 나빠지면서 콩코드 아카데미는 문을 닫는다. 헨리는 에머슨의 집 가정교사로 가게 되는데, 단지 아이들에게 공부만 가르친 것이 아니라 정원사와 수리공의 역할까지 떠맡으면서 집안의 온갖 어려운 일을 척척 해내는 만능 집사의 역할까지 도맡는다. 에머슨의 아이들은 소로를 무척 따랐고, 이후 에머슨의 아들 에드워드가 소로를 회고하는 책을 쓰기도 했다. 외모에 전혀 신경을 쓰지 않고 새 옷을 사는 일이 거의 없었던 소로를 무시하고 업신여기는 사람이 많았지만, 에머슨의 막내아들 에드워드의 눈에 비친 소로는 고결하고 품격 있으며 지성과 매력이 넘치는 사람이었다고 한다.

소로가 스물다섯 살 되던 해인 1842년, 그에게 평생 지워지지 않는 고통을 준 사건이 발생한다. 소로가 우상처럼 따랐던 형 존이 면도날에 베인 상처가 감염되어 파상풍으로 갑작스레 세상을 떠난 것이다. 이 일은 평생 소로의 가슴에 깊은 상흔으로 남았다. 사람들이 존에 대해 이야기할 때마다 소로는 하얗게 질린 얼굴로 단 한마디도 대꾸하지 않고 침묵을 지킬 정도였다.

다행히도 소로에게는 새로운 친구가 생겼다. 콩코드로 새로 이사 온 소설가 너새니얼 호손이었다. 소로는 매사추세츠 주 중부의 우스터 카운티에 있는 와추셋산에 다녀와 《다이얼》지에 「매사추세츠 주의 자연사」를 발표해 호평을 받는다. 이듬해 1843년 그는 뉴욕 스태튼섬에 있는 윌리엄 에머슨(랄프 왈도 에머슨의 형)의 집에 몇 달간 머물면서 아이들의 가정교사로 일하게 된다. 물론 에머슨의 강력한 권유로 이루어진 일이지만, 소로는 대도시의 삶을 사랑할 수가 없었다.

뉴욕에서 소로는 자신의 글을 출판하는 데 도움을 줄 수 있는 문인이나 저널리스트와 접촉을 시도했지만, 그 결과는 만족스럽지 못했다. 뉴욕에 가서 새로운 삶을 모색하는 시간 동안 소로는 깊은 절망과 우울을 겪었다. 콩코드의 아름다운 숲속을 산책하며 충만한 행복을 느끼던 시절의 따스함을 빼앗기고, 도무지 생기라고는 없어 보이는 잿빛 건물들 속에서 지독히도 외로운 나날들을 보낸 것이다. 소로는 하루 종일 뉴욕의 거리 곳곳을 걸어봐도 '깨어 있는 사람'을 단 한 사람도 만날 수 없었다며 안타까워했다.

1844년 소로는 친구와 함께 강에서 잡은 물고기를 구워서 먹으려다가 실수로 300에이커에 이르는 거대한 숲을 태우고 만다. 이날의 실수가 소로에게 깊은 죄책감을 남겼지만, 소로는 시간이 지난 뒤 놀라운 발견을 한다. 자신이 불태워먹은 숲이 몇 년 뒤 더 풍요롭고 아름답고, 생물다양성이 높은 새로운 숲으로 부활한 것이다. 마치 인간의 실수를 아무 대가 없이 용서해 주기라도 하는 것처럼, 거침없는 생명력으로 다시 피어나는 자연의 위대함을 바라보며 소로는 깊은 감동을 받는다.

1845년 소로는 월든 호숫가에 자신의 손으로 직접 오두막집을 짓고 7월 4일부터 살기 시작한다. 월든 오두막을 지어 홀로 살게 된 것은 그의 첫 번째 책『콩코드 강과 메리맥 강에서의 일주일』을 쓰기 위해서였다. 그 무렵 6년간 인두세를 내지 않아 체포되어 감옥에서 잠시 머물렀는데 이 체험은 훗날 그의 명저『시민 불복종 Civil Disobedience』을 탄생시키게 된다.

1847년 서른이 되던 해 소로는 콩코드 문화회관에서 '나 자신의 역사A History of Myself'라는 제목의 강연을 한다. 이 강연 내용은 그의 대표작『월든』의 바탕이 된다. 9월 6일, 2년 2개월 2일간의 숲 생활을 끝내고 에머슨의 저택으로 들어간다. 1848년 콩코드 문화회관에서 열린 '정부와 관련한 개인의 권리와 의무'라는 강연에서 자신이 인두세 납부를 거부한 이유를 설명한다. 사회운동가이자 사상가로서의 소로의 명성이 날로 커져가던 시기였다.

1849년『콩코드 강과 메리맥 강에서의 일주일』의 출판업자를 구하지 못해 에머슨의 권유에 따라 1,000부를 자비로 출간한다. 이 책은 잘 팔리지 않았지만, '첫 번째 책'을 썼다는 사실 자체가 소중했다. 이 책이 있었기에『월든』을 쓸 수 있는 필력과 감수성도 키울 수 있었다. 1848년의 강연 내용을 일부 수정해「시민 정부에 대한 저항Resistance to Civil Government」이라는 제목으로 글을 발표한다. 이 글은 그의 사후에『시민 불복종』이라는 제목으로 널리 알려지며,『월든』과 함께 쌍벽을 이루는 소로의 명저가 된다.

그해 누나 헬렌이 폐결핵으로 사망하며 소로는 또 한 번 깊은 슬픔에 잠긴다. 하지만 슬퍼할 겨를도 없이 빚을 갚기 위해 본격적으로 측량기사 일을 시작해야 했다. 1850년 33세 때 가족이 콩코드 메인가의 집으로 이사했고, 이후 소로는 죽을 때까지 이 집에서 살게 된다. 이 무렵 가장 절친한 벗 중 하나였던 윌리엄 엘러리 채닝과 캐나다 여행을 다녀온다. 같은 해 도망간 노예를 다른 주에서 잡아오는 것을 허용하는 '도망 노예법'이 연방의회에서 통과되자 소로는 깊은 분노를 느끼고, 이듬해인 1851년에 남부에서 탈출한 흑인들을 돕는 비밀 조직 '지하철'의 일에 가담한다.

1852년《사르테인스 유니언 매거진》에 『월든』 일부를 발표하며 좋은 반응을 얻는다. 1854년에는《뉴욕 트리뷴》을 비롯한 여러 신문에 「매사추세츠 주의 노예제」를 발표해 노예제도에 대한 분노와 인권에 대한 감수성을 전파한다. 마침내 『월든 혹은 숲에서의 삶 Walden; or, Life in the Woods』을 출간한다. 사람들의 주목을 받지 못했던 첫 책과는 달리 이 책은 좋은 반응을 얻는다. 강연 요청이 늘어나면서 소로의 명성이 날로 높아진다. 1856년에는 뉴저지주의 퍼스 앰보이로 측량기사 일을 하러 떠난다. 브루클린에서 시인 월트 휘트먼을 만나기도 한다.

1857년 소로는 급진적 노예제 폐지론자인 존 브라운 대위를 만나 깊은 연대감을 느낀다. 소로는 건강이 좋지 않았지만 메인주, 화이트산맥, 워싱턴산 등을 다녀오며 삶에 대한 의지를 불태웠고, 다양한 글을 쓰며 작가로서의 삶을 열정적으로 이어간다. 1859년 아버지 존이 세상을 떠나면서 소로는 가업이었던 연필 공장을 물려받는다. 이 일로 격무에 시달리며 소로의 건강이 더욱 악화된다. 하퍼스 페리의 연방정부 무기고 점거 사건으로 존 브라운이 체포되자, 소로는 그를 위해 콩코드에서 '존 브라운 대위를 위한 탄원'이라는 제목의 연설을 하여 청중의 열광적인 환호를 받는다. 하지만 브라운은 반역죄로 버지니아에서 처형되고 만다.

1860년 어느 폭풍우 치던 밤, 소로는 나무 그루터기의 나이테를 세다가 독감에 걸렸는데 이 독감이 기관지염으로 악화되면서 1835년부터 앓아온 폐결핵이 더욱 심해졌다. 1861년 에이브러햄 링컨이 미국의 제16대 대통령으로 취임한다. 소로가 평생 투쟁해왔던 노예해방을 위한 싸움이 곧 시작될 것이었으나, 소로는 그토록 간절히 염원하던 노예해방을 목격하지 못한 채 세상을 떠나게 된다.

소로는 요양을 위해 미네소타로 떠났으나 차도가 없어 다시 콩코드로 돌아왔다. 1861년 9월에 그는 자신의 문학적 고향, 영감의 원천인 월든 호수를 마지막으로 찾아간다. 소로는 죽음이 얼마 남지 않았음을 예감하며 마지막으로 미출간 원고들을 정리한다. 특히 『메인 숲 The Maine Woods』과 『여행들 Excursions』을 보완하며, 놀랍도록 차분한 태도로 마지막을 준비했다. 매일 네 시간 이상 산책하는 것과 일기를 쓰는 것이 소로의 가장 큰 즐거움 중 하나였으나, 건강이 악화되어 두 가지 모두 더 이상 할 수 없게 된다. 11월 3일자 일기가 그의 마지막 기록이다. 에머슨과 함께 또 하나의 스승이자 절친한 벗이었던 브론슨 올콧(루이자 메이 올콧의 아버지이자 초월주의 사상가)이 병세가 짙은 소로의 이마에 조용히 입 맞추며 슬퍼했다고 한다.

1862년 5월 6일, 소로는 45세의 나이에 폐결핵으로 세상을 떠나 콩코드의 슬리피 할로우 묘지에 묻힌다. 이곳에는 소로의 모든 가족뿐 아니라 에머슨 가족, 그리고 『작은 아씨들』의 작가 루이자 메이 올콧의 가족도 함께 잠들어 있다. 소로의 죽음을 지켜본 사람들은 하나같이 말했다. 그렇게도 고요한 죽음, 그렇게도 차분하고 평화로운 죽음은 일찍이 본 적이 없다고.

1부

비로소 내 마음의
적정 온도를 찾다

W a l d e n

열정

모든 살아 있는 존재에 대한
따스한 사랑

당신은 『월든』의 작가 헨리 데이비드 소로를 어떻게 상상하는가. 성격 까칠한 은둔주의자. 도시가 싫어서 숲으로 피신한 자. 인간관계의 복닥거림이 싫어서 홀로 숨어 사는 고독 예찬의 사상가. 이런 편견이 소로와의 진정한 만남을 가로막는 것은 아닐까. 심지어 소로를 가난과 실패에 찌들어 홀로 숲속에 오두막을 짓고 사는 극단적 고립주의자로 생각하는 이들도 있다.

하지만 소로는 세상이 귀찮거나 싫어서 숲으로 은둔한 사람이 아니다. 소로는 무엇보다도 까칠하고 성마른 사람이 아니라 다정하고 섬세한 사람이었다. 그는 하루 네 시간 이상 숲속의 산책을 평생 실천했고(산책은 소로의 힘!), 무려 6개 국어로 글을 읽고 썼으며, 글쓰기는 물론 대중 강연에도 뛰어난 재능을 지녔고, 월든 호수를 은둔의 장소가 아니라 혁명의 장소로 생각했다.

소로는 안타깝게도 너무 짧은 인생을 살았지만 삶이 끝날 때 그 어떤 후회도 남기지 않았다. 그는 세상을 떠날 때 이렇게 말했다고 한다. "참 아름다운 여행이었지." 소로는 자신의 죽음을 슬퍼하는 사람들을 바라보며 너무도 평온하게 이야기했다. "하지만 더 아름다운 여행이 기다리고 있단다." 그에게는 삶 자체가 아름답고 완벽한 여행이었으며, 죽음 이후의 세계는 또 하나의 더욱 아름다운 여행이었던 것이다.

무엇보다도 소로는 지칠 줄 모르고 타오르는 열정을 간직한 혁명가였다. 생태라는 개념이 존재하지도 않았던 시절에 그는 탁월한 생태주의자가 되었고, 세계 최초로 '국립공원'의 개념을 적극 제안한 사람들 중의 하나도 바로 소로다. 그는 '국립공원'이라는 자연과 인간의 행복한 공존의 모델을 주장했으며, 시민 불복종 운동을 통해 부당한 국가권력에 맞서는 개인의 위대함을 역설했다. 소로는 단지 『월든』의 작가에 그치는 것이 아니라 뛰어난 시인이자 다정한 생태주의자이자 열정적인 시민운동가였다. 그 이면에는 생계를 위해 뛰어들어야 했던 측량기사의 일, 가업으로 이어받아야 했던 연필 제조업도 있었다. 그러나 그 복잡한 캐릭터 속에 늘 숨어 있는 소로의 가장 결정적인 본성은 모든 살아 있는 존재에 대한 한없이 따스한 사랑과 공감의 눈길이었다.

나는 소로의 꼿꼿함이 좋다. 그는 흑인 노예를 착취하고 인디언을 차별하고 학살하는 미국 정부에 저항하는 의미로 인두세를 내지 않았고 그로 인해 감옥에 들어갔을 때도 전혀 당황하지 않고 마치 기다렸다는 듯이 '정의롭지 않은 사회와 정의로운 개인' 사이의 위대한 투쟁의 서막을 알렸다.

나는 소로의 따스함이 좋다. 그는 도망치는 흑인 노예를 여러 번 숨겨주었으며, 동물을 너무 사랑한 나머지 자신이 사랑하는 말이 보이지 않았을 때 온 마을을 헤집으며 그 말을 찾으러 다녔다. 자신이 예뻐하는 오리를 누군가 잡아먹었을 때, 그것을 슬퍼하며 애도하는 글을 쓸 정도였다.

나는 소로의 슬픔마저 사랑한다. 그가 세상에서 가장 사랑하는 존재였던 친형 존이 세상을 떠난 뒤, 그는 존의 이름만 나와도 얼굴이 창백해지며 아무 말도 하지 못했다고 한다. 그런 그의 첫 번째 책은 바로 형과 함께 메리맥 강을 일주한 아름다운 여행기, 『콩코드 강과 메리맥 강에서의 일주일』이었다. 형과 함께 캠핑을 하며 천신만고의 모험을 함께하던 그 여행이야말로 『월든』의 모태가 된 결정적 체험이었다.

학창 시절부터 형 존은 동생 헨리의 우상이었다. 혼자 책 읽는 것을 유독 좋아해 외톨이가 되거나 놀림감이 되기도 했던 외로운 소년 헨리와 달리, 존은 남녀노소에게 인기가 많고 리더십이 뛰어났으며 어딜 가나 주목을 받는 사람이었다. 헨리는 그런 형을 부러워하면서도 사랑했다. 마치 가족이나 연인처럼 자연을 사랑하는 마음, 흑인에 대한 차별을 결코 용납하지 않는 엄격함과 정의감, 인디언에 대한 따스한 연민과 공감, 읽기와 쓰기를 숨 쉬듯 자연스럽게 해내는 놀라운 재능까지, 그 모든 헨리의 모습은 존을 쏙 빼닮은 것이었다. 두 사람은 같은 여인을 사랑하고 같은 여인에게 청혼했으며 같은 재능과 같은 취미를 가졌지만, 서로 다투거나 질투하지 않았다. 그런 형이었기에 그를 잃은 소로의 상실감은 그 누구보다도 깊고 쓰라린 것이었다.

그런데 소로의 첫 번째 책 속에서 이상하게도 그는 형의 이름을 한 번도 언급하지 않는다. 대신 '우리'라는 말이 마치 물이나 공기처럼 자연스럽게 주어로 등장한다. 소로는 '우리'라는 주어를 씀으로써 형이 이미 자신과 한 몸임을 기억하려 했던 것이 아닐까. 그건 마치 나의 미래를 미리 본 것 같은 뼈아픈 예감이었다. 사랑이 너무 깊어지면 어느새 '나'와 '너'를 구별하는 감각조차도 사라지게 되는 것처럼. 소로가 '우리'라는 주어를 쓸 때마다 나는 존과 헨리, 서로에게 무한히 다정한 그 형제, 서로를 쏙 닮은 두 형제의 몸짓과 말투가 함께 떠올라 가슴이 얼얼해졌다.

그 형제처럼 목소리도 눈동자도, 종아리 모양과 피부의 미세한 결과 손금의 모양까지 꼭 닮은 우리 세 자매. 어린 시절 우리 집에 전화를 한 사람들은 여동생들과 내 목소리를 구분하지 못해 내 동생이 난 줄 알고 한참 통화를 할 정도였다. 『콩코드 강과 메리맥 강에서의 일주일』을 읽으며 '헨리는 왜 형의 이름을 절대로 쓰지 않고, 우리라는 주어만을 썼을까'라는 고민을 하다가, 비로소 '나 또한 그랬을 것'이라는 결론이 나왔다. 만약 존과 헨리 형제처럼 그렇게 우리 자매 중 누군가가 먼저 죽는다 해도, 우리 세 자매는 영원히 '우리'일 것이다. 우리 셋 중 누군가 한 사람이 먼저 세상을 떠났다는 것이 차마 믿기지 않아서, 그 이름 '여울, 고은, 상은'을 따로따로 부르지 못하고, 누군가 먼저 세상을 떠나더라도 항상 '우리'라는 주어 속에 함께할 것만 같다. 헨리는 '우리'라는 주어를 고집함으로써 형 존을 영원히 떠나보내지 않는 길을 선택한 것이 아닐까.

소로를 좋아하기 시작하면, 단지 그의 문장이 아니라 그의 세계관 전체에 매혹된다. 나는 소로의 수줍은 미소, 고색창연한 어휘력, 고전에 대한 탁월한 독해력, 그리고 무엇보다도 탐욕으로부터 무한히 자유로웠던 그의 놀라운 소박함이 좋다. '옷장에 옷이 가득한데, 왜 이렇게 입을 만한 옷이 없나'라는 투덜거림이 솟아나올 때, 나는 소로의 속삭임을 생각하며 웃음을 터뜨린다. 그는 『월든』에서 옷차림에 지나치게 신경 쓰고 돈을 많이 쓰는 우리 문명인의 과도한 낭비심을 단칼에 날려버린다. 옷이 낡아서 해지면, 그저 묵묵히 뒤집어 입으면 된다고. 그래, 맞아. 옷이 닳거나 싫증 나면 그저 뒤집어 입으면 되는데, 우리는 옷이 해지기도 전에 다른 옷을 사기 위해 '초록색 검색창'을 뒤지고 있지. 해마다 패스트 패션으로 인해 버려지고 낭비되는 옷감과 환경오염이 전 세계적으로 얼마나 심각한지를 생각하면, 옷장에 옷을 쌓아두고 또 새로운 옷을 찾는 현대인의 소비지상주의가 부끄러워진다. 내가 입고 먹고 쓰는 모든 것들에 대한 부끄러움. 소로는 바로 그 '소비'를 향한 우리의 과도한 열정 대신에 '자연을 향한 무한한 사랑'의 열정을 불어넣는다. 이 열정이 한번 가슴 속에 불을 지피면, 멈출 수가 없다. '유행'이나 '낭비' 따위는 『월든』과 가장 거리가 먼 가치이기에, '월든으로 가는 길'에서는 당신의 모든 짐을 내려놓아도 좋다.

산책

걷고 또 걸음으로써
치유되는 마음

오랫동안 꿈만 꾸었지 막상 '가야겠다'는 마음을 먹기에는 아주 오랜 시간을 필요로 하는 곳들이 있다. 월든이 바로 그런 곳이다. 상상 속의 월든이 너무 아름다워서 막상 가보면 실망할까 봐 두려운 마음도 있었다. 하지만 주로 '아름답고 볼거리 많은 도시'를 여행의 거점으로 여겨온 익숙한 습관 때문이었기도 했다. 매사추세츠 주 안에 있는 콩코드는 아름다운 도시이긴 하지만 『월든』에 대한 관심이 아니라면 특별히 눈길을 끄는 매력이 없어 보였다. 하지만 웬걸, 자세히 알아보니 콩코드야말로 '내가 꿈꾸는 모든 것들'이 오순도순 모여 있는, '이야기가 있는 도시'였다. 소로의 발자

취뿐 아니라 젊은 시절 그의 정신적 지주였던 미국의 대문호 랄프 왈도 에머슨이 살았던 곳도 바로 콩코드였다. 게다가 내가 어렸을 적 가장 좋아했던 소설인『작은 아씨들』의 작가 루이자 메이 올콧이 태어나 살았던 곳, 뿐만 아니라 그녀와 소로가 우정을 쌓아가던 곳도 바로 콩코드였다.『주홍글씨』의 작가 너새니얼 호손도 콩코드에서 작품활동을 하며 루이자 메이 올콧과 친분을 쌓았다. 내가 좋아하는 작가를 무려 네 명이나 배출한 꿈의 도시가 바로 콩코드였던 것이다.

내가 숲으로 들어간 이유는 삶의 빛나는 정수만을 간절히 체험해 보고 싶었기 때문이다. (…) 나는 삶이 아닌 삶은 살고 싶지 않았다. 삶이란 그토록 소중한 것이기에. (…) 나는 삶의 골수 깊은 곳까지 모조리 빨아들이고 싶었고, 스파르타인처럼 강인하게 살아가며, 삶이 아닌 것은 모조리 제거해 버리고 싶었다.

나는 삶이 힘겨울 때마다『월든』의 이 대목을 떠올렸다. 소로가 말한 '깨어 있는 삶'을 가능하게 한 아름다운 콩코드는 그저 걷는 것만으로도 충만함과 풍요로움이 느껴지는 아늑한 곳이다. 초가을 월든 호수로 가는 길은 그야말로 '가을이 다가오는 소리와 빛깔'로 가득했다. 호수 초입에는 소로의 기념품과 책자를 판매하는 곳이 있다. 이곳에서는 월든 호수 주변의 조감도와 미니어처를 보면서 소로가 호수 주변을 어떻게 산책하고, 무엇을 보려 했는지에 대한 사전 정보를 알아볼 수 있다. 나는 소로의 미니 석고상을 하나 사고, '심플리시티(Simplicity)'라는 글자가 새겨져 있는 목걸이를 하나 샀다. 심플리시티는 간결한 삶, 조화로운 삶, 탐욕과 집착으로부터 해방되는 삶을 꿈꾸었던 소로의 이상을 압축한 단어였다.

나는 벌써부터 설레기 시작했다. 숲속으로 들어가기 전, 소로가 홀로 만들었던 '월든의 오두막' 복제품이 보였다. 실제 소로가 살았던 오두막은 지금은 소실되고 '집터'만 남아 있는데, 콩코드에는 두 개의 오두막 복제품이 있다. 하나는 이곳 월든 호수에 있고, 하나는 콩코드 읍내에 인가들이 모여 있는 곳에 있다.

소로가 실제로 살았던 모습과 최대한 가깝게 복원된 소로의 오두막에는 월든 호수로 비치는 햇살을 모두 빨아들일 듯한 환한 창문 앞에 놓인 책상이 가장 눈에 띄었다. 작은 침대, 화덕, 테이블과 의자 등 단출한 살림들로만 꾸민 오두막에서는 지금도 '어떤 주변의 도움에도 의존하지 않고 나 홀로 살아가기'의 이상을 실현하려 했던 소로의 굳은 결의가 느껴진다.

월든 호수 쪽으로 걸어가는 길은 그 자체로 아름답고 고즈넉했다. 하루에 네 시간 이상 그저 아무 목적 없이 자연과 오롯이 함께하는 산책을 하지 않으면 도대체 어떻게 살아갈지 알 수가 없다고 한탄했던 소로의 말을 이해할 수 있을 것만 같았다. 이렇게 아름다운 숲길이라면 하루에 네 시간은 물론 하루 종일 걸어도 좋을 것만 같았다. 한없이 고독해도 좋을 것만 같은 느낌, 인간 세상으로부터는 놓여나지만, 자연의 더 커다란 품 안에 완벽하게 푹 안기는 듯한 느낌이 드는 따스한 산책길이었다.

『월든』과 함께, 나는 새롭게 걷는 법을 배웠다. 모든 익숙한 풍경들을 '여행자의 시선'으로 바라보는 법을 배운 것이다. 매일 걷는 길이라도 상념에 가득 차 걷기보다는 나무와 꽃과 돌에게 하나하나 인사하듯 걸어본다. 온갖 고민으로 마음을 꽉 채운 채 걷기보다는, 걷기 그 자체에 집중하며 걷는다. 소로의 모든 글들은 자신이 살아가는 마을과 숲을 끊임없이 걸어다니며 얻은 깨달음으로 가득 차 있다. 소로는 가까운 캐나다를 제외하고는 외국으로 나간 적이 없다. 하지만 그는 언제나 '일상 속의 여행자'였다. 집에서도 여행할 줄 아는 사람, 자신의 동네조차도 매번 낯설고 새로운 여행지로 만들 줄 아는 사람, 그가 바로 소로였다.

그리하여 무슨 수를 써도 일이 잘 풀리지 않을 때, 나는 무작정 어딘가를 걷기 시작한다. 목표지를 정하지 않고, 그냥 한 걸음 한 걸음 움직이는 일 자체에 몸을 맡겨본다. 일상으로부터 뚝 떨어진, 머나먼 장소라면 더 좋다. 걷고 또 걸음으로써 나도 모르게 마음속에 옹이 진 걱정들이 풀려나기 시작한다. 문제 하나에 지나치게 골몰하여 자꾸만 자신을 탓하는 나로부터 도망치고 싶을 때, 그때가 바로 산책이 절실해지는 시간이다. 일이 풀리지 않을 때 나는 자꾸만 스스로 타박한다. '넌 결국 이것밖에 안 되는 존재였나, 이런 것도 제대로 처리하지 못하다니, 지금까지 노력해 온 것이 너의 실수로 다 무너지면 어떡하나.' 이런 식의 자기파괴는 문제 해결에 아무런 도움이 되지 않는다. 나의 산책은 나를 괴롭히는 나로부터 도망치는 발걸음이다.

걷고 또 걷다 보면, 내 열망과 걱정으로부터, 내 슬픔과 집착으로부터 거리를 두게 된다는 점이 좋다. 발바닥이 아플 때까지, 목이 말라 물을 찾게 될 때까지 걷다 보면, 어느덧 나를 괴롭히던 그 문제가 '넘지 못할 산'이 아니라 '내가 집착하던 나 자신의 욕심'이었음을 깨닫게 된다.

때로는 나의 진짜 서재가 책장에만 있는 것이 아니라 거리의 풍경 속에 있음을 깨닫는다. 떨어지는 낙엽들, 반짝이는 간판들, 웅성거리는 사람들 모두가 저마다의 소중한 사연을 품고 있는 아름다운 책들처럼 다가온다. 목적지를 정하지 않고 마음을 활짝 열어놓은 채 시작하는 산책에는 그런 마력이 있다. 거리의 모든 존재들이 저마다 특별한 의미를 지닌 채 나에게 반갑게 인사하는 느낌이다. 서로를 관찰하지 않고 지나치기만 할 때 우리는 그저 스쳐 지나가는 행인에 불과하지만, 한 사람 한 사람 눈여겨 바라보면 그의 걱정, 슬픔, 열망, 미소를 저절로 상상하게 된다. 우리는 그렇게 아주 평범한 산책을 통해서도 서로에게 의미 있는 타인으로 거듭난다.

남들은 그저 똑같은 풍경으로 인식하는 월든 호수 주변의 숲길을 소로는 아름답고 숭고한 자연의 오케스트라로 바라보았다. 자연의 경이로운 풍경들이 그의 마음속에서는 하나하나 그윽한 울림을 지닌 악기처럼 연주되고 있었기 때문이리라.

그저 당연하게 주어지는 것만 같았던 세계를 한없이 낯설게, 끝없이 설레는 시선으로 바라보게 만드는 것. 그것이 산책의 또 다른 즐거움이다. 단 한 번 스쳐 지나가는 사이일지라도, 우리가 이 드넓은 세상에서 무려 한 번이나 만났다는 것만으로도 소중한 의미를 지니고 있다고 생각하며 그의 행복을 빌어준다면, '스쳐 지나가는 행인'이었던 우리는 저마다 '아름답고 소중한 타인'으로 변신한다. 산책을 하면서 바라보는 풍경이 아름다울수록, 나는 단 하나의 문제에 집착하던 마음의 시선을 내려놓고 정신의 근육을 이완시킬 수 있게 된다. 산책은 오직 '내 고민, 내 생각'에만 빠져 있던 뇌를 더 깊고 풍요로운 사유의 바다 속으로 밀어주는 산들바람 같다.

소로는 고향길을 산책하며 '매일 새로운 전망을 얻는 느낌'이라고 고백했다. 매일 오후 산책을 할 때마다, 그는 세상을 향한 새로운 전망을 얻게 된다고 했다. 오후의 산책은 언제나 어김없이 소로를 낯설고도 신기한 나라로 데려다주었다. 처음 마주치는 낯선 농가가 위대한 왕국의 영지처럼 특별해 보이기도 하고, 작년 이맘때 보았던 야생화가 정확히 같은 날짜에 작년과 변함없는 아름다움을 간직한 채 피어나 있음을 발견하기도 한다.

그는 반경 10마일 정도의 거리를 거의 매일 산책했는데, 오후의 산책로와 인간의 평생 사이에는 공통점이 하나 있다고 선언한다. 두 가지 모두가 좀처럼 익숙해지지 않는다는 것, 매번 새롭고 낯설고 신기하다는 것이다. 한없이 지루해질 수 있고 권태로워질 수도 있는 삶을, 낯설고 싱그럽게, 새로운 실체로 바라볼 수 있는 방법이 바로 마음을 활짝 열고 하는 산책이다. 걷고 또 걸음으로써 나는 나로부터 도망쳐 세상 바깥으로 여행하고 마침내 다시 나로 돌아오는 일상 속의 작은 세계여행을 떠날 수 있다.

산책자 소로는 야생화를 관찰하는 일에서 희망을 보았다. 그의 산책은 건강을 위한 자기계발형 운동이 아니라 자연을 향한 불타는 사랑이었다. 예컨대 작년 봄 3월 17일에 피었던 꽃이 올해 거의 비슷한 날짜에 핀다는 것을 매번 확인하는 것이 소로에겐 위대한 자연 법칙의 경이로움을 느끼는 축복이었다.

『산책 Walking』(박윤정 옮김, 양문, 2005)이라는 책에서 소로는 위대한 시인 윌리엄 워즈워스의 하녀 이야기를 들려준다. 어떤 여행자가 워즈워스의 하녀에게 주인의 서재를 보여달라고 부탁하자, 하녀는 이렇게 대답했다고 한다. 워즈워스의 서재는 문밖의 자연 전체라고. 워즈워스의 하녀는 주인이 가장 소중하게 여기는 것이 자연과 산책 속에 있다는 사실을 알았다. 자연 속의 산책을 통해 책보다 더 많은 깨달음을 얻었던 것은 워즈워스와 소로의 공통점이 아니었을까.

걷기라는 일상의 '미니 투어'를 마치고 나면, 마음은 한껏 자라

있고, 빈틈없이 빽빽해서 전혀 움직일 수 없었던 마음속에는 비로소 사유의 여백이 생긴다. 그 싱그러운 여백 속에서, 우리는 처음부터 다시 시작하면 된다. 우울과 집착이 아닌 여백과 휴식 속에서 삶을 다시 시작해 볼 용기를 얻는 것이다. 걷기라는 내 일상 속의 작은 여행에서 돌아오면 비로소 더 깊고 더 풍요로워지고 더 향기로운 삶의 주인공인 나를 발견하게 된다.

수많은 교통수단이 저마다 장점을 지니고 있지만, 나는 아직도 걸어다니며 바라보는 세상이 가장 아름다워 보인다. 나를 괴롭히는 나로부터 도망쳐, 다시 나 아닌 세상 모든 것을 사랑하는 나에게로 돌아오는 길. 그것이 오후의 산책이 우리에게 선물하는 눈부신 기쁨이다. 마음을 활짝 열어 산책하며 만나는 아름답고 낯선 세상, 그곳이 나에게는 최고의 서재이자 살아 있는 공부방이다.

용기

그럼에도 불구하고,
나아가야 하는 것

365일, 아직 아무런 미래도 확실히 그려지지 않은 '텅 빈 달력'이야말로 우리 모두의 표현하지 못한 가능성이자 잠재력이 아닐까. 시간이라는, 가장 평등한 자원.

소로는 단지 도시가 싫어 자연 속으로 힐링 여행을 떠난 것이 아니다.『월든』은 그의 위대한 모험 중 극히 일부를 보여줄 뿐이다. 소로가 월든에서 지낸 기간은 단지 2년 2개월이고, 소로는 그 이전에도 그 이후에도 자연과 인간의 조화로운 공존, 흑인 노예와 인디언을 향한 차별 철폐, 정의롭지 못한 국가를 향한 시민의 저항과 투쟁 등 수많은 운동에 몸담았다. 생태주의라는 말 자체가 없었던 시대에 그는 생태주의적 삶을 실천했고, 목숨까지 걸어야 하는 위험한 노예해방 투쟁에도 기꺼이 그 위험을 감내했으며, 도시문명의 위험과 한계를 뛰어넘어 어떻게 자연과 함께 공존하는 삶을 살 것인가를 평생 고민했다. 소로의 인생 전체가 여전히 많은 이에게 뜨거운 영감을 준다. 그는 고통 속에서도 위대한 미래를 창조하는 사람이었고, 고난 속에서도 결코 더 나은 미래를 향한 희망을 포기하지 않은 사람이었다.

월든을 향한 그의 여정은 결코 순탄치 않았다. 1841년 스물넷의 소로가 호숫가에 가서 오두막을 짓고 살겠다는 생각을 주변 사람들에게 말했을 때 커다란 반대에 부딪혔다. 그는 일기에 이렇게 쓴다. 당장이라도 훌쩍 떠나 호숫가에서 혼자 살고 싶다고. 하지만 친구들은 그에게 핀잔을 준다. 거기 가서 도대체 무엇을 하려고 그러느냐고. 하지만 소로는 이렇게 생각한다. 봄, 여름, 가을, 겨울의 흐름을 지켜보는 것만으로도 훌륭한 일이 되지 않을까.

1841년 12월, 새해를 앞둔 마지막 날 소로는 맹세한다. 자연의 아름다움이 지닌 특성을 관찰하는 사람에게는 그 어떤 해로움도 실망도 찾아오지 않는다고. 그는 마침내 월든 호수에 오두막을 짓기로 하고 모든 일을 준비하려고 했다. 그런데 바로 그 다음 해인 1842년, 그의 인생에서 가장 충격적인 사건이 발생한다. 바로 그가 세상에서 가장 자신과 닮았다고 생각했던 사람, 형 존의 죽음이었다. 아무리 시간이 지나도 아물어지지 않는 상처, 그것이 바로 소로의 트라우마였다. 하지만 3년 후 소로는 마침내 상처를 딛고 월든 호수를 향한 용감한 여정을 떠나게 된다. 마침내 '내가 생각하는 나의 꿈'을 향해 나아가는 용기가 소로에게는 있었다.

　소로의 인생에서는 크게 세 가지 역경이 있었다. 첫 번째는 형의 갑작스런 죽음이었다. 소로의 형 존 소로는 마치 영혼의 쌍둥이 같은 존재였다. 숫돌에 면도날을 갈다가 왼손 약지의 살갗을 벤 상처에 파상풍균이 침투해 존은 고통스러운 발작 끝에 숨지고 말았다. 아무도 예상치 못한 충격적인 죽음이었다. 작은 상처라 대수롭지 않게 여겼지만, 땅에 거름을 주는 일을 매일 하다 보니, 동물의 배설물에 섞인 파상풍균이 베인 상처 속으로 들어간 것이다. 소로는 세상에서 가장 자신을 잘 이해해 주던 형, 그 어떤 친구나 스승보다도 그에게 많은 영감을 주던 사람이 세상을 떠난 뒤 지독한 상실감에 시달렸다. 소로의 스승 에머슨의 아내 리디언은 이렇게 편지를 쓴다. "존의 죽음이 무섭기보단 오히려 아름다웠어. 순수한 영혼이 있는 그대로의 모습으로 하늘로 올라가는 것 같았어." 그토록 사랑하는 형의 죽음 앞에서 무너지지 않고 끝까지 의연한 모습을 보이던 소로를 보며 깊은 감명을 받는다. 헨리가 보여준 그 침착함, 끝까지 평정심을 잃지 않으려는 모습을 보며, 리디언은 그를 사랑하지 않을 수가 없었다. 형을 잃은 슬픔에 굴복하지 않는 소로, 마음 깊숙한 곳의 아픔과 필사적으로 싸우는 소로. 이런 큰 아픔을 겪으면서도 소로는 결국 다시 마음을 다잡고 3년 후 월든 호수로 들어간다.

두 번째 역경은 형의 죽음 이후 어떻게든 살길을 찾기 위해 고심하다가 뉴욕에서 직업을 가져보려 했지만 몇 달 만에 참담한 모습으로 고향 콩코드로 돌아와야 했다는 사실이다. 소로는 한때 하버드대학을 졸업한 엘리트였고, 지역사회에서도 뛰어난 강연과 저술로 정평이 나 있는 훌륭한 청년이었다. 모두가 그의 성공을 의심치 않았다. 하지만 고향 콩코드를 떠나 뉴욕에서 자리를 잡으려던 그의 시도는 처참한 실패로 끝나고 말았다. 그는 뉴욕 시절의 일기에서 그 시절의 괴로움을 고백한다. 뉴욕의 거리 곳곳을 하루 종일 걸어보았지만, 진정으로 살아 있는 사람을 단 한 명도 만날 수가 없었다고. 그 누구와도 진정한 친구가 될 수 없었기에, 그 누구와도 생생한 대화를 나눌 수 없었기에, 그는 뉴욕이라는 거대한 무대에서 그토록 깊은 외로움을 느낀 것이다.

연필 공장을 운영하기도 하고, 측량기사로 일하기도 하고, 가정교사로 일하기도 했지만, 그가 가장 꿈꾸는 작가의 길을 걸어가기 위해 야심차게 결행한 뉴욕행은 결국 실패로 끝나고 말았다. 그의 작품은 뉴욕의 출판사들에서 매번 거절당했고, 도시의 각박한 살림살이는 그를 지치게 했으며, 심지어 기면 발작 증세까지 그를 괴롭혔다. 그는 마침내 서글픈 패잔병처럼 고향 콩코드로 다시 돌아왔지만, 새로운 모험을 멈추지 않았다. 월든 호숫가로 들어가 오두막을 짓고 혼자 살아보고 싶다는 마음속의 목소리가 고개를 들기 시작했다.

세 번째 역경은 생태주의자의 아버지이자 자연을 사람만큼이나 사랑했던 소로가 '산불'을 내버린 크나큰 사건이다. 꽃과 나무와 강과 숲을 사랑하는 생태주의자 소로로서는 가장 고백하기 힘든 사건이기도 했다. 친구와 함께 숲에서 캠핑과 낚시를 즐기고 취사를 하다가 실수로 산불을 낸 것이다. 숲에서 수없이 모닥불을 피워본 캠핑의 달인 소로였지만, 이날만큼은 바람의 방향을 잘못 예측한 것 같다. 자신의 모든 행동을 글로 옮기는 데 인색하지 않았던 소로는 이후 6년 동안이나 이 일에 대해서만은 침묵을 지킨다. 너무 고통스럽고 부끄러웠기 때문이다. 그에 대한 마을 사람들의 평판은 땅에 떨어졌고, 무엇보다도 소로 자신이 괴로웠다. 그토록 사랑했던 숲이 눈앞에서 반 마일 이상이나 불타는 모습을 보는 것이 얼마나 두렵고 무서웠을까. 그런데 소로는 놀랍게도 자신이 태워버린 숲에서 더 아름다운 꽃들이 피어나는 것을 보고 자연의 위대함을 다시금 실감했다. 사람들은 자신을 용서해 주지 않지만, 자연은 자신을 용서해 준다는 것을 깨달았다.

소로는 그토록 사랑하던 형의 죽음에도 불구하고, 누구도 자신의 재능을 확실히 인정해 주지 않음에도 불구하고, 산불을 낸 큰 책임이 있음에도 불구하고, 자신의 길을 갔다. 『월든』이라는 위대한 책을 썼을 뿐 아니라 마하트마 간디로부터 케네디 대통령, 헤르만 헤세 등 수많은 사람들에게 선한 영향을 끼쳤다. 그 어떤 성공 가능성이 보이지 않을 때조차도 끝까지 자신만의 월든을 지켜낸 힘. 그것은 그가 그 모든 실패와 좌절의 기억에도 불구하고 삶은 지속되어야 함을 알았기 때문이다. 힘든 순간에도 삶을 지속하는 힘. 그것은 '상황이 안 좋으니까 꿈을 수정한다'든지 '계획을 축소하자'는 현실론이 아닌, 상황이 안 좋을수록 오히려 더욱 선명하게 '진정한 나'를 지켜가는 용기다.

진정 소중한 것들은 나쁜 환경에서도 바뀌지 않는다. 진정 중요한 것들은 험악한 환경에서도 그 모습을 바꾸지 않는다. 소로는 아무리 힘든 순간에도 자신보다 더 약한 존재를 향한 사랑을 멈추지 않았다. 끝없이 책을 읽고 열정적으로 글을 씀으로써 세상을 바꿀 수 있다는 희망을 멈추지 않았다. 소로에게는 희망을 가질 이유보다 절망할 이유가 더 많았다. 그는 평생 가난했으며, 그의 재능을 진정으로 인정해 주는 사람도 많지 않았다.

하지만 소로는 항상, 그럼에도 불구하고 희망을 택했다. 그럼에도 불구하고 도전을 멈추지 않았고, 글쓰기를 멈추지 않았고, 힘없고 소외받는 모든 존재들을 향한 사랑을 멈추지 않았다. 바로 그 멈추지 않는 희망과 사랑이야말로 팬데믹 시대 우리가 소로에게서 배워야 할 삶의 자세가 아닐까.

콩코드 강의 고요하고 푸르른 흐름을 보라. 소로가 콩코드를 평생 떠나기 싫었던 이유를 알 것만 같다. 맑고 투명하지만 결코 얕지 않은 콩코드 강. 『콩코드 강과 메리맥 강에서의 일주일』이라는 소로의 첫 번째 책, 그리고 마침내 『월든』을 태어나게 한 그 첫 번째 이야기의 시원에는 콩코드 강이 자리하고 있다.

강물 위에 비친 푸른 하늘, 그 위를 한가로이 떠다니는 낙엽들. 모네의 수련처
럼 평화롭고 고요한 숲속. 콩코드의 상징인 이곳, 미니트 맨 국립역사공원 또한
국립공원이다. 국립공원이라는 아이디어의 창시자 소로의 영향이 아직도 느껴
진다.

너새니얼 호손과 랄프 왈도 에머슨이 한때 거주했던 아름다운 목조건물 올드맨스(The Old Manse). 소로의 친구 호손뿐 아니라 많은 작가들이 이 집에서 글을 썼다. 콩코드에는 아직도 소로와 그의 친구들이 살았던 흔적들이 많이 남아 있다.

소로도 자주 책을 빌려 읽곤 했던 콩코드 공립도서관의 모습. 소로는 여기서도
구할 수 없는 책은 하버드 도서관에서 빌려 읽곤 했다.

소로의 절친한 벗이자 『작은 아씨들』의 저자 루이자 메이 올콧의 아버지, 브론
슨 올콧의 이상향을 실험하던 장소 '프룻랜드(the Fruitland)'는 생태주의의 꿈
을 실험하는 사람들에게 또 하나의 유토피아가 되었다. (위)

프룻랜드의 가을은 풍요와 고요가 완벽하게 조화를 이룬 모습으로 방문자들
을 반갑게 맞이한다. 이곳에서는 방문객들이 식사를 할 수도 있고, 박물관에서
인디언들의 생활상을 공부할 수도 있다. (오른쪽)

『작은 아씨들』의 작가 루이자 메이 올콧의 아버지 브론슨 올콧. 그는 소로의 진정한 친구이기도 했다. 소로와 에머슨과의 우정이 평생에 걸쳐 격랑에 휩쓸리는 조각배 같았다면, 소로와 브론슨과의 우정은 말 그대로 늘 푸르른 상록수처럼 변함없었다. 브론슨은 소로의 글을 가장 많이 칭찬해 준 사람, 소로가 좌절과 슬픔에 빠질 때마다 늘 위로해 준 사람, 그리고『월든』의 문학적 가치를 가장 먼저 알아본 뛰어난 독자이기도 했다.

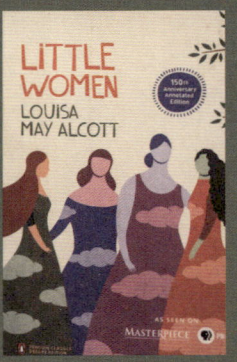

수많은 예비 작가들에게 '글쓰는 여성'의 이상형이 된 소설『작은 아씨들』의 조 마치를 테마로 한 카드와『작은 아씨들』탄생 150주년 기념판본. 글을 써서 온 가족을 먹여 살릴 뿐 아니라 글을 통해 이 불평등한 세상을 확 바꿔버리려는 야심을 숨기지 않은 조 마치의 열정은 여전히 현대를 살아가는 우리들에게 영감을 준다.

루이자 메이 올콧과 그녀의 세 자매가 함께 쓴 방. 사진 촬영이 금지되어 있어 엽서로 대신한다. 아직도 올콧 자매들의 왁자지껄한 웃음소리와 다정다감한 스몰토크가 들려오는 듯하다. 가난하지만 늘 사랑이 넘쳤던 올콧 집안의 화기애애한 분위기가 여전히 집안 구석구석의 소품을 통해 느껴진다.

월든 호수 방문자 센터. 이 간판을 본 순간 마음이 환해진다. 한국에서 뉴욕으로, 뉴욕에서 보스턴으로, 보스턴에서 콩코드를 향한 기나긴 여정에서 마침내 내 간절한 목적지를 만났을 때의 기쁨. 오랫동안 '월든 앓이'를 해온 나는 이 건물의 간판을 보는 순간 반가움과 울컥함이 동시에 밀려들었다. (왼쪽)

방문자 센터 안에 있는 소로의 책들과 기념품을 파는 가게. 이 가게 또한 또 하나의 '월든 오두막'처럼 고즈넉하고 소박하기 이를 데 없다. (가운데)

저 문을 열면 온갖 '월든 굿즈'들이 와르르 쏟아질 것만 같다. 소로의 얼굴 사진이 붙어 있는 저 문을 열면 수많은 『월든』의 친구들이 쏟아져 나온다. (오른쪽)

이 문장은 『월든』을 사랑하는 사람들이 거의 외우는 명문장이다. "내가 숲으로 들어간 이유는 삶의 빛나는 정수만을 간절히 체험해 보고 싶었기 때문이다"로 시작되는 '월든 호수 정착기'는 언제 다시 읽어도 심금을 울린다.

콩코드의 지도. 콩코드는 문학과 철학, 공동체 운동, 생태 운동, 흑인 노예 해방운 동의 메카이기도 했다. 콩코드는 초기 미국 사회의 철학적·역사적 기원을 연구하 는 사람들에게 있어서 매우 중요한 자료들을 제공하는 도시다.

미국의 시인 랄프 왈도 에머슨이 자연을 예찬한 글들은 소로에게도 깊은 영향을 주었다. 에머슨의 『자연』은 한국에도 번역되었다. (위)

소로의 명문장들을 판화 엽서로 제작한 작품들. 흑백판화와 소로의 명문장들이 무척 잘 어우러진다. 소로가 21세기를 살고 있다면 그는 우리에게 어떤 말을 해줄까? 우리가 처한 상황에 대해 어떻게 대답했을까를 질문하는 『헨리라면 무엇을 했을까 What Would Henry Do?』라는 책이 눈에 띄었다. 여전히 21세기에도 소로에 대한 책들이 전 세계에서 쏟아지고 있는 것을 보면, 그가 21세기에 더 크고 깊은 울림을 주는 사상가임을 새삼 깨닫게 된다. (아래)

방문자 센터 옆에는 소로의 작품에 대한 상세한 설명들과 당시의 물품들이 전시된 작은 상설 전시장이 있다.

군인들도 읽을 수 있도록 미니북으로 제작한 『월든』. 이것은 결코 요약본이 아니며 풀 텍스트임을 강조한 디자인이 사랑스럽다. 전쟁 속에서도 『월든』을 읽으며 언젠가 도래할 새로운 세상을 꿈꾸었을 당시의 젊은이들을 생각하니 가슴이 뭉클하다.

수많은 월든 연구 서적들. 소로와 『월든』에 대한 연구는 여전히 활발하다. 어쩌면 기후재난이 심각해지고, 자본주의 사회에서 평화로운 마음으로 사는 것이 거의 불가능해진 지금이야말로 우리가 『월든』을 다시 읽어야 할 시간이 아닐까 싶다.

방문자 센터에 왔다고 다 온 것이 아니다. 여기서부터 한참 걸어 월든 호수로, 그리고 호수에서 한참 걸어 소로의 오두막이 있던 자리까지 걸어가야 한다. 하지만 그 길이 너무 아름다워서 전혀 피곤함을 느낄 수 없다. 장소는 그 장소를 사랑하는 사람들을 닮는 것이 아닐까. 월든 호수로 온 사람들은 그 누구도 부산 떨지 않고, 큰소리로 떠들지도 않았으며, 그야말로 고요하고 사려 깊은 몸짓 하나하나로 월든 호수와 자신의 신체를 하나의 하모니로 조율하고 있었다.

고독

도시인의 고독이
쓰라리고 아픈 이유

작가 올리비아 랭은 『외로운 도시』(어크로스, 2018)에서 도시인의 외로움은 마치 격렬한 배고픔과 흡사하다고 고백한다. 남자친구와 미래를 약속하고 둘이 함께 뉴욕으로 이주하기로 했지만 남자친구의 배신으로 홀로 낯선 도시 뉴욕에 정착하게 된 그녀는 하루하루가 고독으로 점철된 살얼음판처럼 느껴지던 고통의 나날을 보낸다. 주변 사람들은 모두 파티를 벌이고 있는 것 같은데 자기 혼자 굶주림에 떨고 있는 느낌. 그것이 뉴욕에서 홀로 지내며 올리비아가 느낀 외로움의 정체였다. 고독은 얼음처럼 차갑고 유리처럼 맑게, 자신의 영혼을 집어삼키는 것 같았다. 잘못한 것도 없는

데 한없이 창피하고 수치스러운 느낌, 티 나게 자기를 밀어내는 사람이 없어도 영영 이 세상 밖으로 밀려난 느낌. 아무도 나를 받아주지 않는 것만 같은 느낌, 이 세상 어디서도 사랑을 찾을 수 없을 것만 같은 영원한 박탈감. 그것이 바로 도시인의 고독이 쓰라리고 아픈 이유다. 그녀가 느낀 고통은 현대인이 '고독'과 연결시키는 여러 부정적인 감정들의 압축판처럼 보인다. 창피함, 경계심, 소외감, 폐쇄된 느낌이 '고독'이라는 단어와 안타까운 슬픔으로 연결되어 있다. 이것이 도시인의 고독이다.

그런데 소로의 고독은 전혀 다르다. 소로가 『월든』에서 느끼는 고독은 더욱 풍요로운 고독, 다정한 고독, 달콤하기까지 한 아름다운 고독으로 다가온다. 그는 인간 세상에서 멀어짐으로써 오히려 자연과 온전히 함께하고 있기 때문이다. 소로가 느끼는 고독은 '외부와 분리되는 고독'이 아니라 오히려 '타자와 함께하는 고독'이었다. 월든 호수에 마침내 다다르자 소로가 '막상 자연 속에 들어오니 고요한 것이 아니라 무수한 자연의 소리들로 가득하다'라고 고백했던 장면이 이해되었다. 주변이 워낙 고요하니 물 흐르는 소리, 낙엽이 떨어져 호수에 닿는 소리, 내가 걷는 걸음마다 돌멩이들이 잘박잘박 부딪히는 소리가 마치 다채로운 화음을 뿜어내는 실내악 연주처럼 뚜렷하게 들렸다. 월든 호수는 상상을 뛰어넘는 아름다움으로 찬란히 빛나고 있었다. 소로는 이곳에서 '소외된 자의 고독'이 아니라 '자연과 함께하는, 붐비는 고독'을 느꼈을 것이다. 자연 속에서 나만 혼자 남은 것 같은 서늘한 공포를 느끼는 것이 아니라 자연 속에서 만나는 모든 존재들이 살갑게, 다정하게, 친근하게 느껴지는 분위기 속에서 그는 누군가와 분리되는 고독이 아니라 자연과 오히려 함께하는 긍정적인 의미의 고독을 느낀 것 같다. 나만 혼자 동떨어져 모두로부터 버려진 느낌이 아니라 꽃들, 새들, 나무들, 강물과 바람과 숲길 그 모든 자연의 반김 속에서 더 커다란 나로 확장되는 마음. 그것이 바로 소로가 느낀 '붐비는 고독'이었을 것이다.

콩코드 여행을 마치고 보스턴을 돌아본 뒤 뉴욕으로 돌아와서 우연히 내가 좋아하는 화가 프란츠 마르크(Franz Marc)의 전시를 보게 되었다. 〈사슴이 있는 숲속에서 *Interior of Forest with Deer*〉라는 작품이 있었는데, 사슴이 인간이 엿보는지도 모르는 채 가만히 아름다운 숲속의 정경에 꼭 끌어안겨 있었다. 멀리서 보면 마치 보호색을 띤 카멜레온처럼 사슴이 잘 보이지 않는다. 하지만 가까이서 보면 수줍게 도사린 사슴의 영롱한 눈빛이 비로소 신비롭게 모습을 드러낸다. 우리도 소중한 자연을 바라볼 때, 사랑하는 사람을 바라볼 때 이렇게 바라보고 싶어진다. 눈에 띄지 않게 꼭꼭 숨어 있는 사람일지라도, 그를 소중하게, 신비롭게, 다정하게 바라보고 싶어진다. 마르크는 자연과 인간 사이의 '거리'를 존중하는 사람이라는 생각이 들었다. 그 역시 소로처럼 자연과 함께하는 삶, 도시문명의 이기(利器)와는 거리를 두는 삶을 살았다. 이렇게 존재와 거리를 두면서도 존재를 그 자체로 소중하게 여기는 마음이야말로 상생과 공감의 씨앗이 된다.

지렁이는 인간의 손으로 만지기만 해도 화상을 입는다고 한다. 너무도 사랑하지만 결코 상처 입히지 않도록 조심해야 하는 순간들이 있다. 사랑하면서도 집착하지 않는 거리, 소중히 여기면서도 너무 꼭 그러쥐지 않는 조심스러움. 그 속에서 자연과 인간의 더욱 깊고 내밀한 대화는 시작된다.

나는 콩코드 여행을 통해 소로가 꿈꾼 '산책자의 영혼'을 만날 수 있었다. 산책자의 영혼은 밥 먹은 것을 소화시키기 위해 걷는 목적의식 가득한 걷기가 아니다. 세상의 풍경을 텅 빈 마음으로 바라보는 여유. 세상의 아름다움을 온전히 받아들일 수 있는 마음. 우리의 갇힌 마음을 실컷 뛰놀게 하는 자유로운 한 걸음 한 걸음을 꿈꾼다. 지금 우리가 살아가는 이곳을 아름다운 월든으로 만드는 것. 그것은 내 마음을 돌보고, 자연을 아끼고, 내 주변의 모든 환경을 소중히 가꾸고 사랑하는 마음에서 시작된다.

거리두기

감정노동을 반복하는 삶으로부터
우리 자신을 보호할 권리

아무리 호화로운 집을 소유한들, 집을 세울 땅이 없다면, 집을 세울 지구가 없다면 무슨 소용이겠는가. 소로는 『월든』에서 바로 이런 상황을 걱정한 것이다. 현대인은 부동산을 소유하기 위해 정작 부동산이 자리 잡고 있는 바로 이 지구를 파괴하고 있다. 지구가 몸살을 앓고 있으면 아무리 좋은 집을 가진다 해도 온갖 미세먼지와 수질오염과 토양오염으로부터 우리 자신을 구해낼 수 없을 것이다. 코로나19는 우리의 어떤 소유물도 코로나를 극복하는 데 확실한 도움이 되지 않는다는 것을 증명한다. 아무리 돈이 많아도, 아무리 번쩍거리는 부동산을 소유한 사람들도, 코로나19 앞에서는 속수무책으로 무너지고 말았다.

전 세계를 충격에 빠뜨린 팬데믹 사태는 '사회적 거리두기'라는 새로운 삶의 방식을 요구했다. 모두가 월든처럼 숲속에 오두막을 짓고 살 수는 없지만, 월든처럼 '복닥이는 삶과의 결별'을 추구할 수는 있다. 우리는 치열하게 경쟁하는 삶, 매일 사람들의 뒤치다꺼리를 하느라 가슴 찢어지는 감정노동을 반복하는 삶으로부터 우리 자신을 보호할 권리가 있다. 월든의 오두막에서 홀로 지낸 2년 2개월의 시간. 그동안 소로는 완전히 고립된 삶을 산 것이 아니라 '내가 원하는 만큼 사람들과 거리를 둘 수 있는 자유'를 실현한 것이다. 그는 가족과 만나기도 했고, 친구나 이웃과 소통하기도 했다. 완전한 고립을 선택한 것이 아니다.

월든의 오두막에서 홀로 지내는 동안, 소로는 완전한 혼자가 아니었다. 늘 방문객을 향해 마음의 문이 열려 있었다. 실제로 많은 사람들이 월든을 찾아왔다. 월든의 오두막은 '어떤 괴짜 글쟁이가 혼자 글을 쓰기 위해 틀어박힌 곳'이 아니라(이것이 사람들의 커다란 오해다) 누구에게나 열려 있는, 나그네를 쉬어가게 하고, 사람들과 소통할 수 있는 아름다운 열림의 공간이었다. 그는 오두막 문에 어떤 자물쇠도 채우지 않았다. 외출할 때조차도 문을 잠그지 않았다. 2년 2개월 동안 완전히 개방해 두었는데, 없어진 건 책 한 권뿐. 예로부터 나무 막대기로 우리가 집에 있는지 외출했는지 보여주던 제주도 사람들처럼. 월든은 누구에게나 열린 공간이었고, 그 누구도 배제하지 않았으며, '고립'이 아닌 '열림'으로써 사회적 거리를 추구했다.

마스크를 항상 착용하고, 나들이나 급하지 않은 외출은 삼가는 생활은 처음에는 답답하지만 좋은 점도 있다. 바로 감정노동이 급격히 줄어든다는 점이다. '갑질'을 일삼던 권력층이나 부자들에게는 불편할지 모르지만(사회적 거리를 두면 갑질할 기회도 줄어드니까), 쓸데없이 고객의 눈치를 보지 않아도 되는 종업원의 입장에서는, 회의나 대면 접촉이 줄어들고 오직 일에만 집중할 수 있는 환경을 처음 맞이한 재택 근무자에게는, 사회적 거리두기가 가뭄의 단비처럼 느껴질 수도 있다. 물론 삶의 방식이 급격히 바뀌기에 불편함은 당연히 있다. 하지만 코로나19 사태가 장기화될 가능성이 높아지면서 사회적 거리두기가 '생활방역'의 형태로 여전히 지속되고 있는 지금. 어느 때보다 우리는 사회적 거리두기를 통해 '진정한 나를 찾을 기회'를 얻게 된 것은 아닐까.

이제는 코로나19로 잃어버린 것들만을 생각하기보다는, 주어진 상황 속에서 '우리가 쟁취해야 할 것들'을 사유할 때가 되었다. 그런 의미에서 『월든』은 포스트 코로나 시대 사회적 거리두기의 고유한 모델로서 다시 읽힐 필요가 있다.

소로는 『월든』에서 고백한다. 어딜 가도 사람들이 뒤쫓아와 그들이 만들어낸 더러운 제도로 자신을 할퀴려 든다고. 그들이 속한 온 갖 단체에 어떻게든 소로를 묶어두려고 한다고. 소로는 그 속박에서 벗어나기 위해 월든 호수에 오두막을 짓고, 온갖 문명의 편리함을 향한 욕구를 내려놓았다. 더 맛있는 음식, 더 기름진 음식에 대한 욕구도 내려놓았다. 그러나 사람들은 월든의 오두막을 군인들이 호위하고 있는 집보다 더 엄격하게 존중해 주었다. 누구도 오두막에서 물건을 훔쳐가지 않았고 괴롭히거나 비웃는 사람도 없었다. 바로 그 무한한 존중이야말로 우리가 사회적 거리두기에서 얻을 수 있는 뜻밖의 수확이 아닐까.

사회적 거리두기를 하다 보니, 삶의 풍경 자체가 달라졌다. 사람들이 엘리베이터를 탈 때 다닥다닥 붙어 타는 일이 줄었고, 혼잡한 지하철 통로 안에서도 접촉에 대한 두려움 때문에 신체 사이의 거리를 넓히다 보니, 사람들은 본의 아니게 예의 발라지고, 불필요한 접촉으로 인한 감정노동을 줄이게 된다. 여기에는 삶의 태도를 다시 성찰하게 하는 어떤 심오한 의미가 깃들어 있는 것 같다. 우리는 그동안 너무 다닥다닥 붙어, 너무 격렬하게 경쟁하고, 과도하게 서로를 괴롭히고, '자기만의 공간'을 존중해 주지 못했던 것은 아닐까.

소로는 월든 오두막에 있는 동안 결코 사회적 소통을 포기했던 것이 아니었다. 지친 행인이 오두막 안에서 불을 쬐고 몸을 녹이고 쉬어가기도 했다. 소로의 책상에 놓인 책들을 읽으며 즐거운 한때를 보내다 가는 사람들도 있었다. 그는 은둔형 외톨이가 아니라 조금 다른 방식으로 소통하는 사람이었다. 비싼 레스토랑에서 약속을 잡거나, 정장을 갖춰 입고 파티에 가는 것이 아니라, 아무런 꾸밈 없이 아무런 긴장감 없이 타인과 소통하는 것을 좋아했다. 물론 하버드 출신의 엘리트가 도대체 왜 숲속의 오두막을 짓고 혼자 동떨어져 사는지 궁금해서 슬쩍 들러보는 사람들도 있었지만, 그들 역시 소로를 존중해 주었다.

소로는 믿는다. 모든 사람들이 소로처럼, 월든의 오두막처럼 검소한 생활을 할 수 있다면, 도둑도 강도도 전쟁도 사라질 것이라고. 도둑질이나 강도짓은 빈부의 격차에서 발생하는 것이니. 어떤 이들은 지나치게 많이 소유하고, 어떤 이들은 최소한의 생계도 꾸릴 수 없는 사회에서만 도둑질이 발생하는 것이라고. 소로는 더 많이 갈망하고, 더 많이 소유하려는 인간의 욕심이 인간세상의 온갖 범죄와 전쟁임을 알고 있다. 조금 덜 소유하고, 조금 덜 가까이 있고, 조금 덜 경쟁하는 삶. 지금부터 시작할 수 있지 않을까. 모두가 오두막을 짓고 살 수는 없을지라도, 내가 가진 것을 조금 더 나누고, 내가 가진 것의 진정한 필요성을 성찰해 보는 삶은 가능하다.

『월든』을 통해 나는 내 친구와 이웃과 가족을 향한 '마음의 거리 두기'를 배운다. 개입하고 싶은 욕구를 참고, 참견하고 싶은 열망을 거두고, 있는 그대로의 당신이 참으로 소중함을 잊지 않으려 한다.

친구

나를 나로 살게
해주는 사람

가끔 나도 모르는 나의 모습을 꿰뚫어보아 나를 놀라게 하는 친구가 있다. 학창 시절 나는 친구를 우리 집에 데려와 영화를 같이 봤는데, 스티븐 소더버그 감독의 〈카프카〉라는 영화였다. 열일곱 살의 내가 이해하기에는 매우 어려운 영화라 어떻게든 조금이라도 더 집중해 보려고 골똘히 생각에 잠겨 영화를 봤는데, 20년이 지난 뒤 친구가 이런 이야기를 했다. 그때 친구는 영화를 보면서 나와 수다를 떨고 싶었는데, 내가 너무 깊은 생각에 잠겨 있어 도저히 말을 걸 수가 없었다고. 고교 시절 나는 자주 그렇게 골똘히 나만의 공상에 빠져 있었는데, 그때마다 너무 멋져 보였다고. 나는 친구의 묘사에 웃음을 터뜨리며, '그게 뭐가 멋지냐'고 대답했지만 그 친구의 따스한 마음에 진심으로 감동을 받았다. 수업시간에도 자꾸 딴생각에 빠지거나 먼산바라기를 하는 나를 선생님들은 따끔하게 지적하셨지만, 그 친구는 내가 나만의 소중한 공상에 빠져 있음을 알아준 것이다. 이렇듯 나의 엉뚱함이나 특이함을 나의 재능으로, 나의 좋은 점으로 인정해 주는 친구들이 있기에, 나는 지금도 용기를 내어 글을 쓰고 강의를 하며 작가로 살아갈 수 있는 힘을 얻는다.

독특한 삶의 주인공이었던 사람들은 대부분 어떤 기벽(奇癖)이 있다. 이상한 습관, 특이한 취향, 엉뚱한 행동. 독특한 사람들의 기벽은 사람들에게 가십거리가 되지만, 당사자에게는 그런 행동들이 진정한 자기 자신의 모습을 지키는 길이기도 하다. 나는 입시 위주의 수업에 나를 끼워 맞출 수 없어서, 다른 사람들의 정상적인 삶 속에 섞이기 어려워서, 나만의 독특한 생각의 바다 속으로 도망치기를 즐겼던 것이다. 그런 내 엉뚱한 모습까지 비난하지 않고 사랑해 준 친구의 존재야말로 우리가 진실한 자기 모습을 잃지 않게 해 주는, 눈부신 생의 선물이다.

헨리 데이비드 소로에게도 그런 친구가 있었다. 소로는 하버드 출신의 다른 동창생들과 너무도 다른 삶을 살았기에 많은 사람들은 그를 이해하지 못했다. 하버드 출신의 수재가 숲속에 혼자 들어가서 오두막을 짓고 산다니, 사람들은 그의 마음을 도무지 짐작하지 못했다. 사람들은 갖가지 억측에 빠졌다. 돈을 못 벌어서 그런 거겠지, 원래 이상한 사람인가 봐, 제정신은 아닐 거야. 그런 가십은 소로에게 어떤 상처도 주지 못했다. 소로는 사회적 시선에 시달리지 않고 오직 자신만의 열정과 의지를 실험하기 위해 월든 호수의 오두막에서 독창적인 실험을 시작한 것이었다.

시인 엘러리 채닝은 그런 소로의 든든한 벗이었다. 채닝은 소로가 숲속을 산책하는 일 속에서 진정한 기쁨을 발견하는 것을 이해했고, 소로가 야생화나 숲속의 동물들에게 무한한 친밀감을 느끼는 것을 타박하지 않았다. 많은 사람들은 소로를 낙오자나 아웃사이더라고 생각했지만, 채닝은 소로의 아주 사소한 감정까지 이해해 주었다. 소로가 독감에도 불구하고 강연을 강행하다가 폐결핵에 걸려 사망했을 때도, 채닝은 슬픔을 삼키며 그의 인생이 얼마나 아름다웠는지를 이야기했다. "누구도 소로보다 더 위대한 미완성 인생을 살지 못했다." 때 이른 죽음으로 인해 '미완성'처럼 보이는 소로의 인생은, 친구 채닝이 보기에는 그 자체로 아름답고 완벽한 인생이었던 것이다.

엘러리 채닝처럼 가까이서 소로를 응원하는 친구도 있었지만, 멀리서 소로의 삶을 조용히 응원해 주는 친구도 있었다. 언론인이자 평론가였던 마거릿 풀러는 소로의 독특한 생활방식을 있는 그대로 인정해 주었다.

소로는 아주 독특한 사람이다. 모든 것이 다 들여다보이는 듯한 눈망울과 강인한 신체를 가졌고, 뛰어난 손재주까지 갖춘 그는 고귀한 심성의 소유자다. 그러나 소로는 아직 따스한 봄바람이 불어오지 않은 헐벗은 산봉우리 같다. 아무리 친근한 벗이라 해도 지금은 그를 위해 아무것도 해줄 수가 없다. 알프스 산처럼 황량한 그에게는 아직 봄이 찾아오지 않은 것이다. 그가 자연의 설경 속에서 평화를 즐기도록 놓아두자. 그는 친화력이 있는 사람이기에 언젠가 자신을 키울 수 있는 풍요로운 토양을 찾을 수 있을 것이다.

_헨리 솔트, 『헨리 데이빗 소로우』 중에서

『월든』을 대중화시키는 데 큰 기여를 한 헨리 솔트는 소로의 친구 풀러의 이야기를 들려준다. 풀러는 언뜻 타인의 시선에 지나치게 무심해 보이는 소로의 행동을 전혀 문제 삼지 않았다. 풀러는 다소 거칠고 사회성이 부족해 보이는 소로의 모습이 결코 냉정함이나 차가움이 아님을 누구보다도 잘 알아주는 친구였다. 그녀는 소로의 마음이 언젠가는 해맑은 훈풍과 짙은 꽃향기로 가득 찰 것을 믿었다. 소로는 마치 알프스 산맥처럼 험준하고 가파르게 보이는, 다가갈 수 없는 성격을 지녔지만, 풀러는 아직 봄이 찾아오지 않은 그의 마음을 있는 그대로 사랑한다. 그녀의 문장에서는 소로를 향한 깊은 이해와 공감의 몸짓이 느껴진다.

아무리 독특해도, 아무리 엉뚱해도, 있는 그대로의 나를 이해해 주는 사람. 그런 사람이야말로 진정한 친구이며, 소로는 그런 친구들에게 둘러싸여 아름다운 월든의 생태계를 지켜냈다. 월든의 생태계란 단지 아름다운 자연에 그치는 것이 아니라, 자연을 이해하고, 자연의 아픔에 공감하며, 나아가 고통받는 모든 존재들의 눈물을 결코 외면하지 않는 따스한 존재들의 공동체다.

존엄

나만의 속도로
살아가기

오래전에 사랑했던 노래의 가사가 마음속에서 다시 예전과는 다른 울림으로 메아리쳐 올 때가 있다. "오래전에 결정해 버렸지요. 나는 결코 누군가의 그늘 아래 들어가지 않을 거예요. 내가 가진 모든 것을 빼앗길지라도, 그 누구도 나의 존엄을 빼앗을 수 없어요(I decided long ago, never to walk in anyone's shadows. No matter what they take from me, they can't take away my dignity)." "왜냐하면 가장 아름다운 사랑이 내 안에서 일어나고 있는 것을 발견했기 때문이죠. 그 사랑은 바로 나 자신에 대한 사랑입니다(Because the greatest love of all is happening to me, the greatest love of all Inside of me)."

휘트니 휴스턴의 노래 〈더 그레이티스트 러브 오브 올The greatest love of all〉을 들으며, 나는 학창 시절 그 누구도 제대로 사랑할 수 없는 외로움의 나날들을 견뎠다. 나는 팝송에서 말랑말랑한 사랑타령이 아니라 'dignity(존엄, 위엄)'라는 견고한 단어가 들어간 문장을 듣는 순간, 마치 그 노래가 그 어떤 철학 수업보다 아름다운 강연처럼 느껴졌다. 학교 다닐 때, 나 자신에 대한 사랑이 진실로 삶을 이끌어가는 동력임을 배울 수만 있었다면, 그토록 오랜 시간 나 자신을 증오하며 살아가지 않아도 되었을 텐데.

하지만 학교 교육은 이와는 반대로 진행되는 경우가 많았다. 경쟁과 성적으로 인해 '나는 왜 이토록 부족한가'라는 생각을 심어주고, '세상의 북소리'를 듣느라 '내 마음속에서 들려오는 북소리' 따위는 들리지 않도록 만드는 것이 학교 교육이었다. 그래서 아주 가끔 정말 마음이 따뜻한 선생님들을 만나면, 그토록 매달리고 싶었나 보다. 우리를 사랑해 달라고. 나를 어여삐 여겨달라고. 재능과 성적이 부족하더라도, 있는 그대로 나를 사랑해 주는 스승을 찾는 것이 왜 그토록 어려웠는지. 하지만 이 노래를 들으며 나는 그동안 나를 미워하고 나를 질책했던 그 모든 순간으로부터 해방되는 느낌이었다.

어른이 되어 신화와 심리학을 공부하면서 '내 안의 영웅, 그 누구도 알아보지 못했던 진정한 숨은 영웅'을 찾는 것이 바로 우리가 옛이야기 속에서 간절히 찾는 무엇임을 알게 되었다. 내게 헨리 데이비드 소로도 바로 그런 내면의 영웅이다. 마블 시리즈의 히어로들과 같은 무시무시한 괴력을 갖고 있는 것은 아니지만, 소로는 '그 누구도 빼앗아갈 수 없는 존엄'을 평생 소중히 간직한 진정한 영웅이 아닐까. 우리는 마블의 히어로들처럼 강력한 파워를 가질 수는 없지만, 아름다운 내면의 정원을 가꿀 수는 있다.

소로의 『월든』은 우리가 매일 마음속에서 얼마든지 가꿀 수 있는 내면의 유토피아를 보여준다. 그에게는 눈에 띌 만한 성공도, 누군가에게 자랑할 만한 재력도 없었지만, 1년 동안 콩을 키워 번 '연 매출'이 8달러일 때도 결코 주눅 들지 않았다. 오히려 '이만하면 충분하다'고 생각했다. 하루에 일정 시간을 정해 딱 그 시간에만 밥을 벌기 위한 노동을 하고, 월귤나무 열매를 따 먹으며 최고의 음식이 자연에 있음을 깨닫고, 남들이 노동에 쓰는 시간을 '자연과 함께하기'와 '읽고 쓰기'에 투자한 소로의 삶은 그 누구의 시선도 아닌 오직 자신의 시선으로 바라보았을 때 충분히 아름다운 삶을 살아가는 것이었다. 월든 호수에서의 소박한 삶은 바로 그 누구의 속도도 아닌 오직 자기 삶의 속도를 최고의 아름다움으로 긍정하는 삶이었다.

휴스턴이 노래하는 존엄(dignity)은, 소로가 꿈꾸던 존엄과 꼭 닮은 것이 아니었을까. 대세나 유행에 내 삶을 맡겨버리지 않는 삶, 머나면 매스미디어 속 유명인을 롤모델로 삼는 것이 아니라 내 안에서 들려오는 고요한 내면의 목소리를 나침반 삼아 살아가는 삶.

나는 꿈속에서 이런 목소리를 들었다. 다른 사람의 눈에 보이지 않더라도, 오직 내 마음의 눈으로는 볼 수 있는 아름다운 사유의 집을 지으라고. 그 집이 어떤 모습인지, 그 집을 왜 짓는지는, 오직 나만이 결정할 수 있다고. 타인을 존중하는 것과 나만의 견해를 가지는 삶이 충돌하지 않을 수도 있다고. 우리는 다른 사람의 말을 듣다가 그것이 대단한 조언이라 믿으며 나의 원래 견해를 포기하는 때가 너무 많지 않은가. 타인의 의견을 소중히 여기되, '네 말이 맞다, 그런데 나는 이렇게 생각한다'고 말할 수 있는 용기가 나에겐 부족했다. 꿈은 나의 오랜 결핍을 일깨우며 이제 너만의 집을 지을 때가 되었다고 속삭이는 것만 같았다. 꿈속의 목소리를 현실의 내 목소리와 합쳐 글을 쓰고 있는 이 순간, 나는 칼 구스타프 융이 말한 바로 그 '개성화', 즉 진정한 내면의 목소리와 합일되는 삶을 시작하는 느낌이었다.

소로는 '개성화'라는 융의 개념을 아무런 설명 없이 잘 이해했을 것이다. 그는 항상 자신도 모르게 충만하게 개성화된 삶을 살았기 때문이다. 하버드대 동문들이 저마다 변호사, 의사, 기업의 대표를 맡으며 승승장구할 때도, 그는 상처받지 않았다. 열등감을 느끼지도 않았다. 다른 사람과 비교하며 자신의 삶을 못난 것으로 만들지 않았다. 그는 학교 다닐 때 이미 자신은 그런 성공한 삶과 다른 삶을 살 것임을 알고 있었다. 동급생들이 엘리트적 느낌이 물씬 풍기는 모임을 만들고 귀족적 취향을 즐기며 흥청망청 음주가무를 즐기는 동안, 그는 오래된 고전 속에서 풍겨오는 책 먼지 향기를 맡으며 글을 읽고, 고향 땅 콩코드의 숲과 야생화 핀 언덕을 그리워했을 것이다. 그는 『월든』에서 이렇게 속삭인다.

> 누군가가 함께 걷는 사람들과 보폭을 맞추지 않는다면, 그는 어쩌면 자신의 내면에서 다른 북소리를 듣고 있기 때문일 것이다. (…) 자신의 귀에 들리는 바로 그 북소리에 맞춰서 걷도록 하라.

사과나무나 떡갈나무처럼 빨리 성숙해야 할 이유는 없다. 다른 나무들과 보조를 맞추기 위해 나의 봄을 타인들의 여름으로 바꿔야 할 이유는 없는 것이다. 소로가 나에게 속삭이는 것만 같았다. 모두가 여름일지라도, 나만은 봄이고 싶다면 그렇게 해도 된다고. 나만은 움직이지 않고 이 자리에 나무처럼 뿌리내리고 싶다면, 세상의 속도에 맞춰 발빠르게 움직이지 않아도 된다고.

"너는 밥을 왜 그렇게 느리게 먹니?" "뭘 그렇게 꾸물거려? 얼른 준비하고 나오지 않고." 이런 재촉 속에 살아가는 것은 행복하지 않다. 나의 속도를 이해해 주는 사람은 나의 발걸음과 외출 준비 속도와 밥 먹는 속도를 알고 그에 대해 비난하지 않는 사람이다. 서로의 속도를 있는 그대로 존중해주자. 나처럼 빨리 먹지 않는다고, 당신처럼 빨리 걷지 않는다고, 누구처럼 빨리 일어나지 않는다고 비난하지 말기를. 세상의 속도가 아닌 나만의 속도로 사는 것에 전혀 스트레스를 느끼지 않는 사람이 많아졌으면. 나는 아직 타인이 말하는 것, 타인이 즐기는 것, 타인이 좋아하는 것들, 특히 타인이 칭찬하거나 비난하는 것들에 마음을 빼앗긴다. 내가 그 모든 것들을 듣고 이해하기는 하되 마음을 빼앗기지는 말았으면 좋겠다. 나만의 북소리를 찾아, 나만의 악보를 찾아 연주하는 것을 게을리하지 말았으면 좋겠다.

이제 나에게는 억지로 만들어가야 할 타인의 월든이 아니라 항상 내면에서 뭉게뭉게 피어오르는 아름다운 월든의 세계가 있음을 믿기 시작했다. 내가 사랑하고 아끼는 모든 것들 위에, 콩코드의 숲 못지않은 아름다운 생각의 나무들이 무럭무럭 자라고 있다. 때로는 내 컨디션에 따라 조금 시들시들하기도 하고, 때로는 눈부신 궁리의 절정을 맞아 최고의 아름다움을 뿜어내기도 하는 내 생각의 정원에 당신을 초대하고 싶다. 소로를 만나는 순간, 소로와 만나는 동안, 변화하고, 다듬어지고, 풍요로워지고, 향기로워진 내 생각의 정원으로 세상살이에 지친 당신을 초대하고 싶다.

그 소박한 생각의 정원이 바로 이 책이다. 나의 글이 있는 자리, 이곳이 내가 당신을 기다리는 변함없는 생각의 정원이다. 나는 내가 가꾼 이 소박한 월든에서 당신을 변함없이 기다릴 것이다. 어떤 고난 속에서도 내 마음 속에서 울려오는 나만의 북소리를 들으며 나만의 보폭으로, 나만의 걸음걸이로, 나만의 몸짓으로 살아가기를 결심한 당신과 함께, 우리 모두의 월든이 하나씩의 악기가 되어 저마다의 음률로 웅장한 오케스트라를 만들어내는 그날까지. 이곳에서는 마음껏 쉬어도 좋으니까. 이곳에서는 그 누구의 눈치도 볼 것 없이 우리에게 주어진 삶이 본래 지닌 최고의 향기를 누릴 수 있기를. 내가 읽고 쓰는 모든 것들 위에, 나의 월든은 피어나 있다.

웨이사이드. 한 시대를 대표하는 저자들이 살았던 곳. 루이자 메이 올콧, 너새 니얼 호손, 그리고 소로의 절친한 벗 마거릿 풀러가 살았던 집. 웨이사이드는 캐 나다로 도망치던 노예를 숨겨준 집이기도 했다. 당시 흑인을 버젓이 노예로 삼 던 미국으로부터 자유의 나라 캐나다로 도망치던 노예들이 많았는데, 소로의 가족뿐 아니라 올콧의 가족도 이런 노예들을 여러 번 숨겨주었다.

에머슨 하우스. 소로와 에머슨 간에는 평생에 걸쳐 파란만장한 우정과 절교의 역사가 펼쳐진다. 그들은 몇 번이나 서로를 향해 등을 돌리지만 뒤돌아보면 어 느새 서로의 아주 가까이에 있었다. 여성들의 힘이 컸다. 에머슨이 영국으로 강 연 여행을 떠났을 때 소로는 에머슨의 아내와 아이들을 돌보며 가장으로서의 역할을 도맡아 해주었다. 그런 소로를 에머슨의 아내와 자녀들은 무척 따랐다.

드디어 월든 투어의 하이라이트, 그 아름다운 오두막이 보인다. 오두막은 복제
품이지만(소로가 살아 있을 때 이미 사라졌다) 그 복제품만으로도 이미 전 세
계의 월든 순례자들에게 하나의 뜨거운 상징이 되었다. 월든 오두막의 크기는
짐작보다 훨씬 작다. 가장 간소하게, 가장 가볍고 경쾌하게, 그 어떤 사치품도 들
이지 않고 오두막을 꾸려갔던 소로의 야심찬 기획이 느껴진다.

소로의 동상이 월든 오두막 복제품 앞에서 월든의 순례자들을 기다리고 있다.
친구를 부르는 듯한 소로의 손가락을 가까이서 보면 꼭 잡아주고 싶어진다. 그
의 손은 어쩌면 '오직 이 손만으로 노동하는 세상, 내 몸으로 노동하여 가꾸는
세상'을 향한 당당한 자부심으로도 느껴진다. 그의 손을 잡고 월든 호수로 가
는 길을 자박자박 걷고 싶다.

숲속에서 친구를 기다리는 듯한 소로의 몸짓. 소로는 월든 호수에서 오두막을
짓고 사는 동안 전혀 외롭지 않았다고 털어놓는다. 온갖 동물들이 소로와 함께
놀아주었고, 소로의 오두막에서 은신처를 찾기도 했다. 동물들뿐 아니라 수많
은 사람들도 월든의 오두막에서 잠시나마 안식처를 찾았다. 소로는 도망치는 노
예를 숨겨주기도 했고, 소로가 그리워 찾아오는 친구들을 기쁘게 맞아주기도
했으며, '당신은 도대체 숲속에서 혼자 오두막을 짓고 뭐하는 거요'라고 묻는 사
람들에게 일일이 자신의 장대한 '월든 프로젝트'를 설명해 주기도 했다. 그의 월
든 프로젝트는 자연과 인간이 공생하는 삶, 인간이 그 누구의 방해도 받지 않고
자신의 인생계획을 완전한 집중 속에 실천하는 삶, 그 누구도 타인의 권리(인간
은 물론 동물과 식물까지도)를 침해하지 않는 삶, 노예를 차별하지 않는 삶, 그
누구도 차별받지 않고 모두가 자유롭게 자신의 가치를 실현하는 삶이었다.

소로의 오두막 내부. 그의 엄격한 미니멀리즘과 검박한 태도가 곳곳에 스며 있는 방이다. 책상과 의자와 침대와 벽난로. 그것이면 우리 삶은 충분하다는 듯, 오두막의 모든 사물들은 빛난다. 가재도구가 워낙 간소하기 때문에 이 작은 방이자 집이 결코 좁아 보이지 않는다. 집을 드나들 때 신발의 흙먼지를 털 러그를 선물하겠다는 이웃의 제안을, 소로는 정중히 거절한다. 그것마저도 짐이 될 것이라고. 우리는 어떤 상품을 살 때 그것을 관리하고 보관할 내 노동의 시간을 함께 저당잡힌다는 것을 잊는다. 소로는 그 무엇도 더 가지려 하지 않음으로써 자신의 소중한 시간을 지켜낸 것이 아닐까.

소로의 창문. 햇살이 스며드는 월든 오두막에 앉아 있다 보면 시간 가는 줄 모른다. 숲의 나무들이 어서 이 아름다운 자연의 축제 속으로 뛰어나오라고 손짓하는 것만 같은 이곳에서 소로는 읽고, 쓰고, 사유하고 궁리하며 소중한 시간을 알차게 보냈다.

월든 오두막의 굴뚝. 난방을 하고, 요리를 하기 위해 만든 화덕에서 올라오는 연기를 배출한 굴뚝을 보니 소로가 이야기한 지상에서의 간단한 식탁이 떠오른다. 흰 빵과 물만으로 충분하다고, 배가 고프면 야생사과나 월귤나무 열매를 따먹으면 된다고 했던 소로의 지극히 단순한 식탁. 아직 채식주의 운동이 본격적으로 시작되기 전이었지만, 소로는 이미 채식을 고민하고 있었다. 야영 중에 굶주림으로 어쩔 수 없이 사냥을 해야 할 때도 깊은 고통을 느꼈다.

월든 오두막에 방문한 사람들의 흔적이 담긴 방명록. 저 방명록 위에 놓인 연필을 보니 '연필공장 사장의 아들'이었던 소로의 과거가 떠오른다. 한때 미국 최고의 연필을 만드는 공장으로 흥했지만 이후 몇 년 만에 급격히 쇠락한 집안의 가업을 떠맡느라 소로는 힘든 시간을 보냈다.

자기 집중

눈물수집가:
내 직업에 새로운 이름을 짓다

나만의 직업을 만들 수 있다면 어떤 직업을 택할 수 있을까. 만약 아무도 나의 직업에 대해 굳이 왈가왈부하지 않는다면 '감동중독자'나 '눈물을 수집하는 사람'이 되고 싶다. 감동중독자는 내가 제멋대로 지은 말이지만 내 삶을 잘 요약하는 단어다. 나는 책이나 영화는 물론 자연의 풍경이나 사소한 대화 속에서도 반드시 '감동적인 대목'을 찾아내어 혼자 격한 감정을 부여안고 삶의 충만함을 느끼는 순간들이 미치도록 좋다. 그리고 '눈물을 수집하는 사람'이 되어, 사람들이 슬픔이나 감격에 겨워, 또는 설명하기 힘든 온갖 복잡한 이유로 눈물을 흘릴 때마다, 그 눈물의 사연을 들어주고 이해하며 그들의 삶을 어루만지는 글을 쓰고 싶다. 낯선 사람에게 내밀 수 있는 버젓한 명함이 없어도 좋다. 내가 나만의 직업을 만들어 그 직업을 사랑할 수만 있다면. 내 마음의 월든을 지어 진정한 개성화에 성공할 수만 있다면.

소로가 월든 호수 옆에 오두막을 지은 이유는 자연에 대한 사랑 때문만은 아니었다. 누구의 방해도 받지 않고, 그 어떤 세속적인 평가도 받지 않고 오직 24시간 '내 마음의 목소리'를 듣는 순순한 자기 집중의 삶을 살고 싶었던 것이다. 온갖 비본질적인 감정노동으로 가득한 우리네 삶에서 '삶이 아닌 것'은 모두 떼어내버리고 '내가 삶이라 믿는 것들'만 남겨두는 삶. 그것이 우리가 저마다 '자기만의 창조적인 직업'을 만들어야 하는 이유가 아닐까.

소로는 자신의 '진짜 직업'을 무엇이라고 생각했을까? 그는 연필 공장을 운영한 적도 있고 가정교사나 측량기사로 일한 적도 있지만 한 번도 그 직업들을 진정한 자신의 소명이라 생각하지는 않았다. 그는 '산책자'와 '자연탐구자', 또는 '야생화 연구자'를 자신의 진짜 직업이라고 생각했다. 참신하고, 기발하며, 멋지지 않은가. 세상 사람들이 괜찮은 직업이라고 생각하는 직업, 번듯한 직장이 있는 직업이 아니라, 누가 뭐라든 그저 내가 좋은 것을 진정한 직업이라 믿어버린 것이다. 숲속에서 한가하게 놀고먹은 것이 아니라, 늘 무언가를 맹렬히 탐구하고, 농작물을 열심히 재배하고, 관찰과 경험을 글로 옮겨 쓰며 그야말로 '내가 하고 싶은 일들로만 365일을 가득 채우는 삶'을 살았기 때문이다.

엘리트나 슈퍼스타의 길을 걸을 수 있음에도 조용히 자신만의 길을 개척하는 사람들의 인생 속에는 '개성화'를 이룬 사람들 특유의 빛나는 내공이 느껴진다. 피아니스트로 성공가도를 달리고 있던 시모어 번스타인은 어느 날 갑자기 공식 발표도 없이 공연 활동을 그만둔다. 심각한 무대공포증과 평론가들의 공격적인 비평으로 온 신경이 날카롭게 곤두서 있는 일상으로부터 탈출하고 싶었던 것이다. '공연을 완벽하게 해내야 한다'는 압박감으로, '팬들을 실망시켜서는 안 된다'는 의무감으로, 오직 완벽만을 기하는 삶 속에는 음악을 향한 순수한 사랑이 깃들 여백이 없었다. 그는 음악을 너무도 사랑하는 자신의 첫 마음을 되찾고 싶었다. 뉴욕의 작은 아파트에서 그야말로 수도승처럼 절제된 생활을 하며, 학생들에게 피아노 레슨을 하고, 음악과 인생에 대한 글을 쓰며, 음악을 듣고 음악을 연주하는 삶 자체에 집중하는 그의 인생. 그의 인생 자체가 21세기 뉴욕 한복판의 눈부신 월든이었다.

이 세상에 처음부터 하나의 직업에 만족하는 사람이 있을까. 수많은 사람들이 여러 직업을 전전하며 고생을 반복하다가 마침내 자신에게 맞는 일을 어렵게 찾아간다. 나도 그중의 한 사람이었다. 사실 나는 여전히 '하나의 직업'에 정착하지 못했다. 겉으로 보기에는 '작가'이지만 그 밖에도 여러 가지 일을 하고 있다. 강연이나 라디오 방송, 팟캐스트, 심사위원 등 다양한 일을 하면서 만족감을 얻는다. 그런데 그 모든 것들이 '작가'라는 하나의 직업을 중심으로 조화롭게 돌아가기 전까지는 커다란 방황을 겪었다. 과연 제대로 작가 생활을 할 수 있을지, 불안하고 힘겨웠던 시간이 길었다. 참으로 다행인 것은 내가 그 기나긴 슬럼프의 기간에도 계속 글을 썼다는 것이다. 잘 써질 때만 글을 쓰면 안 될 것 같았다. 잘 되지 않더라도, 아무런 전망이 보이지 않을 때라도, 글을 써야만 진짜 나일 것 같았다. 글을 써야만 진정으로 내 안의 월든을 찾을 수 있을 것 같았다.

그럴 때 용기를 준 사람이 바로 소로였다. 소로는 사실 인생에서 안정된 직업을 가졌던 적이 한 번도 없다. 소로가 전전했던 여러 직업은 크게 세 가지 방향으로 나뉜다. 하나는 가족과 생계를 위해 어쩔 수 없이 했던 일. 그것은 측량기사와 연필 제조업자, 그리고 가정교사 일이었다. 두 번째는 돈이 전혀 되지 않지만 진정으로 좋아했던 일이었다. 그것이 바로 산책자, 자연관찰자, 야생화 연구가 같은 자연과 함께하는 삶의 아름다움을 가르쳐준 일들이다. '일'이라고 하기엔 보수 자체가 없지만, 그가 온 힘을 다해 집중하고픈 일이었다. 세 번째는 사회적 만족감과 내면의 만족감을 동시에 주는 일, 바로 '작가'라는 직업이었다. 물론 형편이 어려울 때 거의 자비 출판으로 책을 낸다는 것은 빚을 져야 가능한 일이기도 했지만, 소로는 글을 씀으로써 결국 그 빚을 갚았다. 경제활동이 되면서도 내가 사랑하는 일을 찾는 것은 누구에게나 어려운 일이고, 소로는 그 어려움을 온몸으로 체감했다. 두 번째 방향, 즉 내가 사랑하면서도 돈이 되지 않는 일들에 집중할 때 얻어지는 재능과 순수성이 있었기에 '작가'가 될 수 있는 역량도 기를 수 있었다. 생계를 위한 일, 순수한 기쁨만을 주는 일 모두에 어느 정도 '도'가 텄을 때 소로는 비로소 그 두 가지를 합친 제3의 길, 작가가 되는 길 위에 설 수가 있었던 것이다.

도대체 무슨 일을 해야 진정한 나 자신이 될 수 있을지 고민이 될 때, 소로의 첫 번째 생존의 길, 두 번째 순수한 기쁨의 길, 세 번째 그 모두가 조화를 이루는 나만의 길에서 영감을 얻어보자. 생존의 길, 기쁨의 길, 조화의 길, 이 세 가지 길 중에서 나는 지금 어디에 서 있는지 가만히 되돌아본다.

나에게 첫 번째 생존의 길은 온갖 열정페이 체험으로 가득한 아르바이트나 논술교사 일이었고, 두 번째 기쁨의 길은 여행과 심리학 공부였고(전혀 돈이 되지 않았지만 내가 진정한 나 자신이 되는 데 가장 큰 도움이 된 일이었다), 세 번째 조화의 길은 '작가'가 되는 것이었다. 나는 '작가'의 길 위에 매일 서 있기에 지금도 매일 글 쓰고, 매일 맹렬하게 책 읽고, 편집자들의 뼈아픈 조언을 들으며 내 글의 문제점을 찾아내느라 바쁜 삶을 살고 있다. 매일 아프지만 매일 기쁘다. 조화의 길을 찾기 위해 가장 중요한 것은 결코 '나 자신이 되는 길'을 포기하지 않는 것이다. 내 마음의 월든을 가꾸며 글을 쓰기. 나만의 북소리를 들으며 내게 어울리는 속도를 찾기. 그것이 『월든』에서 배운 나다운 삶의 길이다.

자기 발견

나 자신과 만나려는
모든 실험

소로가 평생 사랑했던 고향땅 콩코드를 찾아갔을 때, 나는 내 머릿속의 이미지보다 훨씬 아늑하고 편안한 느낌을 주는 그곳의 분위기에 압도당했다. 내가 태어난 고향은 아니지만 마치 내가 어른이 되어 선택한 제2의 고향, 인공의 고향 같은 느낌이 들었다. 왜 처음으로 방문한 월든과 콩코드가 느닷없이 내 오랜 마음의 고향처럼 느껴졌을까. 그것은 바로 오랫동안 마음속에 간직해 온 '이야기의 힘'이었다. 이야기의 힘, 그것은 『월든』을 반복해서 읽으며 오랫동안 꿈꾸었던 내 안의 유토피아와 실제 월든이라는 장소가 만남으로써 일으킨 내면의 스파크였다. 월든이라는 공간의 아름다움은 소로가 지닌 글쓰기의 힘, 삶의 힘이 녹아 있는 공간이 지니는 따스한 아우라를 뿜어내고 있었던 것이다.

대학 시절에도 다른 학생들과 어울리기보다는 홀로 사색에 잠기고 맹렬하게 책을 읽는 조용한 삶을 택했던 소로는 자신을 바라보는 타인의 시선에 '연민'이 깃들어 있음을 알았다. 자신이 변호사나 사업가가 되지 못하고 가정교사나 연필 제조 같은 불안정한 일을 하고 있는 것을 사람들이 불쌍하게 여긴다는 것도 알았다. 하지만 그의 진짜 직업은 따로 있었다. 그것은 바로 자연을 관찰하고, 숲 속을 산책하며, 자연 속에서 모든 것을 느끼고 배우고 일구는 삶이었다.

소로는 익숙한 일상을 버리고 월든 호수로 떠난 목적을 명쾌하게 설명한다. 자신이 월든에 간 목적은 생활비를 줄이거나 호화로운 삶을 살기 위한 것이 아니라, 되도록 누구의 방해도 받지 않고 오직 '나 자신의 일'에 집중하기 위해서라고. 인생을 완전히 '나의 의도대로' 살아보기 위해서라고. 그것은 인생의 본질에 직면하려는 몸부림이었으며, 마침내 죽음을 맞이할 때 '내가 헛된 삶을 살지 않았다'는 것을 깨닫기 위해서였다. 그는 농사와 명상을 결합한 삶, 낚시와 글쓰기를 병행하는 삶, 자연을 관찰하는 연구자이자 동시에 자연의 일부로 완전히 동화되는 소박한 삶을 꿈꾸었다.

그는 땅을 직접 갈아 감자와 완두콩, 순무를 심어 농사를 지었다. 더 많은 소출을 얻기 위해 하루 종일 일하는 것이 아니라, 새벽 5시에서 정오까지만 일하고 나머지 시간은 산책과 글쓰기, 명상 등 자신이 하고 싶은 일에 집중하는 삶을 실천했다. 사람들은 비료도 주지 않고 기계도 쓰지 않는 이 초보 농사꾼을 의아한 눈빛으로 바라보았지만, 그는 바로 이 소박한 농사꾼이자 조용한 수행자의 삶을 지극히 사랑했다. 연간 8달러의 수익밖에 내지 못했지만 그보다 훨씬 커다란 행복, 즉 자연의 장엄함과 존재의 위대함을 느끼며 깊은 만족감을 얻었기에 그 수입이 전혀 적게 느껴지지 않았다. 마을의 농부들보다 '훨씬 적은 걱정'을 하고 '훨씬 커다란 만족감'을 얻었으니 말이다.

소로는 월든 호수의 갈대 사이에서 속삭이는 바람 소리를 듣는 것만으로도 행복했다고 한다. 사람들은 도대체 무슨 속셈으로 월든 호수로 떠나느냐고 물었지만, 소로는 월든 호수에서 계절의 변화를 바라보는 것만으로도 할 일은 넘쳐난다고 생각했다. 자연을 관찰하고 자연과 함께하는 삶 속에서 지극한 내면의 희열을 느꼈던 것이다. 평생 고향에 머물면서도 이 세상 모든 곳을 여행하는 듯 전혀 지루함을 느끼지 않을 수 있는 혜안, 도시인에게는 지극히 단조로워 보이는 자연 속에서 지상의 모든 아름다움을 발견하는 마음의 눈. 그것이 소로의 지혜였다.

삶이 아닌 것은 살지 않으려는 의지, 진정한 나 자신과 만나려는 모든 실험을 포기하지 않는 용기. 그것이 소로가 내게 준 선물이며,

내 마음의 월든에서 여전히 타오르고 있는 영혼의 횃불이다. 그는 고향에 머무는 재능이 있는 사람, 멀리 떠나지 않아도 바로 이곳에서 천국을 발견할 수 있는 사람이었다.

해방

'스펙과 프로필'
감옥으로부터의 탈출

　　"이모, 꿈이 꼭 있어야 되는 거야?" 여덟 살 조카가 나에게 묻는다. "난 꿈이 없는데. 자꾸만 선생님이 꿈이 뭐냐고 물어봐. 꿈을 써오라고 숙제도 내주고. 난 지금이 좋은데. 친구들이랑 놀고, 엄마아빠랑 놀고, 형아들이랑 놀고." 나는 조카의 머리를 쓰다듬으며 위로해 주었다. 꿈이 없어도 괜찮다고, 너는 지금 있는 그대로 너무나 멋지다고. 어쩌면 어린 시절 나는 철석같이 '제 꿈은 피아니스트입니다'라고 확신에 찬 목소리로 대답할 수 있었던 모범생이었기에, '꿈이 없는 아이들'을 신기하게 바라봤을지도 모르겠다. 어린이들에게 과도하게 꿈을 묻는 요즘 분위기가 아이들을 힘들게 하고 있는 것은 아닌지. 지금 생각해 보니 나는 꿈이 없다고 말하면 어른들에게 혼날까 봐 잽싸게 피아니스트라는 대답을 준비했다는 생각이 든다. 마음속으로는 꿈이라는 게 도대체 무엇인지, 장래희망이나 직업이나 스펙 같은 것에 대해서는 전혀 아는 게 없었으니 말이다. 나는 '꿈이 없다'고 속상해하는 아이들에게 말해 주고 싶다. 사실은 당분간 꿈이 없어도 괜찮다고. 꿈을 억지로 생각해 내려 하지 말고, 오늘 하루하루를 신나게 살면 된다고.

우리는 어린 시절에는 꿈을 생각해 내느라 고민하고, 어른이 되어서는 '뭐든 되어야만 한다'는 압박감에 시달리느라, 정작 오늘 하루하루를 즐기지 못하는 것은 아닐까. '난 왜 아무것도 되지 못했을까'라고 스스로를 다그치던 나의 20대를 생각해 보면, 아직도 가슴이 시리다. 뭔가가 되어야만 한다고 스스로를 닦아세우던 나는 진정 행복이 무엇인지, 오늘 하루의 소중함이 무엇인지 생각할 여유조차 없었던 것이다.

트라우마와 콤플렉스에 대한 글을 쓰기 시작하면서 자주 받는 질문이 있다. "선생님은 상처가 별로 없어 보여요. 모범생으로 살아오셨잖아요. 도대체 무슨 상처가 있으신가요?" 순수한 호기심에서 나온 질문이지만, 때로는 그런 질문 자체가 또 다른 상처가 되기도 한다. 겉으로 볼 때 모범생이라면, 프로필이나 스펙이 괜찮아 보인다면, '상처 없는 사람'으로 보인다는 집단무의식이 작용하는 질문이기도 하다. 프로필이나 스펙이 얼마나 개인을 설명하는 데 무력한 것인지, 나를 소개하는 순간을 맞이할 때마다 절감한다. 소개는 간단할수록 좋다. 나는 그저 '작가 정여울입니다'라는 소개로 만족하고 싶다. 프로필이 화려할수록, 소개가 구구절절 이어질수록, 우리는 자신을 꾸미고 포장하려는 욕구를 숨기기 어렵기 때문이다.

나도 30대까지는 '나를 보호하기 위한' 스펙과 이력을 쌓아가고 싶었지만, 지금은 '작가'라는 단순 명료한 직업이 좋다. 불특정 다수에게 막연히 폭넓게 인정을 받는 것보다는 나에게 소중한 독자들과 깊은 소통을 하고 싶어졌다. 아무렇게나 뻗어나가는 에고의 욕심을 잠재우고, 나에게로 집중하는 글쓰기로 나를 갈무리하기까지, 나에게도 많은 갈등이 있었다. 소로 또한 '자연과 나'만 남겨놓을 때까지, '월든과 글쓰기'만 남겨놓을 때까지, 수많은 직업을 전전하고 남들에게 인정받고 싶은 욕망과 싸워야 했다.

이토록 화려한 스펙과 프로필로 자신을 끊임없이 증명해야만 하는 현대사회를 직접 목격했다면, 소로는 깊은 충격을 받았을 것이다. 그는 자신의 직업을 '산책자'나 '자연탐구자'라고 생각했다. 그는 철마다 피어나는 야생화를 관찰하고, 오래된 나무의 나이테를 세고, 호수에서 첨벙거리며 노니는 오리떼를 바라보는 일을 있는 그대로 사랑했다. 경제적 효용성이 없었을 뿐, 자연과 함께하는 일은 그에게 순수한 '깨어 있음'의 기쁨을 주었기 때문이다. 그에게 하늘은 끊임없이 새로운 페이지를 우리에게 보여주는 책이었다. 바람은 마치 푸른 대지 위에서 한 자 한 자 조판(組版)을 하는 인쇄공처럼 시간의 흔적을 아로새긴다. 그는 자연의 움직임 하나하나를 기록하는 속기사처럼 일기를 쓰고, 산책을 하고, 책을 읽었다. 자연을 예찬하는 것에 그치지 않고 자연에게서 항상 무언가를 열렬히 배우기 위해 노력했다.

산책자나 자연탐구자라고 스스로 불리고 싶었던 이유는 멋있게 보이기 위해서가 아니었다. 아무런 꾸밈없는 진심이었다. 소로는 생계를 꾸리기 어려워 수많은 직업을 전전했지만, 그가 가장 사랑한 직업은 어떤 직장과도 관련 없는 오롯한 자기만의 세계, 즉 산책자나 자연탐구자였다. 사람들은 '그게 무슨 직업이냐'고 푸념하겠지만, 그는 그런 야박한 타인의 시선에 진심으로 개의치 않았다. 내가 소로를 사랑하는 이유는 바로 이런 순수한 자기 집중의 에너지 때문이다. 타인의 시선으로부터 자유롭기를 원하는 사람은 많지만, 진정으로 그 자유와 해방감을 느끼는 사람은 극히 드물기 때문이다.

나는 헨리 솔트의 『헨리 데이빗 소로우』라는 책을 읽다가, 소로가 하버드대 재학 시절 전혀 행복하지 않았다는 사실을 알게 되었다. 대학 시절, 소로는 갇혀 있는 영혼이었다. 그는 누구나 선망하는 그 대학이 자신을 가두는 감옥처럼 느껴졌다고 고백한다. 화려한 프로필과 커리어를 쌓기 위해 온갖 시험에 파묻혀 지내고 온갖 자격증을 따기 위해 분투하는 하버드대생의 삶은 그에게 행복을 주지 못했다. 그는 어린 시절 형과 함께 강과 숲을 누비며 야영하던 추억, 하염없이 홀로 콩코드의 숲길을 걸으며 야생화의 개화 시기를 치밀하게 점검하던 시간 속에 자신의 눈부신 자유가 깃들어 있음을 깨닫는다. 화려한 대학 생활이라는 성채 안에 갇혀 있는 시간을 통해 깨어 있는 시간, 해방된 시간의 진정한 의미를 깨달은 것이다.

나는 요새 소로처럼 자연과 대화하는 고독의 시간을 꿈꾸며 하루 한 번 이상 '하염없이 하늘을 바라보는 연습'을 하고 있다. 날마다 달의 모양이 바뀌어가는 밤하늘, 시시각각 빛깔과 형태를 바꾸어가는 구름을 품어 안은 대낮의 하늘을 관찰하는 시간이 너무도 소중하다. 이 '하늘 바라기'의 시간은 온갖 감정노동과 강박적 자기관리의 언어 속에 지쳐버린 나의 스트레스를 가만히 놓아주는 시간이기도 하다.

나는 아름다운 그림을 그리거나 조각을 하는 것만큼이나 위대한 예술은 바로 '삶 그 자체'를 예술로 만드는 인간의 노력이라고 믿는다. 나는 나의 결과물이나 성취가 아니라 나의 일상 자체를 예술로 만들고 싶다. 살아간다는 일, 숨을 쉰다는 일, 언어를 빚고 언어를 들으며 살아가는 이 삶을 최고의 예술작품으로 만들고 싶다. 나는 '스펙과 프로필'을 쌓기 위해 끊임없이 경쟁하는 사회생활의 감옥으로부터 벗어나, '지금 여기서 살아가는 이 순간'을 가장 아름다운 예술작품으로 만들고 싶다. 아무도 나를 바라보지 않는 순간에도, 나는 내 인생이라는 소중한 질료를 찰흙처럼 곱게 빚고 매만져 아름다운 예술작품으로 만들고 싶다.

소로가 매일 산책했던 월든 숲의 모습. 숲속을 걷는 사람들을 보면, 숲이라는
커다란 요람에 포근히 안긴 존재처럼 작고 여리게 보인다. 우리는 크고 대단하
고 화려한 존재가 되기를 꿈꾸는 도시인의 에고를 내려놓고, 작고 쓸쓸하고 여
린 존재가 되어 자연의 품에 안긴다.

드디어 월든 호수가 보이기 시작한다. 수풀과 나무들에 가린 월든 호수의 모습. 눈부신 설렘의 세계로 우리에게 손짓한다.

월든 호수 근처에 떨어진 새빨간 낙엽의 모습. 마지막 순간까지 아름답다. (위)

낙엽과 갈대의 어우러짐은 전 세계 어디서나 아름답다. 이 아름다운 갈대의 모습을 보니 우리나라의 순천만 습지정원이 떠올랐다. 내가 저 머나먼 월든과 콩코드를 사랑했듯이, 소로도 우리나라에 왔다면 제주도의 오름과 순천만 습지를 사랑하지 않았을까. (아래)

드디어 월든 호수의 새파란 물빛이 온전히 보이기 시작한다. 월든 호수는 사계절의 변화를 아주 또렷하게 느낄 수 있는 장소다. 덥지도 춥지도 않은 어느 멋진 가을날, 완벽한 가을의 정취를 알게 해준 월든 호수에 감사한다. 그리고 월든의 봄과 여름과 겨울도 언젠가는 꼭 느껴보고 싶다고, 저 멀리 홀로 있을 월든 호수에게 전해주고 싶다.

나무 뒤로 살짝 보이는 월든 호수 또한 아름답다. 저 나무 뒤에 어떤 비밀스러운 아름다움이 감춰져 있을지, 한없이 궁금해지는 순간.

월든 호수로 함께 소풍을 간 내 친구의 딸 성화. 반짝이는 월든 호수의 속삭임을 음악으로 삼아 아이가 천사처럼 춤을 춘다. 반짝이는 가을날, 반짝이는 월든 호수, 그리고 반짝이는 소녀의 미소. (왼쪽)

아이가 벗어놓은 신발. 신났다, 우리 아이들! 월든 호수는 우리 안의 또 다른 순수, 또 다른 어린아이를 기어이 꺼내게 만든다. 나도 이곳에서 첨벙이며 물수제비를 뜨고 싶다. (왼쪽 위)

월든 호수에서 낚시를 즐기는 사람. (오른쪽 위)

이토록 아름다운 산책이 가능한 곳. 조용히 차분하게 한없이 고요하게 서로의
눈 속으로 빠져드는 곳.

그날 하늘빛은 월든 호수의 빛깔과 거의 흡사했다. 하늘빛과 초록잎과 붉게 물
들어가는 잎사귀들이 부드러운 합창을 하는 것만 같은 어느 멋진 가을날 오후.

그날 나는 말을 잃었다. 그것도 아주 기쁘게. 누군가가 말을 시키지 않으면 더욱
고요히 완벽한 함묵 속으로 빠져들고 싶었다. 월든 호수가 우리에게 들려주는
말을 알아듣기 위해서. 이 완벽한 아름다움을 단 한순간도 놓치고 싶지 않아서.

저항

소유와 수동성, 착취로부터의 해방

       살아 있는 사람의 일기를 읽으면 프라이버시를 침해하는 것이 되지만, 죽은 사람이 남긴 일기가 공식적으로 출판된 경우에는 한 개인의 비밀스러운 역사를 탐사하는 감성의 모험이 된다. 위대한 작가들의 명작도 좋지만, 그들의 소소한 일상과 정리되지 않은 날것의 사유가 담긴 일기를 읽는 기쁨도 크다.

    요즘 나는 헨리 데이비드 소로의 일기를 읽으며 『월든』을 뛰어넘는 감동을 맛보고 있다. 『월든』이 소로가 창조해 낸 기념비적인 '텍스트'라면 일기는 소로라는 한 인간이 어떤 과정과 맥락을 거쳐 『월든』을 만들어냈는지, 그 숨어 있는 '콘텍스트(context: 맥락, 배경)'를 이해할 수 있도록 도와준다.『소로의 일기』에는 17세 소녀 엘런 수얼을 향한 사랑에 빠져 "사랑에는 오직 더 많이 사랑하는 것밖에는 어떤 약도 없다"고 고백했던 청년 소로의 풋풋한 감정은 물론, 사랑하는 형 존과 함께 콩코드와 메리맥 강으로 떠난 보트 여행의 흥미진진한 모험도 담겨 있다. 그는 일기 곳곳에서 소유를 향한 저항, 착취를 향한 저항, 학대를 향한 저항의 열정을 일관되게 표현하고 있다.

『소로의 일기』에서 가장 눈길을 끄는 대목 중 하나는 인디언을 향한 무한한 경의다. 아메리카 인디언들의 땅과 생명과 문화를 짓밟고 세워진 미국 문명에 대한 비판적 사유가 일기 속에서 확연히 드러난다. 인디언이 자연을 바라보는 방식, 이름을 붙이는 방식에서 소로는 경이와 찬탄을 느낀다. 동물은 물론 식물과도 교감하려 노력하는 인디언들과 달리, 문명인들은 연구라는 명목으로 걸핏하면 동물을 산 채로 가죽을 벗긴다는 것이다. 차가운 언어로 살아 있는 존재를 분석하고 해부하는 문명인의 언어와 달리, 인디언의 언어는 사물의 본성과 대화하고 교감하는 따스한 감성의 언어다. 예를 들어 영어에서는 '지빵나무(arbor-vitae)'라는 한 단어로만 존재하는 나무의 이름이 인디언의 언어에서는 스무 가지가 넘는 다양한 표현으로 존재한다. 말 못하는 식물이나 동물에 대해서도 끝없이 다정하게 이름을 붙여주던 인디언의 사유. 그것은 자신의 키를 낮추어 자신보다 작은 존재의 눈높이에서 세상을 바라볼 줄 아는 따스함이며, 내 눈에는 보이지 않는 사각지대에 존재하는 타인의 마음을 보살필 줄 아는 애틋함이다.

동물은 인간보다 고통을 덜 느낀다고 주장하며, 잔인한 동물실험과 가혹한 동물학대를 일삼는 현대인들을 봤다면 소로는 눈물을 철철 흘렸을 것이다. 소로의 사유는 위대한 아메리카 문명을 찬양하는 데서 시작하는 것이 아니라 본래 아메리카대륙에서 자연과 완벽한 조화를 이루며 살았던 인디언에 대한 경의와 찬탄에서 시작된다.

인디언들은 자연을 '자원'으로 환산하지 않고, 자연 그 자체의 아름다움을 위대한 축복으로 느낀다. 인디언의 정감 어린 언어와 달리, 영어의 학술적인 명칭은 오직 부분적인 정보를 전달할 뿐이며 존재에 대한 깊은 사랑과 교감을 표현할 수 없다는 것이다. 인디언의 언어에는 식물과 동물의 다양성을 표현하는 온갖 어휘가 넘쳐흘렀다고 한다. 자연의 아름다움을 그려내는 인디언들의 어휘는 왜 그토록 다채롭고 풍요로웠을까. 나무나 꽃들조차도 사고파는 상품으로 만들어버리는 우리 현대인과 달리, 인디언들은 식물과 동물 모두를 자신들의 진정한 친구로 여겼기 때문이 아닐까.

인디언의 언어를 통해 세계를 바라본다는 것은 소로에게 새로운 세계를 향한 눈뜸이었다. 소로는 인디언의 언어가 지닌 아름다움에서 한발 더 나아가 인디언이 지닌 사유의 풍요로움을 본다.

시를 읽을 줄만 알고 시를 생산할 줄 모르는 문명인의 수동성을 뛰어넘어, 누구든 자연에서 영감을 받아 시를 지을 수 있는 열정을 되찾기를 바라는 것이다. 소로는 일기에서 이렇게 주장한다. 문명 사회에서 1000명 가운데 999명은 노예로 살아가고 있다고. 공포와 불안, 편견으로부터 자유롭지 못한 모든 현대인은 노예라고.

소로는 소유와 착취와 축적을 멀리하고, 자유와 창조와 희열을 추구하는 삶을 꿈꾸었다. 공포와 불안과 편견으로부터 자유로운 것이 진정한 기쁨의 시작임을, 그는 알고 있었다. 세상에 아무리 고층건물이 많아도, 생각으로 건물을 짓지 않는다면 아무 소용이 없다고. 건물이 아무리 많아도, 자신의 생각으로 보이지 않는 아름다운 건축물을 지을 수 없다면 무슨 소용이란 말인가. 오직 자기만의 독창적인 생각으로 살아갈 수 있는 사람만이, 자연과 진정으로 교감할 수 있다고. 동물의 가죽을 벗겨 동물을 이해하고 분석하는 것이 아니라 '살아 있는 동물'과 교감하고 함께 놀이함으로써 동물을 이해하려는 인디언의 방식이 훨씬 지혜롭고 성숙한 대화와 사유의 발로인 것이다.

"인간은 오직 자신이 소유한 만큼만 본다." 소로의 이런 문장을 읽는 순간, 뼈아픈 자각이 밀려든다. 내가 소유하는 것들이 나의 시야를 제한하고 있다는 것, 소유를 향한 갈망이 더 넓고 더 깊게 볼 수 있는 가능성을 좀먹고 있다는 것을 새삼 깨닫게 된다. 아직 취직도 하지 못한 청년들조차 집 살 걱정, 부동산 투자 걱정을 하는 각박한 시대에, 우리가 소유한 것들이 우리를 찌르는 부메랑이 되기 전에, 나는 소로에게서 더 많이, 더 깊이 배우고 싶다.

소로는 자연을 통해 삶의 정수를 올올이 느껴보고 그것을 글로 기록하는 행위를 통해 자신의 삶을 하루하루 완성해 갔다. 그 하루하루의 충실한 기록이 『소로의 일기』다. 그의 일기에는 인간들끼리 나눈 대화보다도 '자연과 나' 단둘이 나눈 이야기가 더욱 소중하게 다뤄진다. 그는 인간의 노동이나 자연의 아름다움을 착취하지 않고 소박하게 자급자족하는 삶의 아름다움을 실천했다.

더 많이 성취하지 않아도 괜찮을 것 같은 느낌, 더 많이 욕심부리지 않아도 괜찮을 것 같은 이 편안한 느낌이 참으로 좋다. 소유물이 짓누르는 삶이 아니라, 꾸밈없고 생동감 넘치는 삶이 내게로 좀 더 가까이 다가오는 듯한 이 느낌이 좋다. 『소로의 일기』를 읽으면, 박물관의 명화처럼 저 멀리서 반짝거리기만 하던 풍경으로서의 자연이 이제 내 눈앞에서, 내 손바닥 안에서, '이용의 대상'이 아닌 '우정과 사랑의 대상'으로 다시 태어남을 느낀다. 『소로의 일기』를 읽고 있으면 온갖 욕심의 안개로 뿌옇게 얼룩진 마음의 창이 투명해진다.

간결함

당신에게는
몇 개의 의자가 필요한가요

　　　책상용 의자, 식탁용 의자, 소파, 리클라이너, 스툴, 벤치 등등 수많은 의자를 집에 쟁여두고 사는 우리 현대인들. 그 수많은 의자는 정작 비어 있을 때도 많다. 우리는 집안의 가구를 과연 얼마만큼이나 제대로 활용하고 있을까. 헨리 데이비드 소로라면 '작은 의자 세 개'면 충분하다고 말했을 것이다. 소로는 자신의 월든 오두막에는 '세 개의 의자'뿐이지만 그 세 개의 의자만으로도 수십 명의 손님을 치러낼 수 있었다고 고백한다. "나의 집에는 세 개의 의자가 있다. 하나는 고독을 위한 의자, 하나는 우정을 위한 의자, 또 하나는 교제를 위한 것이다." 무려 서른 명의 지인이 월든 오두막에서 즐거운 시간을 보낸 적도 있지만, 대부분 일어서서 이야기를 나누었기에 아무도 불편함을 느끼지 않았다는 것이다. 아무도 월든 오두막에서 커피나 빵을 요구하지 않았기에 가능한 일이기도 했다.

고독을 위한 의자 하나, 친구와의 우정을 위한 의자 하나, 그리고 전혀 모르는 낯선 사람과의 만남을 위한 의자 하나. 소로의 월든 오두막처럼, 우리도 그렇게 소박한 손님맞이의 레시피로 만족하면 어떨까. 의자 세 개(사실 그것조차 없어도 된다, 아름다운 마음만 있다면)와 따스한 환대의 마음, 그 무엇도 바라지 않는 소박한 태도. 이것이면 충분하지 않을까. 그 누구도 소로의 오두막에서는 편안함을 기대하지 않고, 특별한 대접을 원하지 않기 때문이었다. 소박함을 모두가 받아들인 상태에서는 그 누구도 특별대우를 원하지 않는다.

대접받으려는 생각, 화려하게 꾸미고 싶은 생각, 너무 많은 가구들을 들이려는 생각만 없앤다면, 우리네 집들은 우리가 생각하는 것보다 훨씬 넓고, 아늑하며, 언제든 친구를 맞이할 수 있는 아름다운 장소가 된다. 손님에게 식사를 대접해야 한다는 강박에서 벗어나면, 내 집을 누추하게 볼까 봐 걱정하지만 않는다면, 우리는 누구든 자유롭게 초대할 수 있지 않을까. 사람들은 누군가를 훌륭하게 대접해야 한다는 강박 때문에 손님을 두려워한다. 도대체 아직 오지도 않은 손님에게 무슨 음식을 대접해야 하나 머리를 쥐어

짜며 고민하느라, 진심으로 좋아하는 사람마저 초대하지 못한다.

소로는 자신을 찾아온 친구들이 그 작은 집에서 아무것도 먹으려 하지 않았다는 것을 깨닫는다. 그것이 모두를 향한 배려였던 것이다. 손님들의 사려 깊은 행동 때문에 월든 오두막은 축제의 장소가 될 수 있었다. 아무 음식도 먹지 않아도 기분 좋은 곳. 아름다운 장식품이 단 하나도 없을지라도 더없이 아름다운 곳. 숲속의 온갖 꽃들과 나무들이 손님들을 반겨주는 것만으로도 그 친구들은 충분히 환대의 감정을 느끼지 않았을까. 누구도 요리를 대접하느라 체력을 소모하지 않았고 오히려 생생한 활력이 감돌았다고 한다.

가끔 소로의 상황을 알지 못하는 사람들이 '물 한 잔 먹고 싶다'고 하면 소로는 조용히 컵을 내주면서 푸르른 월든 호수를 가리켰다고 한다. 이 얼마나 지혜로운가. 호수의 물만 있으면 충분하니 커피도 차도 다른 음료수도 탐하지 않은 소로의 소박함이 수많은 사람들에게 영감을 주었다. 우리가 '온전히 함께' 있는 순간을 간절히 원한다면, 그와 무엇을 먹을지, 어떤 멋진 장소에 갈지, 너무 고민하지 않기를. 우리가 함께 있는 것, 그것이야말로 최고의 기쁨이자 선물이자 축복이니까.

생활은 간결하게, 자연은 풍요롭게. 내가 『월든』에서 배운 삶의 지혜는 바로 이것이다. 우리의 생활이 간결해질수록, 자연은 풍요로워지며, 오염과 파괴로부터 자유로워진다. 도시인에게 자연은 캠핑처럼 잠시 즐길 수 있는 모험의 대상이거나 요양을 위한 일시적 치유의 공간으로 다가온다. 도시인은 있는 그대로의 '자연'을 쓸모 있는 '자원'으로 바꾸어 바라본다. 등산을 하다가 버섯을 발견하면 '식용'인지부터 검색해 보고, 아름다운 나무를 보면 잘라내어 '가구'로 만들 생각부터 한다. 자연을 있는 그대로 깊이 사랑하는 사람들에게는 자연이 그 어떤 효용가치로 환산되지 않는다. 소로는 자연과 얼마나 교감할 수 있는지, 자연을 얼마나 구체적으로 묘사할 수 있는지가 행복의 조건 중의 하나임을 믿었다.

　나는 소로를 통해 나의 실수를 너무 오래 부끄러워하지 않고, 부끄러움을 너무 오래 간직하지도 않는 마음을 배웠다. 마음을 너무 한곳에 오래 붙박아두지 않음으로써 조금씩 과거로부터 자유로워지는 법도 배웠다. 상처 입은 기억이 적은 사람이 건강한 것이 아니라, 아무리 상처 입어도 마치 마음속에 무한한 건강의 씨앗을 비축해 놓은 사람처럼 다시 또 말끔한 얼굴로 일어날 수 있는 강인함도 소로에게서 배웠다. 그는 그 어떤 인간의 소유물에도 미련을 두지 않는다. 소유욕도, 집착도, 누군가의 성취와 나의 성취를 비교하는 일도, 그는 하지 않는다.
　나는 소로를 통해 도시의 시끌벅적함에 미련 두지 않는 법, 혼자 있을 때 더 풍요로운 자기 자신과 만나는 법을 배운다. 자연의 아름다움 속에서 우리는 모든 걱정이 사라지는 순간을 경험하고, 자연이 주는 휴식 속에서 온갖 고난이 멈추는 순간을 경험한다. 자연은 우리로 하여금 오직 현재에 집중하는 법을 배우게 한다. 꽃이 피는 순간의 아름다움, 꽃잎이 떨어지는 순간의 아름다움 그 자체에 집중하는 순간, 모든 걱정에서 자유로워진다. 소로는 새벽이 온다는 것만으로도, 꽃이 피어난다는 것만으로도, 사계절의 변화를 관찰하는 것만으로도, 자신 안에서 충만한 기쁨이 우러나오는 것을 느꼈다. 우리는 자연을 통해 과거에 집착하거나 미래를 두려워할 것이 아니라 오직 현재를 알차게 살아가는 법을 배운다.

간결함의 추구는 먹거리로부터 시작되었다. 소로는 직접 요리를 하면서 '어떻게 하면 더 간결하게, 더 간단하게 음식을 해먹을 수 있을까'라는 고민에 빠졌다. 육식을 요리하기 위해서는 수많은 과정을 거쳐야 한다. 월든 호수 근처에서 육식을 얻기 위해서는 사냥을 해야 하고, 동물의 털을 뽑고 내장을 제거하는 일을 해야 하고, 불을 피우고 양념을 하고 끓이고 굽는 등 다양한 조리 과정을 거쳐야 한다.

소로는 이 모든 과정이 엄청난 시간과 노동을 필요로 하고 수많은 조리 도구와 식재료를 필요로 하는 과정임을 깨닫고, 육식을 멀리하기 시작한다. 월귤나무 열매 몇 개로 만족하는 식사를 하기도 하고, 옥수수분말로 만든 반죽을 화덕에 굽는 것만으로도 맛있는 빵을 먹을 수 있다는 것을 알게 되었으며, 무엇보다도 '맛을 향한 집착'을 버린다. 양념이 복잡한 요리, 케일처럼 수많은 조리 과정을 필요로 하는 디저트, 커피나 차, 술 등을 즐기게 되면 돈뿐만 아니라 '욕망' 자체가 복잡해짐을 깨달은 것이다. 그는 최대한 조리 과정을 줄이고, 살생과 도축을 삼가며, 간단하게, 이루 말할 수 없이 간단하게 먹는 방법을 모색했다.

그 결과 채식에 가까운 음식, 자극적인 맛을 추구하지 않는 간단한 레시피를 즐기게 되었다. 농사지어 요리하여 먹는 시간을 최대한 줄이고, 그렇게 아낀 시간을 자연 속의 산책과 독서와 글쓰기에 쏟아붓는 것. 밥벌이를 위한 노동과 의식주를 위해 소비하는 시간을 최대한 줄이고, 자신의 꿈과 자연과의 교감을 향해 온전히 매진하는 삶. 그것이 소로가 꿈꾸고 실천한 심플 라이프의 최종적 형태였다.

자연의 아름다움을 온몸으로 생생하게 느끼기 위해, 자연 속에서 치유의 에너지를 찾기 위해, 우리는 모든 것을 더욱 간소화해야 한다. 소로의 주문은 하나였다. 간결하게, 더욱 간결하게 하라(Simplify, simplify). 짐도 간소화하고, 먹을 것도 입을 것도 사는 곳도 간소화해야 비로소 보이는 아름다움. 플라스틱도 전자제품도 향수도 내려놓을 때 비로소 보이는 자연의 아름다움. 그것이 바로 자연 속에서 우리가 느끼는 아름다움의 본질이며, 진정한 치유의 시작이다.

월든의 봄, 여름, 가을, 겨울을 담은 엽서들. 소로는 월든의 사계를 하나하나 느
껴보는 것만으로도 시간을 알차게 보내는 방법이라고 말했다. 그에게는 계절의
변화를 느끼고 관찰하는 하루하루의 산책이 삶의 가장 중요한 원동력이었다.

소로의 명문장들로 만든 책갈피들. 간소하게, 간결하게, 더 없이 간단하게 살라는 소로의 메시지가 가장 직접적으로 와 닿는다.

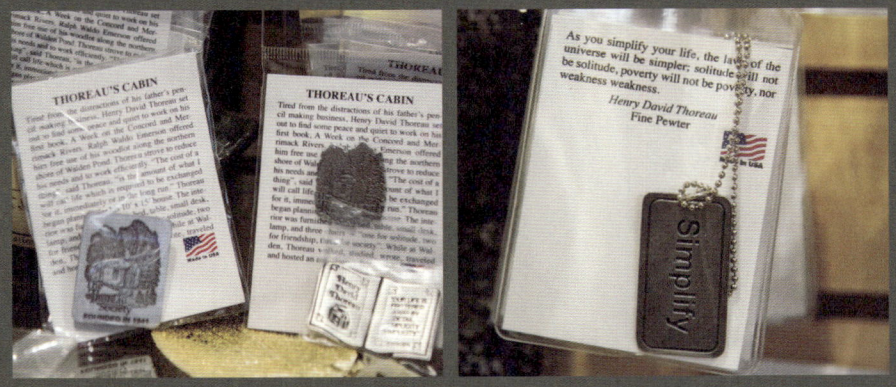

월든 오두막을 모티브로 한 책갈피와 '간소하게 하라'는 메시지를 담은 목걸이.

소로의 오두막(Thoreau's Hut)이 있는 곳으로 걸어가기 위해서는 월든 호수에서 좀 더 깊은 숲속으로 들어가야 한다. (왼쪽)

'소로의 오두막이 어디예요'라는 질문을 하는 사람들이 워낙 많아서 그런지 가는 길에는 표지판이 매우 많다. 그래도 꼭 묻는 사람들이 있다. 나는 오두막을 보고 나오는 길에 나에게 '도대체 소로의 오두막이 어딘가요'라고 묻는 두 명의 외국인에게 길을 가르쳐주었다. (오른쪽)

드디어 오두막이 있던 자리가 보인다. "내가 숲으로 들어간 이유는 삶의 빛나는 정수만을 간절히 체험해 보고 싶었기 때문"이라고 고백하는 『월든』의 가장 유명한 문장이 오두막 가까이에서 보인다. 이 문장이 소로의 오두막에 서 있는 것을 보니 가슴이 뭉클했다. 마치 '문장'이라 불리는 가장 아름다운 전사가 소로의 곁을 영원히 지켜주고 있는 것만 같았다. 자신의 문장 하나하나가 월든뿐만 아니라 자연을 사랑하는 모든 이들의 가슴을 따스하게 덮혀줄 것을, 소로는 알았을 것이다.

소로의 오두막이 있던 자리. 소로도 세상을 떠나고, 오두막의 실제 흔적도 거의 남아 있지 않지만, 이곳에 오기 위해 그토록 많은 사람들이 애를 쓰는 것을 보면 '월든의 오두막'이 있던 자리를 향한 깊은 그리움은 월든 마니아들의 공통점인 것 같다. 오두막 복제품보다도 이 자리에 오래오래 서 있게 된다. 바로 이곳이 2년 2개월 동안 소로가 홀로 꿈을 키우던 장소니까. 오직 소로만의 아우라가 여전히 살아 숨쉬는 듯한 느낌이다. (왼쪽)

소로의 오두막이 있던 정확한 자리는 오랫동안 미궁이었다. 1945년 롤런드 웰스 로빈스가 이 자리를 발견하기 전까지는. 소로는 사망 이후에 점점 더 커다란 사랑을 받게 되어 이제는 이곳이 생태주의자들의 성지가 되었다. 소로의 오두막이 있던 자리에서 나는 한참 동안 서 있다가 나중에는 앉아버렸다. 흙바닥에 앉아도 왠지 따스한 느낌. 소로와 함께 이야기를 나누는 듯한 그 느낌이 좋았다. (오른쪽)

소로가 월든 오두막에서 쓸 장작을 쌓아둔 자리로 추정되는 곳.

치유

'녹색 손가락'을 꿈꾸며

왜 화분을 집에 들여놓으면 자꾸만 죽는지, 궁금한 적이 있는가? 유난히 '식물을 가꾸는 데 소질이 없다'며 자책하는 사람들이 있다. 하지만 이것은 소질의 문제가 아니라 '식물에 대한 이해'가 부족하기 때문이다. 물이 부족하거나 햇빛이 부족할 때도 있지만, 의외로 많은 사람들이 간과하는 부분은 바로 '통풍'이다. 식물에게 필요한 것은 물과 햇빛뿐 아니라 '바람'이기도 하다. 통풍이 잘 안 되는 밀폐된 공간에 식물을 두면 뿌리에 습기가 차고 마침내 뿌리가 썩게 되어 죽는 경우가 있다. 야외에서 살아가는 꽃과 나무에게는 이런 위험이 없다. 비바람과 눈보라를 이겨내야만

하는 '역경'도 기다리고 있지만, 숲이나 공원에서 자라는 식물들은 늘 바람이 통하는 공간에서 자연 그대로의 삶을 개척해 나간다. 안양천을 걷다 보면 바로 이런 '야외 생활의 이점'을 충분히 누리고 있는 수많은 꽃과 나무를 만날 수 있다.

가로수를 비롯한 도심 속 식물들은 '사람의 돌봄'과 '자연의 야생성'을 동시에 누리고 있다. 그러니 도시의 식물들은 야생의 이점과 인공의 이점을 동시에 경험하고 있는 셈이다. 가로수들은 공원도 정원도 아니지만 공원의 장점과 정원의 장점을 모두 지닌다. 공원처럼 탁 트인 광활한 공간에서 식물들은 자기 나름의 자유로운 삶을 개척할 수 있다. 또한 정원처럼 늘 사람의 정성어린 돌봄과 보살핌을 받기 때문에 자연재해에도 끄떡없이 버텨낼 수 있다. 그럼에도 불구하고 때로는 뙤약볕의 따가움을, 때로는 비바람의 가혹함을, 게다가 자동차 매연의 혹독함조차 겪어내는 가장 큰 힘은 바로 자연 그 자체에서 우러나온다. 도심 속 식물들이 중요한 이유는 바로 이런 '자연과 인간의 조화로움'을 우리 일상 아주 가까운 곳에서 경험하게 해주기 때문이다.

도심 속 식물들은 강인하게 자연 속에서 살아나가면서도 동시에 인간의 보살핌과 인간의 시선을 매일 받고 있기에 '인공과 자연의 적절한 조화'가 무엇인지를 생각하게 만드는 인문학적 가치를 지니고 있다.

철학자 장 자크 루소는 자신의 철학적 사유가 뿜어져 나오는 가장 이상적인 환경을 '하루에 한 번 이상, 꼭 산책할 수 있는 길'의 소중함에서 찾곤 했다. 루소뿐만 아니라 '산책하지 않으면 그 어떤 창조적인 사유도 탄생하지 않는다'고 강조했던 학자는 수없이 많다. 마천루와 광고로 가득한 인공의 도심 속을 걷는 것보다는, 나무와 꽃이 가득하며, 한강의 유장한 흐름이 펼쳐지는 아름다운 산책로를 걷는 것이 훨씬 좋지 않겠는가. 꽃과 나무로 가득한 길을 걷는 것은 무척 즐거운 일이다. 자동차가 없는 산책로를 바라보는 것만으로도 우리의 마음은 한껏 느리고 여유로워진다. 생각의 속도를 줄이는 것만으로도, 걱정과 스트레스는 줄어든다. 자동차 운전대를 잡는 순간, 사람들은 다급해지고, 스트레스를 받고, 온갖 신호와 규칙을 지키느라 정신이 없지 않은가. 차가 없는 거리에서, 오직 바퀴 달린 것은 자전거뿐인 한적한 도심 속 산책로를 걸으며 우리는 '자신만의 사유'를 다듬어보면 어떨까.

우리가 휴대폰을 끄고, 와이파이를 향한 집착을 떨쳐버리면, 식물들의 생장 환경 또한 좋아진다. 해로운 인공 전자기장, 특히 휴대폰과 와이파이 등을 통해 초래되는 무선통신의 유해 자기장은 식물의 성장과 꿀벌의 생존에 심각한 방해가 된다고 한다. 유해 전자기장을 줄일수록, 우리 인간과 함께 살아가는 여러 동물들과 식물들의 생존권을 보장해 줄 수 있다. 휴대폰 메시지와 인터넷을 향한 열망을 잠시 접어두고, 도심 속 산책길에서는 철학자 루소처럼 천천히 산책을 즐기면서 창조적인 아이디어를 떠올려보자. '생태'라는 말 자체가 없었던 시절에도 이미 완벽한 생태주의자의 삶을 실천했던 소로처럼, 그렇게 꽃과 나무를 관찰하는 시간만으로도 완벽한 하루를 보내도 좋다.

산책을 할 때는 '삼무(三無)'의 법칙을 적용해 보면 어떨까. 첫째, 자동차가 없는 거리, 둘째, 되도록 휴대폰을 사용하지 않는 거리, 셋째, 세상만사 걱정거리를 잠시 잊고 '번민 없는 시간'을 추구할 권리를 실천해 보면 어떨까. 자동차도, 휴대폰도, 걱정거리도 없는 안양천에서 우리는 진정한 '자기 자신이 될 수 있는 시간'을 가져보면 좋겠다. 자동차로 인해 유발되는 공해와 소음이 사라진 곳, 휴대폰으로 인해 오고가는 각종 업무와 메시지로 인한 바쁨이 사라지는 곳, 온갖 걱정거리가 끊이지 않는 우리 자신의 마음속에서 잠시 '번민 없는 시간'을 가져보는 여유. 이 세 가지를 실천할 수 있다면 산책은 우리에게 '일상 속의 눈부신 오아시스'가 되지 않을까.

2010년 《유튼 리더》가 '당신의 세계를 바꿀 25인의 사상가' 중 한 사람으로 뽑은 작가 리베카 솔닛은 '걷기'라는 행동이야말로 인간을 더욱 성찰적 존재로 만들어주는 것임을 강조한다. 사람들이 예전보다 덜 걷게 된 것은 걸을 만한 장소가 적어졌기 때문이기도 하지만 '걸을 시간'이 없어졌기 때문이기도 하다. 바쁜 스케줄과 도심 속의 복잡한 삶 때문에 자유분방한 사색의 시공간이 사라졌기 때문이다. 낙원은 화려한 인공의 빌딩숲에 있는 것이 아니라, 바로 그 곁의 아늑하고 눈부신 '틈새'의 공간, '도심 속 자연'의 산책길 속에 숨어 있으니.

코로나19 사태로 인해 두문불출하게 된 많은 사람들이 입을 모아 전하는 '우울 탈출의 비법'이 있다. 그것은 바로 식물을 키우는 삶, 식물과 함께하는 삶이다. 인스타나 블로그에서 부쩍 늘어난 사진이 바로 꽃과 나무를 키우는 사람들의 사진이다. 이 사진들의 연관 검색어나 태그(tag)는 유독 '치유'와 '행복'이 많다. 식물을 키우는 것은 그 자체로 치유적인 몸짓이다. 씨앗을 뿌려 새싹이 자라나는 것만으로도, 물밖에 준 것이 없는데도 무럭무럭 자라나는 식물을 바라보는 것만으로도, 우리의 마음은 괜찮아진다.

『야생의 위로』를 쓴 작가 에마 미첼은 무려 25년간의 깊은 우울증을 치유해 준 최고의 비결이 바로 '야생의 산책'이었다고 고백한다. 약물의 힘을 빌리지 않고, 의사의 처방을 기다리지 않고, 위대한 자연의 힘을 무료로 활용하여 우울증을 치료한 저자의 유일한 처방전은 바로 야생의 산책이다. 오직 꾸밈없는 야생의 자연 그 자체 속에서 강력한 치유의 힘을 얻어내는 것이다. 점점 늘어나는 온갖 둘레길은 '야생의 치유'를 꿈꿀 수 있는 최고의 실험장이다.

꽃과 나무가 가득한 길을 걷는 것은 그 자체로 몸과 마음에 치유의 에너지를 불어넣는 행위다. 많은 사람들은 자연과의 친밀한 교감을 통해 자기 안의 강력한 회복탄력성, 즉 스스로 나을 수 있는 힘을 발견한다. 청보리의 하늘거리는 몸짓, 유채꽃의 화사한 미소, 장미의 달콤한 향기만으로 인간은 행복의 절정을 경험할 수 있는데, 왜 우리는 휴대폰과 인터넷에 정신을 쏙 빼앗긴 채 갑갑한 도시인으로 살아가는 걸까. 그저 신발을 신고 밖으로 나가기만 하면 된다. 화분의 흙과 식물의 잎사귀를 만지는 것만으로도 우울감을 치유할 수 있는 우리 안의 내적 치유력은 발현된다. 우리는 자연과 함께하는 '야생의 산책' 속에서 따스한 자연의 위로를 얻을 권리가 있다.

식물을 아름답고 건강하게 잘 키우는 능력을 가리키는 말로 '녹색 손가락(green thumb)'이라는 말이 있다. 녹색 손가락을 지닌 사람처럼, 마치 꽃들의 연인이자 나무의 친구처럼, 그렇게 모든 식물들과 조화롭게 살아가는 능력을 우리는 도심 속 생태 공간을 통해 배울 수 있다. 우리가 나무를 껴안으면 나무도 우리의 에너지에 응답한다고 한다. '아낌없이 주는 나무'의 한없는 사랑은 동화 속에만 나오는 것이 아니라 우리를 둘러싼 모든 식물들에게 본래 주어진 에너지다. 식물과 함께 있는 시간이 길어질수록, 우리 몸의 생체 에너지도 활성화된다. 꽃과 나무가 가득한 숲이나 공원을 걸으면서, 식물들 곁에서 그들과 함께 호흡하는 것만으로도 생체 에너지는 충분히 활성화된다. 나무 몸통에서 남동쪽으로 3~6미터 이내의 장소에서 나무가 주는 온갖 혜택을 받을 확률이 높아진다는 연구도 있다. 나무 근처에서 그야말로 긴장을 확 풀고 요가나 스트레칭 등을 하는 것만으로도 생체 에너지는 더욱 활성화된다. 식물이 있는 곳이라면 어디서나 우리는 아름답고 풍요로운 생체 에너지 정원을 경험할 수 있다.

희망

그저 거기에 있다는 것만으로도
벅찬 기쁨

아무리 많아도 항상 부족한 것이 있다. 사랑, 희망, 행복 같은 것들. 인간의 삶을 위해서는 이렇게 눈에 보이지 않는 것들이 꼭 필요하다. 더 나은 삶이 가능할 거라는 믿음. 슬픔과 절망을 이겨낼 수 있으리라는 믿음. 희망은 언제 어디서나 인간에게 용기를 주는 감정적 실체다. 그런데 희망에는 반드시 구체적 근거가 있는 것은 아니다. '모든 일이 잘될 거야', '결국에는 다 괜찮아질 거야' 같은 막연한 위로의 말들도 그 속에 진실한 배려와 공감이 스며 있다면 고통받는 이에게 끝내 희망을 줄 수 있다. 딱히 구체적인 근거가 없어도, 뭔가 좋은 일이 일어날 것만 같은 막연한 기대감도 희망이다. 〈바람과 함께 사라지다〉에서 "내일은 내일의 태양이 뜰 거야"라는 대사로 강렬한 인상을 남겼던 스칼렛. 그녀가 느꼈던 희망도 뭔가 구체적인 근거가 있는 것이 아니었다. 남북전쟁으로 처참하게 망가진 집안을 맨주먹으로 다시 일으켜 세운 스칼렛. 지금까지 살아낸 모든 힘을 다해, 또 다른 희망이 있을 거라고 믿는 스칼렛의 모습은 슬프지만은 않았다. 어떤 상황에서도 희망을 포기하지 않는 마음이야말로 불완전한 인간의 눈부신 가능성이기 때문이다.

> 나의 오두막 주변에는 수많은 벗이 있다. 특히 아무도 찾아오지 않는 아침에는 더욱 많은 벗들이 있다.
>
> _『월든』 중에서

월든 호수에서 소로는 매우 적막한 생활을 상상했지만, 막상 호숫가에 오두막을 짓고 살아보니 결코 자신이 외롭지 않다는 것을 깨달았다. 별도 달도 꽃들도 나무들도 새들도, 심지어 개미들까지도, 그의 친구라는 것을 깨닫게 된 것이다.

'내 삶에는 아무것도 좋은 것이 없어', '지난번에 실패했으니까 이번에도 실패할 거야'라는 막연한 두려움은 상황을 개선하기는커녕 실제로 우리 몸의 세로토닌을 감소시켜 불행을 느끼는 감각의 촉수를 더욱 활성화한다. '이제 아무것도 기대하지 않아' '내 인생에 무슨 좋은 일이 일어나겠어'라는 무기력한 자세는 마흔 이후의 우리 삶을 갉아먹는 커다란 내면의 위협이다. 설령 실망할지라도 기대를 잃어버리지 않는 삶이 좋다.

나는 최근 『소로의 야생화 일기』(위즈덤하우스, 2017)를 읽으며 소로의 글쓰기가 품고 있는 핵심 주제가 '기대'임을 알게 되었다. 숲속의 혹독한 겨울을 견디며 봄을 기다리는 기대감, 전기도 없이 홀로 컴컴한 밤을 지새우며 눈부신 아침이 오기를 기다리는 마음, 작년 이맘때 핀 야생화가 올해도 딱 그맘때 피어주기를 두근두근 설레며 기다리는 마음. 바로 그 기대가 소로의 글쓰기를 밀어가는 아름다운 내면의 원동력이었다. 『월든』에서 소로는 이렇게 노래한다. 해돋이나 새벽만이 아니라, 대자연 자체를 기대하라고. 지금이 아무리 어둡고 캄캄한 밤이라도 몇 시간만 기다리면 찬란한 여명이 밝아오리라는 믿음, 그토록 싱그러운 향기를 뿜어내던 아름다운 야생화가 올해에도 반드시 피어나리라는 기대감, 바로 그 믿음과 기대감이 소로를 월든 호수 근처의 열악한 환경 속에서도 위대한 창작의 불꽃을 피워올리게 한 내적 동력이었다.

'가짜 위로'로 나를 토닥이고 싶어질 때가 있다. 그것이 진짜 위로가 아님을 알면서도, 지극히 일시적인 위로임을 알면서도, '멋진 상품을 구매해서' 기쁨을 얻으려고 할 때가 있는 것이다. 돈을 써서 기쁨을 얻는 것은 일시적으로 짜릿한 쾌감을 주지만, 시간이 지나면 깊은 후회가 밀려들기 시작한다. '집에 비슷한 물건이 있는데, 왜 또 그걸 샀을까' 하는 후회이기도 하고, 소비를 통해 쾌락을 얻는 오래된 습관에 대한 반성이기도 하다. 그럼에도 불구하고 또다시 '예쁘고, 빛나고, 대단해 보이는 것'을 사고 싶어 하는 나의 일부가 고개를 들 때, 『월든』을 떠올리면 마치 시원한 얼음물을 들이켜듯 마음이 깨끗해진다. 가짜 위안으로 스트레스를 풀려던 내 욕심을 씻어내리는 상쾌한 죽비, 그것이 내게는 『월든』이다.

나라면 그 일을 좀 더 잘해낼 수 있을 거라는 욕심, 그 사람 때문에 일이 풀리지 않는다는 식의 증오가 우리의 건강한 마음을 좀먹을 때, 우리 마음속에는 희망의 영토가 점점 줄어 들어간다. 그렇게 희망의 땅이 비좁아질 때, 욕심의 영토가 희망의 영토를 좀먹을 때, 나는 『월든』을 다시 펼쳐 읽는다.

『월든』을 썼을 때, 객관적인 시선으로 보면 소로는 개인적인 삶에서 희망은 별로 없었다. 하지만 소로는 희망을 포기하지 않았다. 자연의 아름다움을 더 많은 시간 동안 누리는 것. 돈을 벌지 못해도, 타인의 인정을 받지 못해도, 소로는 자연과 함께하는 삶에서 진심으로 무한한 축복을 느꼈다. 자연과 함께하는 삶을 통해 우러나오는 희망은 그 누구도 함부로 빼앗아갈 수 없는 축복이었다. 소로는 인두세를 내지 않았다는 죄목으로 감옥에 갇혀 있을 때조차도 희망을 버리지 않았다. 오히려 감옥에 있을 때야말로 자신의 진짜 내면과 만날 수 있는 소중한 기회라고 믿었다. 소로는 자신을 가두려는 권력의 손길이 아무리 막강할지라도 결코 훼손되지 않는 내면의 강인함이 존재함을 발견했다.

소로는 『시민 불복종』에서 자신이 감옥에 있을 때의 체험을 고백한다. 그는 감옥에 갇혀 있었지만, 한순간도 진정 갇혀 있다는 느낌이 들지 않았다고 한다. 정부는 인두세를 내지 않는 한 젊은이, 소로를 어떻게 다루어야 할지 알지 못했고, 그를 감옥에 가두면 그가 반드시 탈출하기 위해 정부의 명령을 들을 것이라고 믿었다. 사람들은 소로의 몸을 가두면 그가 자유롭지 못하리라 믿었지만, 정말 중요한 것은 소로의 '갇힌 몸'이 아니라 언제 어디서나 온 세상으로 뻗어나갈 수 있는 소로의 사유와 열정이었다. 그들은 소로가 감옥 안에서도 얼마든지 사유를 하고, 얼마든지 글을 쓸 수 있는 사람이라는 것을 알지 못했다.

소로는 옳지 못한 정부를 향해 세금을 내는 것은 진정 깨어 있는 시민의 태도가 아니라고 믿었다. 버젓이 노예를 사고 파는 나라, 도망치는 노예를 밀고하면 돈을 받는 나라, 인디언과 노예를 '사람'으로 취급하지 않는 나라를 향해서 세금을 내서는 안 된다고 믿었던 것이다. 소로는 감옥 안에서 더욱 뜨겁고 날카롭게 날아올랐던 자신의 사유를 『시민 불복종』 안에 담아냈고, 그 깨달음은 이후 전 세계 시민운동과 민주주의 발전에 커다란 영향을 주었다.

소로는 우리 모두의 가슴속에 월든 같은 아름다운 이상향이 있음을 일깨워준다. 그는 문명의 이름으로 자연을 착취하지 않는 삶, 자연을 있는 그대로의 축복으로 여기는 삶에서 인류의 눈부신 희망을 보았다. 월든 호수 근처의 수많은 동물들은 소로를 친구처럼 여겼다. 동물들은 그를 전혀 두려워하지 않고 월든 오두막 속으로 들어와 한참 동안 놀다 갔으며, 아예 오두막 안에 들어와 한동안 먹고 자고 살다 가는 동물도 있었다고 한다. 새들은 거리낌 없이 소로의 어깨나 손등 위에 사뿐히 내려앉아 놀다 갔고, 소로는 자신의 오두막에 진을 치고 있는 동물들을 내치지 않았다.

나는 『월든』을 통해 희망을 내 존재의 바깥에서 찾지 않는 삶, 내 바깥이 아닌 내 안에 희망의 씨앗이 있음을 발견한다. 감옥 안에 있을 때 그 어느 때보다도 자유로웠다는 소로의 고백을 통해 나는 깨달았다. 그는 마음껏 뛰노는 신체적 자유가 아니라 '신념을 지키는 일' 그 자체를 최고의 자유로 생각했음을.

『월든』을 읽고 있으면 희망이 나를 향해 바스락바스락 나뭇잎 밟는 소리를 내며 가까이 다가오는 것 같다. 아주 오래전부터 내 안에서 싹트고 있었지만 내가 충분히 햇빛과 물을 공급해 주지 않아 점점 시들어가던 희망이라는 이름의 새싹. 그 새싹에 사랑의 물과 보살핌의 햇빛을 쏟아붓는 것이 바로 내 안에서 월든을 가꾸는 것이다. 내 안의 월든은 끝없는 욕심의 파도를 가라앉히고, 오직 내가 지금 누리고 있는 행복만으로도 충분함을 깨닫는 것이다.

나는 '내가 부족하다'는 생각 때문에 오랫동안 괴로워했다. 성취감을 향한 유혹과 싸우면서도 성취감을 남몰래 갈망했다. 그런데 『월든』을 읽고 또 읽으면서, '성취감'과 '자괴감' 사이를 끝없이 오가며 울렁거렸던 내면의 파도를 잠재울 수 있었다. 그것은 '내가 자연의 한 고리로서 오직 그 존재 자체로 충만하다'는 느낌을 배우는 과정이었다. 더 멋지지 못한 존재, 더 화려하지 못한 존재라고 나를 채찍질하는 것이 아니라, '지금 이 땅에 발 딛고 있는 나'의 투명한 현실 자체를 사랑하게 되었다.

예컨대 『월든』을 이해하기 전에는 '새소리를 듣는 기쁨'을 통해 아무것도 깨닫지 못했다. 그런데 얼마 전 처음으로 집 근처 숲속에서 새벽부터 울고, 노래하고, 구애하고, 구슬피 중얼거리는 듯한 새소리를 들으며 '아무것도 하지 않는 기쁨'을 느껴보았다. 새들의 노랫소리 속에 천상의 음악이 있었고, 새들의 울음 속에 내 슬픔을 가만히 포개어보았다. 내가 바깥세상에서 무언가를 해내서 기쁜 것이 아니라, 내가 자연과 온몸으로 교감할 수 있는 '소로의 친구'가 된 것 같아서 진정으로 기뻤다. 자연과 온기를 나눔으로써 느끼는 기쁨은 인간 세상의 성취감을 뛰어넘는 해맑은 기쁨을 내게 가르쳐주었다. 나아가 더 나은 삶을 위해 노력하는 것은 타인의 인정을 받기 위한 것이 아니라 더 많은 사람들과 진정한 행복의 가치를 나누고 소통하기 위한 것임을, 이제는 안다.

식물을 키우다 보면, 그야말로 하루하루가 매일 다르다는 것을 깨닫게 된다. 새순이 솟아나오는 순간, 새잎이 자라나는 순간, 최초로 꽃망울이 터지는 순간. 그 모든 순간들이 새롭고 눈부시다. 멀리서 보면 비슷비슷해 보이는 꽃들이 가까이 가면 서로 다른 얼굴과 개성 있는 표정을 지니고 있다는 것을 알게 된다. 함초롬하게 수줍은 듯 고개를 숙이고 있는 꽃이 있는가 하면, 당당히 고개를 쳐들고 자신의 아름다움을 온 세상에 과시하는 듯 대담한 꽃도 있다. 수줍게 손을 내밀 듯이 차분하게 나뭇잎을 피워 올리는 나무가 있는가 하면, 자신을 붙잡아주지 않으면 결코 물러서지 않겠다는 듯 옆에 있는 나무의 줄기를 꽉 붙들며 전투적으로 덩굴을 피워 올리는 나무도 있다. 식물을 바라보고 있으면, 매일 똑같아 보이는 우리네 삶이 문득 부끄러워진다. 오늘 하루의 찬란함을 매 순간 새로이 간직하고 싶다는 즐거운 의무감이 생긴다. 야생화의 생태를 관찰하고, 그 꽃들 하나하나를 사랑했던 소로처럼, 나도 매일 다르게 피어나는 우리 주변의 식물들을 사랑하며 '오늘은 다르게 살고 싶다'는 희망을 간직하고 싶다.

인간 세상 속에 있으면 자꾸만 '새로운 것'을 해내도록 요구받는다. 새로운 일을 하고, 새로운 성취를 해내고, 새로운 인간을 만나도록 요구받는다. 그 모든 새로움이 희망만이 아니기에, 그 새로움을 향한 열망이 강박이 되고 스트레스가 되기도 한다. 하지만 인간 세계와 달리 자연은 인간에게 굳이 '새로움'을 요구하지 않는다. 자연은 그저 거기 그대로 머물러 있어도 좋다고 속삭인다. 세찬 비바람에도 흔들리지 않고 수백 년 동안 그 자리에 서 있는 아름드리 나무처럼. 사실 속으로는 매일 새롭지만 겉으로는 굳이 새로움을 과시하지 않는 모든 식물들처럼. 매일 똑같이 붙박혀 있는 것처럼 보이더라도, 시시각각 새로이 열매와 꽃의 희망을 피워내는 나무처럼. 자연은 그렇게 존재의 그저 거기 있음에서 싱그러운 희망을 본다. 소로는 이런 희망을 노래한 것이다. 뭔가 이윤이나 새로움을 획득해서가 아니라, 존재의 거기 있음 그 자체가 아름다운 풍경이고 찬란한 희망임을 그는 알았던 것이다.

소로는 자연에게서 인간 세상의 끝없는 속도전으로부터 벗어난 희망의 은신처를 찾았다. 1853년 1월 3일 일기에서 소로는 세상이 온통 사람으로만 이루어져 있다면, 그는 희망을 잃을 것만 같다고 고백한다. 자연 속에서만 온전한 기쁨을 누릴 수 있다고. 세상은 소로에게 끝없이 '안 된다'고, '이렇게 하지 말라'고 제약을 가하지만, 자연은 소로를 항상 자유롭게 해주었다. 세상은 소로에게 또 다른 세상을 꿈꾸라고 부추기지만, 자연은 그저 지금 이대로의 모습에서 무한한 아름다움을 발견하도록 만들었던 것이다.

자본 바깥의 삶

(스콧 니어링과 헬렌 니어링)

소로의 아이디어는 수많은 사람들에게 영감을 주었다. 자연을 최고의 친구이자 가족으로 삼은 삶의 방식, 사회적 약자를 향한 진심 어린 공감과 부당한 권력을 향한 지칠 줄 모르는 저항과 투쟁, 국가가 완전히 보호하는 국립공원의 필요성, 육식의 낭비와 폭력성을 비판하고 채식의 간결함과 소박한 식탁의 중요성을 일깨운 것, 그리고 라디오나 TV 같은 매스미디어가 없었던 시절 오직 글쓰기와 강연을 통해 자신의 신념을 알리는 데 열정을 쏟은 점 등등. 소로로부터 영감을 받은 사람들은 마하트마 간디, 마틴 루터 킹, 엠마 골드만 같은 정신적 지도자들, 레프 톨스토이, 버지니아 울프, 헤르만 헤세, 마르셀 프루스트, 윌리엄 버틀러 예이츠, 어니스트 헤밍웨이, 조지 버나드 쇼 등의 뛰어난 작가들에 이르기까지, 헤아릴 수 없을 정도로 많다.

1917년 소로의 열광적인 독자였던 버지니아 울프는 소로 탄생 100주년을 기념해 글을 썼다. 그녀는 자기중심적 은둔자가 아닌 진정으로 타인과의 소통을 꿈꾸었던 소로의 은밀한 열정에 깊이 공감했다. 노예해방을 위해 목숨을 바쳤던 존 브라운 대위가 감옥에 갇혔을 때 잠을 이루지 못하며 괴로워했던 소로. 자신의 오두막집에 도망 노예를 숨겨주고 재워주기도 했던 다정한 소로. 마을과 멀리 떨어진 숲속의 오두막에 살면서도 사람들과 간절히 소통하기 위해 글을 쓰고 또 썼던 소로. 울프는 자기 안에서 깨달음의 진주를 키워 그것을 지친 세상 사람들과 기꺼이 나누고자 했던 소로의 열정을 깊이 이해했다. 의미 없는 사회생활에 지쳐 홀로 있기를 좋아하면서도 마음 깊은 곳에서는 사람들과의 진정한 소통을 꿈꾸는 글쓰기를 멈출 수 없었다는 점. 바로 그것이 소로와 울프의 공통점이었다.

바지런히 꽃과 꽃 사이를 오가며 꿀을 모으는 꿀벌처럼, 몸속에 진주를 품어 제 온몸의 영양분을 다 주며 소중히 키우는 조개처럼. 소로는 자신의 모든 것을 걸고, 매순간 눈부신 깨달음의 문장들을 창조하고 있었다. 소로는 하늘에서 쏟아지는 햇살조차 체에 걸러 사람들을 위해 나눠주고 싶어 하는 사람이었다. 울프가 좋아했던 소로의 수많은 문장들 가운데 하나는 이것이었다.

나는 내 삶의 보물을 기꺼이 타인과 함께 나누고 싶다. 나의 재능 중 최고의 것을 타인에게 나누어주고 싶다. (…) 재산은 숨길 것이 아니라 이 세상과 공유해야 한다. (…) 나는 내 마음에 진주를 품어 키우고자 한다. 내가 기꺼이 살아내고자 하는 내 삶 자체를 사람들에게 나눠주고 싶다.

_『소로의 일기』(1842년 3월) 중에서

소로가 가진 유일한 사유 재산, 그것은 글쓰기의 재능과 자연과 함께하는 삶을 향한 온갖 열정과 깨달음이었다. 그는 출세와 성공과 재산 대신, 자신의 마음을 진심으로 알아주는 독자들을 찾아 헤맸다. 여성에게 교육은 물론 글쓰기의 기회조차 제대로 주지 않는 세상을 향해 '자기만의 방'을 만들어 창조적인 일에 집중하라고 절규했던 울프. 취직이나 조직생활에 전혀 적응할 수 없었던 내성적인 청년 소로에게 끝없이 성공과 출세를 권했던 사회에 맞서, '숲속의 오두막'을 만들어 글을 쓰고 또 썼던 소로. 어쩐지 두 사람은 무척 닮았다. 소로가 평생 미국의 작은 소도시 콩코드에 살면서 전 세계와 온 우주를 여행하는 법을 알았다면, 울프는 평생 '자기만의 방'을 사수하기 위해 고독하게 분투하며 온 세상과 소통하는 글을 썼던 작가였다. 소로의 '월든 오두막'과 울프의 '자기만의 방'

은 모두 온 세상과 간절하게 교신하기 위한 고독한 창작의 베이스 캠프였던 것이다.

소로는 문명의 진보가 '시골을 없애고 도시를 확장하는 방향'으로 나아가는 것을 크게 걱정했다. 강과 숲을 파괴하고 아스팔트와 고층 건물을 끊임없이 늘리는 것이 문명의 발전이라면, 소로는 그런 문명에 찬성할 수 없었다. 소로가 꿈꾸는 '자연과 공존하는 문명'이 가능하려면, 시골의 아름다움, 숲의 소중함, 육식보다는 채식을 선택하는 사람이 많아져야 했다. 바로 그런 삶을 평생 거의 완벽에 가깝게 실천한 사람들이 바로 스콧 니어링과 헬렌 니어링 부부였다.

헬렌은 스무 살이 넘는 나이 차가 나는 두 사람이 급속도로 가까워지는 데 '채식'이 매우 중요한 역할을 했음을 인정한다. 두 사람이 처음 만났을 당시 미국에서는 채식주의자를 찾기가 매우 어려웠기 때문이다. 헬렌은 동물을 잔인하게 죽여 인간의 먹거리로 삼는 인류의 식습관 자체를 벗어나고 싶어 했다. 헬렌은 어릴 때부터 채식을 했고, 스콧 또한 성인이 된 이후 평생 채식을 실천했다. 두 사람은 도시문명의 편리함을 알지만 시골의 삶을 선택했고, 글을 쓰고 강연을 하는 자신들의 삶을 유지하기 위해 도시가 더욱 유리하다는 것을 알았지만 한적한 버몬트의 농가를 선택했다. 이 부부는 그들이 살아갈 집을 직접 설계해 지었고, 바지런히 농사를 지으며 꽃들을 가꾸고 수공업으로 단풍시럽으로 사탕을 만들어 팔며 소박한 삶을 가꾸었다.

니어링 부부처럼 시골에서 태어나지 않았어도 시골을 선택하는 사람, 문명의 이점을 알면서도 문명의 파괴적 본성을 이해하고 도시문명을 떠나올 용기가 있는 사람이 많아질 때, 소로가 꿈꾼 '자연과의 공존' 또한 가능해질 수 있다. 소로가 45세의 젊은 나이에 세상을 떠나 그의 생각을 생전에 많은 사람과 나누지 못했던 것과 달리, 니어링 부부는 노년기에 이르러 더욱 활발하게 젊은이들과 소통하며 '니어링 부부의 농장'을 찾는 사람들에게 채식으로만 이루어진 식사를 대접하고 '귀농'의 이점을 설파하며 '월든 라이프'의 실상을 온몸으로 보여주었다.

스콧 니어링은 소로의 시대보다 훨씬 악랄해지고 촘촘해진 자본주의의 착취와 불평등에 반대하며, 진정으로 자급자족적인 경제 공동체를 '부부'만으로도 만들 수 있음을 온몸으로 보여주었다. 광산회사를 운영하는 집안에서 태어난 스콧은 어린 시절부터 광산 노동자의 힘겨운 노동 현실을 잘 알고 있었다. 펜실베이아대학에서 경제학을 가르치며 아동 노동력 착취에 반대하는 글을 쓰고 반전운동을 고취하는 강연을 펼치던 스콧은 그 저항적 글쓰기와 강연 때문에 대학 당국과 마찰을 빚어 교수 자리에서 쫓겨나고 말았다. 그는 사회당에 가입했고, 반전운동에 참여함으로써 보수적인 대학 당국의 눈 밖에 났지만 뜻을 굽히지 않았다. 전도유망한 학자이자 뛰어난 작가였던 스콧이 두 번이나 교수직에서 쫓겨나고, 힘들게 쓴 책이 출판사를 찾지 못하는 수모를 겪으면서도, 그는 뜻을 굽히지 않고 '자본주의 바깥의 삶'을 꿈꾸었다. 마침내 그 꿈을 실현할 동반자를 찾게 되는데, 그가 바로 헬렌이었다. 미국이 대공황으로 불황과 실업 문제로 허덕일 때, 두 사람은 버몬트의 시골로 이사하여 소박한 농부의 삶을 선택했다. 생태주의, 평화주의, 채식주의를 실현하기 위한 최고의 장소는 도시가 아니라 시골임을 그들은 일찍이 깨달았던 것이다.

니어링 부부 또한 소로처럼 화학비료를 전혀 쓰지 않고 짐승들의 똥오줌으로 땅을 일구어 농사를 지었다. 스콧은 그 죽음조차 소로와 비슷했다. 더 가지려고 노력하거나 더 오래 살기 위해 노력한 것이 아니라 '지금 이 순간의 죽음'을 있는 그대로 받아들였던 것이다. 스콧이 100세가 되던 해 서서히 곡기를 끊음으로써 천천히 평화롭게 세상과 작별하는 길을 택했다. 그는 완전히 의식을 잃은 상태에서 죽는 것이 아니라 자신의 자유의지에 따라 능동적이면서도 평화롭게 세상과 작별하기를 원했다. 의식이 있는 상태에서 삶과 죽음의 조화로운 경계를 맞고 싶어 한 것이다. 죽음의 경험을 피하지 않으면서 동시에 스스로 기꺼이 편안하게 몸을 버리는, 아름다운 작별을 꿈꾸었다. 그는 죽음으로써 삶을 떠나는 것이 아니라, 오히려 죽음으로써 자신을 완성하고 싶어 했다.

스콧은 병원이 아닌 집에서 죽기를, 어떤 의사나 약물의 도움도 받지 않기를, 서서히 단식을 하다가 평화롭게 세상과 작별하기를 꿈꾸었으며, 그 꿈을 이루었다. 그는 죽음의 과정을 예민하고 섬세하게 느끼고 싶어 했고, 그리하여 어떤 진정제나 진통제, 마취제도 거부했다. 심장 충격이나 강제 급식, 산소 주입이나 수혈 없이, 오로지 조용하고 위엄 있는 죽음, 기쁨과 평화로움으로 가득한 죽음을 원했다. 그는 제도권의 교육자이자 작가로서의 길을 거부당했고, 재판에까지 회부당했지만, 자신이 늘 열심히 충만하게 살아왔기에 기쁨과 희망으로 가득 차서 떠나간다고 말했다. 죽음은 비극적인 결말이 아니라 다른 세계로의 옮겨감이자 또 다른 깨어남이라 믿었다. 그리하여 스콧은 장례 절차, 장의업자는 물론 직업적으로 시체를 다루는 모든 손길을 거부했다. 그는 매번 소로처럼 '간결하고, 조용하게, 차분하게' 살아가기를 원했고 죽음 또한 그러했다. 그는 맑은 정신으로 기록했다. 자신이 죽으면 화려한 수의가 아닌 평소의 작업복을 입혀 침낭에 넣어 빠르고 조용하게 화장해 달라고, 어떤 장례식도 원치 않는다고. 선교사도 목사도 그 어떤 종교인도 자신의 장례를 주관해서는 안 된다고. 오직 영혼만을 바라보는 우리 땅의 나무 아래 자신의 재를 뿌려주기만 하면 된다고.

스콧의 아내 헬렌은 『아름다운 삶, 사랑 그리고 마무리』에서 레오나르도 다빈치의 문장을 들려주며 남편의 죽음이 얼마나 아름답고 자연스러웠는지를 이야기한다. 잘 보낸 하루가 행복한 잠을 가져오는 것처럼, 잘 살아낸 인생은 행복한 죽음을 가져온다고.

니어링 부부는 '1년 동안 필요한 최소한의 생활비'를 정하고 농사일을 통해 그만큼의 비용을 버는 순간, 노동을 딱 멈췄다. 나머지 시간은 읽고, 쓰고, 사랑하고, 음악을 듣고 연주하며(두 사람은 함께 플루트를 불기도 했고 헬렌은 뛰어난 바이올린 연주자였다), 내가 아닌 다른 존재와 삶의 아름다움을 함께 나누는 데 온전히 바쳤다. 니어링 부부는 매일 나누는 삶, 매일 내가 아닌 다른 존재를 사랑하는 삶, 더 많이 가질 것을 추구하는 것이 아니라 내가 이미 가진 것에 감사하는 삶을 살아냈다. 소로가 이 부부를 만났다면 '나의 눈부신 친구이자 다정한 동지'라고 말하지 않았을까. 소로와 니어링은 마치 한 몸이 되어 아름다운 합창을 하는 것만 같다. 아무리 작은 것이라도 날마다 타인과 무엇인가를 나누라고. 어떤 식으로든 나보다 약한 존재를 돕고, 내가 가진 것을 나누며 살아가라고. 모든 피조물을 있는 그대로 사랑하라고.

숲속의 나무들은 끝없이 가지를 치며 한없이 위로만 자랄 것 같다가도, 도중에 문득 성장을 멈추는 시기가 있다. 가지와 가지 사이에 간격을 남겨둬야 그 사이로 햇빛이 들어올 수 있기 때문에, 가지들은 무한히 뻗어나가기만 하는 것이 아니라 어느 순간 성장을 멈춰야 함을 깨닫는다. '나 하나의 나무'가 아니라 '우리 모두'가 햇빛을 골고루 받기 위해서는, 끝도 없이 뻗어나가고 싶은 충동을 누르고 너와 나 사이의 여백을 남겨두어야 한다. 나뭇가지들은 마치 다자간 협상이라도 하듯이 지혜롭게 서로의 목소리를 들어주며, 너와 내가 가장 많은 햇빛을 사이좋게 나눠가질 수 있는 최상의 간격을 조정한다. 우리 인간들도 나무들의 그 아름다운 지혜, 즉 어떤 순간에도 존재의 여백을 남겨두는 슬기로움을 배워야 하지 않을까.

코로나19 관련 뉴스로 인해 스트레스를 받고 마음의 갈피를 못 잡을 때마다, 나는 머릿속에서 숲속의 나무들을 떠올렸다. 서로에게 햇빛을 받아들일 수 있는 자리를 주기 위해, 조금씩 '나의 자리'를 비켜주는 나무들의 슬기로움이 내 마음에 해맑은 여백을 만들어주었다. 어려운 상황 속에서도 자신보다 더 아프고 힘든 사람들을 돕기 위해 남몰래 기부와 선행을 하는 사람들, 오직 아픈 환자들을 돕기 위해 주변의 만류도 뿌리치고 환자 밀집지역으로 떠나는 의료진들을 보면서 잔뜩 움츠려 있던 내 마음에 아름다운 여백이 자라나기 시작했다. 열심히 준비했던 모든 강연이 취소되고, 오랫동안 집필해 온 책의 출간도 미뤄져 마음이 울적했지만, 그런 것은 아무것도 아니라는 생각이 들었다. 우리가 용기를 잃지 않고 서로를 도와야 한다는 사실, '삶이라는 찬란한 햇빛'을 모두가 함께 나누기 위해 서로를 조금이라도 더 배려하는 마음의 여백을 가꾸어야 한다는 생각이 들기 시작하자 비로소 마음에 환한 등불이 켜지는 느낌이었다. 끝없이 위로 자라는 성장에만 마음을 빼앗기지 말고, 서로 도울 수 있기에 비로소 아름다워지는 삶의 햇빛이 우리 마음에 스며들 수 있도록, 마음의 여백을 만들어야 했다.

『그리스인 조르바』의 작가 니코스 카잔차키스는 이렇게 말했다. 우리 인생은 번개처럼 지나가지만 아직 시간은 충분하다고. 아직 사랑할 시간, 아직 서로를 돌볼 시간, 아직 삶이 아름답고 소중한 것임을 느낄 수 있는 시간을 오롯이 느낄 수만 있다면, 우리는 아직 괜찮은 것이다.

미래 2

지금 실현가능한 작은 유토피아
(타샤 튜더)

     나는 헨리 데이비드 소로처럼 숲속을 한없이 산책할 수 있는 상황이 아니기에 '마음속에서 아름다운 꽃과 나무들'을 그려볼 수 있는 책과 영화를 찾아보고 있다. 나는 소로 못지않게 꽃과 나무와 야생의 삶을 사랑했던 타샤 튜더의 책과 영화를 보며 커다란 위로를 얻었다. 『타샤의 정원』이나 『타샤의 말』을 읽다 보면 마치 버몬트의 30만 평 대지에서 한평생 꽃과 나무를 가꾸며 살아간 타샤의 정원 속을 산책하는 느낌이다.

     타샤는 네 아이와 남편을 먹여 살리고 자신이 꿈꾸는 아름다운 정원을 만들기 위해 그림을 그렸다. 뉴욕에 있는 모든 출판사에서 거절만 당하다가 다행히 옥스퍼드대학출판부의 신입 편집자가 『호박달빛』을 받아주어 그림책 작가로 데뷔할 수 있었다고 한다. "그림은 사람들 앞에 나서지 않아도 되어서 좋아요. 혼자 있는 게 좋아요." 이렇게 고백하는 타샤는 사실 완벽한 고독을 추구한 것이 아니라 항상 자연과 함께, 동물과 함께하는 삶을 추구했다. 도시나 인파로부터 떨어져 있었을 뿐, 자연과는 항상 함께였다. 자신의 스웨터 속에 새하얀 새끼 멧비둘기를 품어 기르기도 하고, 반려견과 하루 종일 대화를 나누며 그림을 그리고 책을 읽는 타샤의 모습은 90세가 넘어서도 생기가 넘쳤다. 타샤는 56세의 나이에 버몬트의 30만 평 대지를 사들여 지금까지도 숨 막히게 아름다운 타샤의 정원을 가꾸었다. 아직 타샤의 정원이 있는 버몬트에 가본 적은 없지만, 타샤의 수많은 책들을 통해 그녀가 가꾼 꽃과 나무와 동물의 따스한 온기를 느낄 수 있다.

온종일 코로나19 관련 뉴스에 지쳐버린 사람들을 위해, 타샤의 정원에 흐드러진 작약과 라벤더와 장미의 향기를 마음의 보석상자에 넣어 보내드리고 싶다. 아무리 힘든 순간에도, 나에게 주어진 환경을 내 의지에 맞게 바꿀 수 있는 용기를 잃지 말자. 어떤 순간에도 대세나 유행에 따르지 않을 용기, 내 머리로 생각할 수 있는 마음의 여백을 남겨두는 사람들만이 세상을 바꿀 수 있다. 수많은 뉴스와 온갖 걱정으로 마음에 빈틈이 없을 때조차도, '나는 아프다'고 말조차 할 수 없는 사람들의 아픔을 생각할 자리, 그리고 내 마음에 아직 완전히 사그라들지 않은 사랑의 자리는 남겨둘 수 있기를.

　세상에 존재하지 않는 곳이지만, 언젠가는 꼭 가보고 싶은 곳이 있다. 그것은 미래에 내가 만들고 싶은 나만의 안식처다. 나는 소로의 월든 오두막처럼, 타샤의 버몬트 농장처럼, 자신이 생각하는 유토피아를 실제로 존재하는 장소로 만들어 그곳에서 하루하루를 눈부시게 살고, 그곳에서 평화로이 죽고 싶다. 그런데 이렇게 '자기만의 월든'을 만드는 사람들의 공통점은 문명의 편리함을 아주 가차 없이, 미련 없이 내려놓는다는 점이다. 지금까지 수많은 이사를 하면서, 나는 아주 조금씩이나마 그런 이상에 한 걸음씩 다가가고 있다고 믿고 있다. 나는 아직 도시생활의 편리함과 문화적 혜택을 포기하지 못해 자연과 완전히 함께하는 삶을 실현하지는 못했지만, 나의 유토피아는 아주 천천히 이루어지고 있다고 믿는다. 아직 도시의 삶과 자연의 삶의 절묘한 조합이 가능하다고 믿는 철없는 공상을 버리지 못했기 때문이기도 하지만, 언젠가는 '나에게 꼭 맞는, 나다운 월든'을 만들 수 있다고 믿는다.
　나는 이런 여유로운 마음가짐을 타샤를 통해 배웠다. 소로의 관점에서 보면 타샤는 너무 가진 것이 많다. 일단 그녀가 소유한 버몬트의 농장만 해도 30만 평이 넘고, 타샤의 집에는 온갖 소품과 가재도구와 인형 들이 가득하다. '간결하게, 간결하게!'를 추구했던 소로의 삶에 비추어보면 타샤의 삶은 너무도 풍요롭고, 챙기고 보살필 것도 많다. 타샤는 자식과 손주도 많으니, 평생 독신이었던 소로에 비하면 인간관계마저 풍요롭다. 하지만 나는 타샤의 삶이 분명 소로의 이상에 합치된다고 믿는다. 소로는 기계적으로 모두가 월든형 오두막을 짓고 살기를 바란 것이 아니었다. 타인의 시선으로부터 벗어나 원하는 삶을 살 수 있는 공간을 내 힘으로 만드는 것. 그것이 월든형 사고의 핵심이다. 타인의 힘이나 자본의 힘에 의존하지 않고, 내가 원하는 삶을 내 손으로 가꿀 수 있는 완전히 자급자족적인 삶을 사는 것이야말로 월든 라이프의 핵심이다.

자연이 우리에게 아낌없이 선물하는 아름다움을 빠짐없이 누리는 것. 그것은 감사와 인내의 마음을 통해 가능해지는 삶의 풍요로움이었다. 나는 소로의 간결함과 타샤의 풍요로움을 함께 간직하는 삶, 그 위에 도시를 고향으로 알고 살아온 내가 느낀 도시의 장점을 결합한 나만의 월든을 기획 중이다. 벌써 20년째 '기획 중'이기만 하지만, 언젠가는 나만의 월든을, 나와 내가 사랑하는 사람들이 '함께'할 수 있는 월든을 꾸려가고 싶다.

"자신 있게 꿈을 향해 나아가고, 상상해 온 삶을 살아내려고 노력하는 사람이라면, 일상 속에서 예상을 뛰어넘는 성공을 만날 것이다." 소로의 『월든』에 나오는 이 문장을 타샤 튜더는 가장 좋아했다고 한다. 포기하지 않고 꿈을 향해 나아가는 사람, 상상에 멈추지 않고 자신의 꿈을 실제 삶에 구현하려 한 사람, 그리하여 자신의 꿈은 물론 타인의 꿈조차 함께 실현할 수 있는 사람이 되는 것. 그것은 나의 꿈이기도 하다. 소로의 용감함과 타샤의 따스함이 함께 살아 숨쉬는 공간, 그곳을 나만의 또 다른 월든으로 가꾸어 보고 싶다.

미래 3

또 하나의 월든을 창조한 사람
(베아트릭스 포터)

전 세계 어린이들에게 여전히 인기를 끌고 있는 시리즈 『피터 래빗』을 쓴 베아트릭스 포터는 세상에서 가장 사랑받는 이 토끼들의 이야기를 쓴 동화작가일 뿐 아니라 소로처럼 자연을 극진하게 사랑한 생태주의자이기도 했다. 피터 래빗 가족이 '토끼고기 파이'가 되지 않기 위해 하루 종일 인간으로부터 도망치며 인간을 유쾌하게 약 올리기도 한 그 아름다운 장소, 힐 탑(Hill Top)이 바로 베아트릭스 포터가 오랫동안 살며 제2의 고향으로 삼았던 장소였다. 힐 탑에서 무려 38년간이나 살면서 포터는 30여 편의 책을 출간했다.

영국인들이 가장 사랑하는 휴가지인 윈더미어(Wyndemere) 지방, 특히 '레이크 디스트릭트(Lake District)'라 불리는 아름다운 호수 부근의 휴양지가 개발업자들에게 팔릴 위기에 처하자, 포터는 커다란 결단을 내린다. 자신이 평생 동화를 써서 번 전 재산을 아낌없이 내놓아 이 부근의 땅을 모조리 사들인 것이다. 포터는 부동산의 이익을 챙긴 것이 아니라 오로지 '이 아름다운 장소를 내가 죽은 뒤에도 보존해야 한다'는 신념으로 그렇게 한 것이다. 농장 14개, 집 20채, 땅 500만 평을 구입한 포터는 1943년 세상을 떠나면서 그녀가 평생 사랑했던 이 땅 전체를 내셔널 트러스트에 기부한다. 조건은 단 한 가지였다. 이 땅을 세상 그 누구에게도 팔아서는 안 된다는 것이다. 내셔널 트러스트는 문화유산과 자연환경을 보호하는 데 앞장서는 단체이기에, 포터는 자신의 전 재산을 기부하며 '이곳을 그 모든 개발업자들로부터 보호해 달라'고 부탁할 수 있었던 것이다.

베아트릭스 포터는 이렇게 자연을 사랑하여 인생 전체를 자연에 던진 것 말고도 소로와 여러 공통점이 있다. 그 역시 여러 직업을 체험하며 점점 자신이 원하는 쪽으로 삶을 바꾸어간 것이었다. 포터는 부잣집에서 태어났지만 '어서 결혼을 해서 귀족의 아내가 되라'고 교육하는 어머니의 성화를 벗어나고 싶었다. 누군가의 부인으로 살기보다는 자기만의 일을 갖고 싶었던 것이다. 그녀는 동화작가가 되기 이전에 과학자이기도 했다. 숲의 생태를 연구하며 '지의류(lichens)'가 자연 속에서 해내는 중요한 역할을 밝히는 매우 뛰어난 연구를 하기도 했다. 소로와도 비슷한 삶의 행적이다. 소로는 온갖 야생화의 생태를 연구하며 가장 즐거운 시간을 보냈으니 말이다. 포터는 어린 시절부터 숲속을 뛰노는 동물들을 마치 친구처럼 생각했는데, 그들의 입장이 되어, 그들의 시선으로 세상을 바라보는 것은 그녀에게 전혀 어려운 일이 아니었다. 포터는 정원이나 숲속에서 동물들과 함께할 때 가장 커다란 행복을 느꼈다. 소로 또한 자신이 자주 보는 동물들의 모습을 하나하나 기억하며 마치 친구나 가족을 찾듯이 그들의 행방을 찾기도 했으니 이 또한 두 사람의 공통점이다.

포터는 동화작가로 성공한 뒤 또 하나의 직업을 더 가지게 되는데 그것은 바로 농부였다. 바지런히 콩을 키우며 농부의 삶을 살면서 월든 오두막에서 글을 쓴 소로처럼, 포터는 자신이 직접 몸을 움직여 농사를 지으며 글을 썼다. 포터는 농부의 삶에서 한 걸음 더 나아가 목축업에도 도전했다. 포터는 토종 면양인 허드윅(herdwick: 잉글랜드 북서부 호수지역에 서식하는 양)종을 과거의 방식으로 자유롭게 방목하여 키워냈고, 최고의 양들을 뽑는 품평대회에 심사위원으로 참석할 정도로 목축과 양에 관한 전문가였다. 그녀는 당시 영국 여성 최초로 허드윅 사육협회회장을 지내기도 했다.

토끼뿐 아니라 오리, 여우, 다람쥐 등 온갖 동물을 주인공으로 삼아 전 세계 남녀노소의 사랑을 받은 『피터 래빗』의 따스한 상상력은 바로 이 지역 레이크 디스트릭트의 아름답고 풍요로운 자연에서 잉태된 것이었다. 나는 온갖 동물들과 식물들, 그리고 그 속에서 살아가는 소박한 사람들을 사랑한 포터가 살았던 장소에 가보고 싶었다. 그녀 또한 소로처럼 자연과 공존하는 삶을 온몸으로 실천한 사람이니까. 레이크 디스트릭트 지방을 여행하는 느낌은 마치 '겨울 속의 봄'을 발견한 듯한 따스함이었다. 날씨가 좋지 않기로 유명한 영국의 한겨울이었는데도 따스한 느낌이 온 마을을 감싸고 있었다. 그것은 아마도 포터가 가꾸고 지키고 보살피려 했던 자연에 대한 깊은 사랑을 내 마음속에 간직하며 여행했기 때문일 것이다.

베아트릭스 포터 박물관에서 피터 래빗을 비롯한 온갖 동물이 실제 크기로 전시되어 있는 방들은 어른조차 열광하게 만들었다. 동화책 속 조그마한 캐릭터들을 실제 크기로 생생하게 되살린 인형은 너무 사실적이어서 이야기속의 주인공이 현실세계 속으로 툭 튀어나온 느낌이었다. 런던에서 왔다는 한 여행자가 나를 향해 환하게 웃으며 말을 걸었다. 은빛에 가까운 아름다운 금발을 휘날리는 사랑스러운 여인이었다. "너무 아름답지 않아요? 정말 행복하지 않나요? 난 여기 계속 살고 싶어요!" "저도 그래요. 너무 아름다워서 현실 같지가 않아요." 나도 활짝 웃으며 그녀의 의견에 공감했다.

사랑스러운 피터 래빗 가족의 친구이자 레이크 디스트릭트 지역을 언제까지나 지켜줄 든든한 수호신 같은 존재가 바로 베아트릭스 포터다. 분명 소로가 만난다면 밤새도록 웃음꽃을 피우며 이야기를 나누었을 만한 벗, 콩코드에서 아주 멀리 떨어진 레이크 디스트릭트에서 또 하나의 월든을 창조한 작가 베아트릭스 포터였던 것이다.

당신의 월든은 어디입니까? 이 질문이 문득 생생하게 실감난다. 나의 월든은 힘들 때마다 훌쩍 떠나던 여행 그 자체이기도 하고, 가깝게는 온갖 오름과 푸르른 바다로 내 마음을 위로해 주는 제주도이기도 하고, 무엇보다도 '글을 쓸 수 있고, 책을 읽을 수 있는 이 세상' 자체이기도 하다. 내가 쓰는 이 글은 '나의 월든으로' 여러분을 데려오기 위한 다정한 초대장이기도 하다.

습지의 식물들은 어떤 각도에서 보면 물 위에 떠서 자라는 것 같은 느낌을 준
다. 볼수록 신비롭고 아름다운 식물들의 세계. 소로는 매일 숲을 관찰하며 숲
의 동식물들이 '매일매일 다르다'는 것을 느낀다고 했다.

월든 호수에는 무려 100여 종의 새들이 산다. 새들에게는 물론 온갖 식물과 동물들에게 풍요로운 삶의 원천이 되어주는 월든 호수.

습지에서 자라나는 풀들과 가을의 낙엽이 어우러져 또 다른 절경을 자아낸다.

월든 호수의 낙엽은 마치 음표처럼 리드미컬하게 물결이라는 악보 위를 명랑하 게 떠다닌다.

야생성

도시인이 잃어버린
원초적 생명력

현대인들은 도시에 살면서도 '뷰(view)'만은 아름다운 자연을 고집한다. '한강뷰', '숲세권', '뷰맛집' 등의 공간을 강조하는 신조어는 '아무리 그래도, 역시 자연'을 바라보고 싶어 하는 도시인의 숨은 열망을 반영하는 것이 아닐까. '자연을 품어 안은 인공', '인공과 자연의 행복한 공존'은 도시인의 아련한 로망이 되었다. 콘크리트로 만든 딱딱한 건물만을 '뷰'로 선택해야 한다면, 얼마나 갑갑하고 막막할 것인가. 우리의 눈은 본능적으로 야생의 숲과 드넓은 강과 끝없는 바다를 꿈꾼다. 소로는 마치 이러한 현대인의 상황을 예언이라도 하듯, 지구가 아무리 문명화되어도 도시마다 숲을 가꾸고 공원을 만들어야 한다고 강조했다.

어린 시절부터 숲을 사랑했던 소로는 도시마다 500에이커에서 1,000에이커 정도의 공원, 혹은 원시림을 보존해야 한다고 생각했다. 숲을 개인의 사적 자원이 아니라 영원한 공공의 자산으로 만들기 위해, 땔감으로 쓰기 위해 나무를 베는 것을 금지하고, 숲을 보존하기 위한 지역사회의 항시적인 위원회를 만들어야 한다고 생각했다. 소로는 「야생열매」라는 마지막 원고에서 '영원한 숲'을 향한 꿈을 더욱 발전시킨다. 미완성 원고이지만 소로의 생태주의적 사유가 집대성되어 있는 매우 중요한 글이다. 이 글에서 소로는 마을마다 '마을의 아름다움이 사라지지 않도록 보살피는 위원회'를 만들어야 한다고 선언하며 돈으로는 결코 환산될 수 없는 숲, 강, 언덕, 절벽의 소중함을 일깨웠다. 숲과 강은 사유 재산이 아닌 공공의 자원으로 보호되어야 하기에, 강 주변의 땅은 개인에게 팔지 말고 공원이나 산책로로 개방해야 한다는, 당시로서는 매우 혁신적인 주장이 담겨 있다.

소로의 자연에 대한 사랑은 단지 자원으로서 보호하고 보존해야 한다는 의미에 그치지 않는다. 그것은 우리가 자연의 야생성과 진정으로 '접촉'할 때 비로소 깨어 있는 존재가 될 수 있다는 철학적 깨달음을 포함한다. 이러한 야생성을 향한 본능적 그리움을 온몸으로 깨달은 것은 『월든』을 쓰기 훨씬 전이었다. 소로는 1847년 카타딘산에 다녀오면서 놀라운 깨달음을 얻는다. 카타딘산을 힘겹게 올라갔다가 내려와 만난 푸르른 초원에서 그는 야생 블루베리를 맛보게 된다. 그 누구도 경작한 적이 없는 땅임에도 그곳에서는 너무도 향기롭고 달콤한 야생 블루베리가 무럭무럭 자라고 있었다. 사슴이 한가로이 풀을 뜯어먹고, 곰이 어슬렁어슬렁 기어다니는 그곳이야말로 야생의 땅이고, 풍요의 땅이었으며, 소로에게 오직 야생의 자연만이 줄 수 있는 축복을 깨닫게 하는 장소였다. 그 푸르른 초원의 빛깔과 향기는 숲의 생태 전문가였던 소로가 보기에도 놀라운 원시적 생명력을 간직하고 있었다. 그토록 선명한 초록빛을 그는 한 번도 본 적이 없었던 것이다. 소로는 자신의 일기 곳곳에서 그 놀라움을 표현하며 야생에서 피어오른 온갖 생명체들이 주는 원초적 기쁨을 이야기한다.

소로는 아무에게도 소유당한 적 없는 야생의 초원에서 태초의 고요, 순수한 고요를 발견한다. 인간이 가꾼 적 없는 땅, 누구의 손도 닿지 않는 땅의 놀라운 평화가 소로의 젊은 영혼을 일깨웠다. 잔디도 없고 말뚝도 없고 울타리도 없는, '누구의 땅'이라는 표시도 없는 그 순수한 초록빛의 땅. 그것이 소로가 우주의 본질과 마주치는 순간이었다. 그러면서 우리가 그 모든 원초적 자연의 물질을 매일 만나면서도 무심코 지나치고 있었다는 사실을 깨닫는다. 그리하여 마침내 '깨어 있음'과 '야생'의 관계를 사유한다. 인간은 야생의 자연과 매일 접촉할 때, 비로소 진정으로 깨어 있을 수 있다는 것을.

소로는 생명의 본질과 접촉하는 순간의 놀라움을 매일 느끼고 싶어 한다. 그 어떤 인공적 움직임도 닿지 않은 세계, 최초의 세계에서 오직 자연의 들숨과 날숨만이 기록되어 있는 야생의 초원. 그곳에서 그는 생명의 본질, 어쩌면 우주의 본질까지 꿰뚫어보는 듯한 기쁨과 함께 두려움도 느꼈다. 하지만 그는 두려움에 굴복하지 않는다. 그는 두려움까지 껴안은 채 야생의 자연이 주는 온전한 기쁨, 순수한 대상과의 마주침을 온몸으로 맞이한다. 소로는 자신의 몸 또한 그 야생의 물질로 만들어졌다는 것을 깨닫는다. 자신 또한 하나의 온전한 야생의 창조물이라고 말하며, 온전히 열린 몸과 마음으로 대지와 접촉하고, 자연이 선물하는 온갖 야생의 축복과 접촉하는 생명력을 느낀다. 이마 위에 내리쬐는 햇살, 두 볼을 스치는 바람, 잇속에서 부서지는 야생 블루베리의 과육, 그 모든 것이 야생의 기쁨이며 우주의 선물이며 존재의 기원이다.

소로에게 글을 쓴다는 것은 그 야생의 신비와 접촉한 기억을 생생하게 재생하는 행위였다. 소로에게 '월든'은 단지 콩코드 지방에 있는 하나의 호수를 가리키는 말이 아니었다. 호숫가에 서서 밤하늘을 올려다보면서 소로는 별들이 단지 낯선 존재가 아니라 자신의 먼 친척이라 느꼈다. 소로는 월든 호수가 그저 콩코드 지방이 아니라 인간의 경계를 뛰어넘어 저 별들의 세계와 소통하고 있다고 느꼈다. 월든 호수에서 오두막을 짓고 매일 하늘의 별을 바라보는 삶은 곧 소로 자신과 월든과 별이 결국 하나의 우주적 네트워크 속에서 움직이고 있음을 매순간 자각하는 것이었다.

이러한 소로의 깨달음에 결정적인 영향을 준 책이 『바가바드 기타』였다. 소로는 인도 철학의 경전 『바가바드 기타』를 자신의 성서로 여길 만큼 아꼈다. 소로가 『월든』을 쓸 때 가장 강력한 영감을 준 책은 당시 인도에서 수입한 지 얼마 되지 않았던 책 『바가바드 기타』였다. 1845년 6월에 『바가바드 기타』가 콩코드에 들어왔고 소로는 곧 그 경전을 읽기 시작했다. 머나먼 미국까지 지성과 언어의 힘으로 무사히 도달한 『바가바드 기타』의 메시지처럼, 월든 호수에서 잉태된 소로의 깨달음은 전 세계의 '깨어 있는 지성'을 향해 흐르고 흘러 시간이 지날수록 더 진한 깨달음을 주는 전 지구적 '월든 네트워크'를 만들어냈다.

소로가 책상에 앉아 『바가바드 기타』를 펼친 날, 뉴잉글랜드 얼음 산업의 제왕인 프레더릭 튜더가 월든 호수의 얼음을 캐러 아일랜드인 노동자들을 데려왔다. 그 부근의 땅 주인이었던 에머슨은 대경실색하며 싫어했다. 채빙 인부들이 하루에 1,000톤가량이나 월든 호수의 얼음을 잘라서 가져갔기 때문이다. 에머슨은 자신이 소중하게 여기는 땅, 언젠가는 팔 수도 있는 자기 소유의 땅이 망가질까 봐 우려했던 것이다. 반면 소로는 신이 났다. 『바가바드 기타』의 나라 인도로 월든 호수의 얼음이 옮겨가게 된다면, 그토록 멀리 떨어져 있는 월든 호수와 갠지스강이 말 그대로 '섞이는 것'이었기 때문이다. 가난한 소로는 인도로 갈 수 없었지만, 소로가 사랑한 월든 호수의 물은 아일랜드 노동자들의 손을 거쳐 인도로 갈 수 있었던 것이다. 소로가 깊이 빠져 있던 철학의 기원이 꿈틀거리는 인도를 향해 월든 호수의 강물이 섞여든다는 것 자체가 소로에게는 동서양의 만남, 지구 반대편의 서로 다른 지성과의 만남을 상징하는 청신호였다. 그 만남은 곧 월든과 갠지스강의 만남이고, 『바가바드 기타』와 『월든』의 만남이었다.

혼자 신바람이 난 소로는 인부들과 농담을 주고받기도 하고 추워서 벌벌 떠는 인부들을 자신의 집에 데려와 몸을 녹이게 하기도 한다. 소로는 상상했다. 갈증에 시달리는 인도 사람들이 자신의 월든 호수 샘물을 마시게 될 그 설레는 장면을. 소로가 아침마다 『바가바드 기타』라는 광대한 우주적 철학의 바다에 자신을 담그듯이, 목마른 인도 사람들은 월든 호수라는 지혜의 샘에서 잉태된 물을 마시고 그렇게 그들의 몸과 마음은 하나가 될 것이다.

『월든』은 초판 2,000부가 팔리기까지 5년이나 걸리고 그 후 절판되었지만, 그가 죽고 나서 비로소 가치를 인정받기 시작해 지금은 셀 수 없이 많은 번역본으로 출간되어 전 세계의 독자들을 '야생의 깨어남'으로 이끌고 있다. 소로는 멀리 인도나 유럽을 향해 여행을 떠날 수는 없었지만, 그는 『월든』이라는 책을 씀으로써 온 세상 사람들이 '자기 안의 월든'을 발견하도록 이끌었다. 월든은 우리가 잃어버린 야생성의 상징이며, 우리가 저마다 부지런히 보살펴야 할 '우리 마을의 아름다움'이며, 우리가 점점 그 접촉을 잃어갔던 '인간의 손이 닿지 않은 자연'의 순수를 간직한 뜨거운 상징이었다. 어쩌면 그 많은 장소와 파란만장한 경험을 거쳐 마침내 야생의 자연으로 돌아가는 우리는 저마다 돌이킬 수 없는 또 하나의 월든을 꿈꾸며, 또 하나의 소로가 되어가고 있는 것이 아닐까. 우리는 저마다 '자기 안의 월든'을 간직한 태고의 야생인이었던 것이다. 소로는 세계로 떠나지 못했지만, 세계가 소로를 향해 떠나고 있다. 그의 전 생애를 압축한 책 『월든』을 통해.

은둔

명랑한 은둔자,
헨리 데이비드 소로

외로움은 모든 방향에서 우리를 공격한다. 부모님이 일찍 돌아가셔도 외롭고, 부모님이 오래 사시면서 나를 전혀 이해해 주지 못해도 외롭다. 사랑하는 사람이 없어도 외롭고, 사랑하는 사람이 있어도 그의 사랑이 충분치 못하다는 생각 때문에 외롭다. 형제자매가 없어도 외롭고, 형제자매가 있으면서도 그 집에 우환이 많다면 더욱 외로움을 가중시킨다. 이렇듯 외로움은 언제 어디서나 끈질기게 돋아나는 잡초처럼 우리의 인생 곳곳에 잠복하고 있다. 이런 슬프고 절망적인 외로움을 넘어, 혼자 있어도 외로움의 늪에 빠지지 않는 아름답고 창조적인 고독을 꿈꾼 사람, 그가 바로 헨리 데이비드 소로다. 외로움은 다정한 타인이 옆에 있어주면 해결되지만 고독은 누군가가 곁에 있어주어도 해결되지 않는다. 고독은 해결되어야 할 감정이라기보다는 이성적으로 풀어야 할 숙제이기 때문이다. '단 한 번뿐인 나의 삶을 어떻게 살 것인가'라는 문제를 붙들고 씨름할 용기, 바로 그것이 '고독'이라는 인류의 숙제를 해결할 수 있는 황금열쇠다.

소로는 외로움을 넘어 고독을 꿈꾸었다. 외로움은 감정이기에 주변 상황에 민감하게 영향을 받지만, 고독은 존재의 본질적인 조건이기에 감정보다는 성찰을 자극한다. 소로는 오히려 적극적으로 고독을 선택함으로써 돌파구를 찾았다. 소로는 현대인이 너무 서로 가까이 붙어 있기 때문에 서로의 진로를 방해한다고 보았다. 신문과 뉴스가 실어 나르는 각종 소식이나 소문에 중독되는 것. 남들이 어떻게 사는가에 따라 너무 많이 영향받고 요리조리 휘둘리는 것. 그것이야말로 우리가 저마다 지켜내야 할 참다운 고독을 방해하는 것이라고 본 것이다. 모두가 대면하기 어려워하는 고독을 마치 열렬한 사랑의 대상처럼 지극히 아끼고 열망한 것. 그것이 소로의 용기였고, 비범함이었다.

소로가 살았던 200여 년 전의 미국에서 가장 중요한 소식통은 신문과 우체국이었다. 지금의 현대인에게 인터넷과 휴대폰이 '고독의 방해 요소'라면, 소로의 시대에는 끝없이 날아드는 신문과 편지 들이 고독할 수 있는 자유를 빼앗아갔다. 소로는 『월든』에서 '우체국

없이도 살 수 있는 삶을 꿈꾸었다. 타인의 소식과 온갖 소문의 간질 거림이 없어도, 나 자신의 고독 속에서 매일 새로운 삶을 꿈꾸는 자유. 게다가 소로는 우체국을 통해 전달되는 소식 중에 중요한 것은 거의 없다고 보았다. 평생 받은 수많은 편지들 중 '우표값'을 감수할 만한 편지는 한두 통에 불과했다고. 어딘가 저 멀리서 좋은 소식이 들려오기를 기다리는 것은 소로의 스타일이 아니었다. 소로는 자신이 스스로 좋은 소식을 만들어내기를 꿈꾸었다. 요새는 무엇이 유행이더라, 이렇게 하면 돈을 많이 벌더라, 저 사람은 뭐가 문제라더라, 이런 식의 소문에 일희일비하는 삶을 거부했다. 소로는 자신의 꿈을 스스로 정하고 그 꿈을 따라 한 걸음 한 걸음 나아가는 데는 타인의 조언이 아니라 오직 자기 자신과의 대면만이 필요함을 알았다. 그것이 바로 소로 식의 명랑한 고독, 창조적 고독이었던 것이다.

『명랑한 은둔자』를 쓴 작가 캐럴라인 냅은 고독의 진정한 어려움에 대해 이렇게 이야기한다. 고독은 본래 어려운 일이라고. 고독을 지키기 위해서는 돌볼 의욕이 있어야 하고 자신을 달래고 즐겁게 하는 능력이 있어야 한다고. 소로는 이런 능력이 있었다. 자신을 달래고 즐겁게 하고 돌볼 줄 알았다. 그리고 무엇보다도 동물과 식물은 물론 자연 전체와 교감하는 것을 좋아했기에 월든 호수에서 2년 2개월이나 홀로 오두막 생활을 하면서도 심심할 겨를이 없을 정도로 즐거웠다.

소로가 고독을 지킬 수 있었던 결정적인 비결은 행복의 뿌리를 인간에게서 찾지 않았다는 것이다. 인간에게서 사랑받고 인정받으며 인간의 이해와 존중을 끊임없이 바라는 삶에 대한 열망을 줄이고 또 줄였던 그는 과연 진정한 즐거움을 어떻게 찾았던 것일까. 그의 즐거움은 대부분 자연과의 따스한 교감에서 오는 내면의 기쁨이었다.

　오감을 자극하는 언어와 물질로 끊임없이 즐거움을 찾아야 하는 인간과는 달리, 나무들과 꽃들은 햇빛과 물, 산소만으로도 충분히 자신이 원하는 모든 것을 얻어낸다. 소로는 삶의 기쁨을 위해 많은 것을 필요로 하지 않는 식물들에게서 커다란 영감을 받았다. 그가 철저한 고독 속에서도 우울해지지 않고 끝내 아름다운 고독 속의 창작에 성공했던 이유는 바로 자신의 고독을 있는 그대로 사랑했기 때문이다. 고독 속에서 창조의 기쁨을 찾고, 아침이 오는 소리를 들으며 그것만으로도 감사와 희열을 느끼면서, 소로는 명랑한 은둔자의 고독을 즐긴 것이다. 고독 속에서 '혼자 있음'만을 본다면 곧 절망적인 외로움에 빠지겠지만 고독 속에서 '참된 삶의 기쁨'을 찾을 수 있다면 고독이야말로 우리가 되찾아야 할 진정한 자유의 일부임을 깨달을 것이다.

　나에게 고독의 창조적인 기쁨을 가르쳐준 것은 홀로 글을 쓰는 시간, 혼자 여행하는 시간, 잠시 사람들과 떨어져서 나의 길을 생각해보는 시간이었다. 과도한 사회생활은 엄청난 피로감을 가져왔고, 혼자 있는 시간이 많을수록 외로움의 압박보다는 고독의 기쁨을 많이 느끼게 되었다. 외로움에서 고독으로 가는 여정에서 우리는 자기 안의 뜻밖의 명랑함을 발견할 수 있다. 오직 고립만을 꿈꾸는 은둔은 남에게도 자신에게도 해가 되지만, 자기의 가능성을 활짝 열어놓고 명랑한 은둔을 택하는 것은 스스로의 발전을 위해서도 좋은 일이다. 소로는 아무도 만나지 않는 금욕적 은둔을 꿈꾼 것이 아니라, 월든 오두막을 개방해 두고 언제든 찾아오고 싶은 사람들을 막지 않았다. 그는 월든 오두막을 통해서 비로소 적정량의 고독을 쟁취해 낸 것이었다. 날마다 최소한의 생계비를 벌기 위한 노동을 하고, 그 이외의 시간에는 책을 읽고 글을 쓰고 자연과 함께하는 소박한 삶을 사는 것. 그것이 소로가 선택한 적정량의 고독이고, 그 고독 속에서 그는 자신의 운명을 시험해 볼 수 있었다. 소로에게 고독이란 타인의 눈치를 보지 않고 자기만의 글을 쓸 수 있는 정도의 자유를 의미했다.

오랫동안 집을 떠나 있다가 돌아오면 우체통에 우편물이 산더미처럼 쌓여 있다. 온갖 고지서와 광고물이 대부분인데, 이런 것들을 정리하다 보면 한숨부터 나온다. 왜 내가 진정으로 기다리는 소식은 오지 않을까. 기다리는지도 몰랐지만, 왠지 보기만 하면 반가울 것 같은 그런 소식은 우체통에 있지 않다. 내 안에서 들려오는 소식, 그리고 자연의 변화가 알려주는 소식. 그것만이 중요하다. 소로의 글을 읽으며 깨달은 것이다. 왜 아무도 나에게 전화를 하지 않나, 왜 아무도 나에게 이메일을 보내지 않나, 하고 섭섭해할 필요가 없다.

우표 한 장으로 사연을 전해주는 제도에 별다른 미련을 가지지 않는 소로는 오직 계절이 바뀌어가는 소식, 꽃과 열매가 영글어가는 소식, 그리고 자신의 마음 안에서 들려오는 소리에 집중한다. 오늘 아침에 나는 내 안에서 들려오는 아주 반가운 소식을 들었다. 가끔 아주 깜짝 놀라기도 한다. 내 안에서 들려오는 소리의 아름다움에.

외로움은 언제 나타날지 모르는 복병처럼 우리 삶 곳곳에 포진해 있어서 결코 도려낼 수 없는 바이러스처럼 우리를 기다리고 있다. 인간은 외로움에 본래 취약하다. 하지만 외로움을 넘어서서 고독과 대면할 용기가 생길 때, 우리는 그 고독의 문턱을 넘어 비로소 성장할 수 있다. 나는 혼자 살기를 시작하면서 진정으로 철이 들었고 그제야 '나다운 글'을 쓰기 시작했고 혼자 여행까지 다니면서 나 자신에게 기대 이상의 뚝심과 인내심과 생활력이 있다는 것을 깨닫게 되었다. 그렇게 자기 안의 잠재력을 깨닫게 해주는 계기는 바로 고독이었다. 먼 나라로 떠나 몇 주 동안이나 혼자 있을 때 나는 사실 너무 신나서 매일매일 춤을 출 뻔했다. 아무의 눈치도 보지 않고 읽고 싶은 만큼 읽고, 쓰고 싶은 만큼 쓰고, 자고 싶은 만큼 잘 수 있다는 것이 그렇게 행복하다는 것을 처음으로 알게 되었다. 누가 명령하지 않아도 끊임없이 타인의 표정과 기분을 보살펴야 하는 삶에서, 잠시라도 벗어나고 싶었다. 내가 생각한 것보다 나는 훨씬 강인하고 용감한 존재임을 깨닫는 것이야말로 외로움을 넘어선 고독이 우리에게 가져다주는 최고의 선물이다.

이제 소로가 평생 동안 살았던 콩코드로 간다. 콩코드 공립도서관의 고풍스러운 모습. 책과 나무와 사람의 온기가 함께 어우러지는 곳, 이런 곳이야말로 우리가 평생 지키고 아껴야 할 장소가 아닐까. (왼쪽)

콩코드에는 '월든 거리', '소로 거리'가 있다. 어쩌면 내가 잃어버린 야생의 자연을 찾아 걷던 지구상의 모든 길들이, 나에게는 너무도 소중한 '월든 거리'가 아니었을까. 앞으로 나의 남은 생은 이 아름다운 자연을 지키기 위한 '월든 거리'를 우리의 삶 곳곳에서 늘려가는 일이 되었으면. (오른쪽)

콩코드 강은 소로가 예찬하던 또 하나의 자연이다. 콩코드 강, 메리맥 강, 월든
호수는 서로 연결되어 있다.

콩코드 강을 바라보고 있으면 소로가 월든 호수에 있지 않을 때도 항상 마주
했을 자연의 아름다움을 상상할 수 있다.

JOHN THOREAU
Born Oct. 8, 1787, Died Feb. 3, 1859.
CYNTHIA D. His Wife
Born May 23, 1787, Died Mar. 12, 1872.
JOHN THOREAU JR.
Born 1815, Died Jan. 11, 1842.
HELEN L. THOREAU
Born Oct. 22, 1812, Died June 14, 1849.
HENRY D. THOREAU
Born July 12, 1817, Died May 6, 1862.
SOPHIA E. THOREAU
Born June 24, 1819, Died Oct. 7, 1876.

THOREAU

MOTHER

헨리 데이비드 소로의 가족묘지. 아버지 존, 어머니 신시아, 큰아들 존, 큰딸 헬렌, 둘째 아들 헨리 데이비드 소로, 그리고 둘째 딸 소피아가 한곳에 나란히 묻혀 있다. 유난히 화목하며 서로를 완벽하게 이해했던 헨리 데이비드 소로의 가족들은 무덤에서도 이토록 다정하고 따스하게 서로를 보듬어 안고 있다.

헨리 데이비드 소로, 루이자 메이 올콧, 랄프 왈도 에머슨, 너새니얼 호손 등등 미국 역사에 길이 남을 위대한 작가들이 함께 잠들어 있는 슬리피 할로우 공동 묘지의 모습.

헨리 데이비드 소로의 비석. 너무도 단출하고 소박한 그의 비석은 자연을 사랑하고 책을 사랑하고 사람을 사랑하는 것 외에는 아무런 욕심이 없었던 그의 성격만큼이나 지극히 꾸밈없다.

월든 호수의 잔물결. 마치 투명한 모래밭을 스크린 삼아 '호수 위의 잔물결'이라는 영화를 상영하는 것 같다. 아무리 오래 들여다보아도 질리지 않는다.

이 모든 것을 가능케 한 아름다운 월든 호수. 아름다움과 풍요로움, 휴식과 치
유의 힘을 모두 갖춘 천혜의 장소, 월든 호수는 여전히 소로를 사랑하는 모든
이들의 성지, 콩코드를 가로지르고 있다.

2부

더 나은 삶을 위해
『월든』 속으로 걸어가다

『월든』의 생활경제

의식주를
독립적으로
해결하기

인생에서 꼭 하나만 선택한다면,

> 노동에 찌든 사람은 하루하루를 고결하게 살 수 없고, 타인과 진정
> 으로 인간적인 관계를 맺을 여력도 없다. 그러다가는 시장에서 그
> 의 노동력은 가치가 떨어지고 말 테니까. 그는 기계처럼 일만 할 뿐
> 무언가 다른 것을 시도할 여유가 없다. (…) 인간의 본성 가운데 최상
> 의 것들은 마치 과일껍질에 붙은 분가루처럼 조심스레 다루어야 계
> 속 간직할 수가 있다. 그러나 우리는 저마다 자기 자신을 소중히 여
> 기지 않으며, 타인을 소중히 여기지도 않는다.

우리는 우리 자신을 충분히 소중히 여기지 않는다. 우리의
앎을 보살피지 못하듯이 우리의 무지도 보살피지 못한다. 자꾸만
노동력을 착취당하면 앎을 불완전하게 써먹기만 하느라 더욱 완전
한 앎을 향해 겸허하게 나아갈 시간이 없다. 불완전한 지식을 너무
자주 써먹느라 보다 영글고 성숙한 앎을 향해 자신을 단련할 시간
이 부족해지는 것이다. 그뿐인가. 우리는 기계가 아닌 다른 것이 될
시간이 없다는 소로의 문장은 죽비처럼 우리의 머리를 친다. 우리
가 기계 아닌 존재, 더 많은 가능성과 앎으로 풍요로운 존재가 되
려면 더 많은 시간을 자신을 보살피는 데, 세상을 더 깊이 알려는
데 써야 하지 않을까. 소로가 말하는 '인생의 달콤한 열매'는 무엇

일까. 자연과 예술의 아름다움에 감탄하는 시간, 사랑과 우정의 따스함에 감동하는 시간, 생명과 사랑의 위대함을 포옹하는 시간이 아닐까.

오직 자유만 선택하라

내가 소중하게 생각하는 것들 중 가장 중요한 것은 바로 자유다. 나는 힘들더라도 잘 헤쳐나갈 자신이 있고, 값비싼 양탄자나 고급 가구를 갖추거나, 온갖 산해진미를 탐하거나, 그리스나 고딕 양식으로 지은 집을 소유하기 위해 내 소중한 시간을 빼앗기고 싶지 않았다. (…) 나는 날품팔이가 가장 독립적인 직업이라고 생각했다. 1년에 30일에서 40일 정도만 일하면 충분히 살아갈 수 있기 때문이다. 일용직 노동자의 일과는 해가 지면 마무리된다. 남는 시간에는 노동과 관련 없는 일, 진정으로 원하는 일을 자유롭게 할 수 있다. 그러나 정작 날품팔이 노동자를 고용한 사람은 오히려 매일 온갖 걱정에 사로잡혀 사느라 1년 내내 쉴 틈이 없는 것이다.

소로는 결핍을 궁핍으로 여기지 않는 재능을 지니고 있다. 돈이나 물건이 부족함을 콤플렉스로 받아들이지 않은 그는 유일하게 부족함을 느끼는 것이 바로 시간이다. 끊임없이 읽고 쓰는 삶의 기쁨을 계속 누리기 위해서는 시간이 필수적이었다. 어린 시절부터 건강이 좋지 않았던 소로에게는 건강하게 글을 쓸 수 있는 시간이야말로 가장 절실한 재산이었다. 그리하여 어떻게 시간을 보내야 하는지 아는 사람, 어떻게 자신의 귀중한 시간을 알차게 보내야 하는지 아는 사람은 그 어떤 돈벌이의 유혹에도 흔들리지 않는다. 소로는 자연과 함께하는 삶, 읽고 쓰는 삶, 올바르게 사유하고 용감하게 실천하는 삶을 사는 데 온 마음을 쓰면 돈을 벌 시간은 물론 쓸 시간도 없다는 것을 알고 있었다. 그는 그 누구에게도 고용되지 않고, 그 누구에게도 휘둘리지 않았기에, 이토록 눈부신 자기만의 월든을 창조할 수 있었다.

나는 20년간 프리랜서 작가로 살았기에 소로가 말한 '날품팔이의 눈부신 자유'가 무엇인지 알면서도 마음이 아프다. 프리랜서가 멋지게 자신이 원하는 일을 선택해서 하고, 원치 않는 일은 쿨하게 거절할 수 있으려면 자신감과 안정감이 필요하다. 내겐 그 자신감과 안정감이 좀처럼 생기지 않았다. 소로처럼 궁핍을 견디면서 얼마든지 풍요를 경험할 수 있는 재능이 부족했기 때문이다. 또 에머슨처럼 겉으로는 투덜거리면서 사실은 '월든 오두막의 월세'를 완전히 공짜로 해준 착한 집주인을, 현대사회에서는 찾아보기 어렵다.

하지만 오늘날의 청년들은 나처럼 '프리랜서의 영원한 불안' 때문에 괴로워하지 말았으면 좋겠다. 끈기 있게 자신의 재능을 키워나가고 마침내 그 재능으로 어딜 가든 먹고살 수 있게 되면 '프리랜서의 축복'이 찾아온다. 프리랜서의 축복이란 언제든 훌쩍 여행을 떠날 수 있는 자유, 그 누구의 눈치도 볼 필요 없는 인간관계의 자유다. 직업은 필요하지만 직장이 꼭 필요하지는 않다. 내 정체성을 설명하기 위해 꼭 번듯한 명함을 꺼내들지 않아도 된다. 나는

'작가'라는 직업이면 충분하고 그 이외의 수많은 '직함'이나 '정해진 직장'은 오히려 작가로서의 내 자유를 침해한다는 것을 깨달았다.

다 가지려 하지 말자. 돈도 직장도 브랜드도 명성도 인기도 모두 다 가지려 하다가 자유도 잃고 건강도 잃고 생의 의미도 잃어버리 고 번아웃에 빠지기 전에. 자기를 브랜드화하며 최고의 명성과 부 를 누리던 스타들이 번아웃과 우울증에 자주 빠지는 것도 '내 인 생을 내 마음대로 살아낼 수 있는 자유'를 박탈당하기 때문이다. 오직 자유만 선택하자. 그 무엇도 당신의 아름다운 영혼을 결박하 지 못하도록.

소유에 대한 집착을 버리기

누가 젊은이들을 땅의 노예로 만들었는가? 사람은 한평생 한 팩의 먼지만 먹어도 충분한데, 왜 부모로부터 땅을 물려받은 젊은이들은 무려 60에이커나 되는 먼지를 먹으며 살아야 하는가. 그들은 왜 태어나면서부터 제 무덤을 파는 삶을 살아야 하는가. 그들은 스스로 짊어진 이 무거운 짐들을 밀고 나아가면서 어떻게든 사람답게 살고자 애쓴다. 나는 노동의 무게에 짓눌려 숨 가쁘게 살아가면서 인생의 여정을 가까스로 헤쳐나가는 가엾은 사람들을 수없이 많이 만났다.

과거의 농부들은 더 많은 소출을 내기 위해 땅에 구속되었지만, 요즘 현대인들은 더 많은 땅을 소유하기 위해, 더 많은 부동산을 자신의 통장잔고로 바꾸기 위해 엄청난 시간과 노력을 쏟아붓고 있다. 땅은 우리에게 손짓한다. 땅을 소유하려 애쓰지 말고 땅의 기쁨을 향유하라고. 소유의 욕망에 휘둘리지 말고 향유의 기쁨을 만끽하라고. 땅을 소유하지 못해도 우리는 땅 위에서 뛰놀고, 땅 위에서 솟아나오는 꽃과 나무의 향기를 느낄 수 있다.

'영끌'을 하여 대출받아 빚을 잔뜩 지고 땅이나 아파트를 소유한다고, 과연 우리는 행복해질 수 있을까. 소유를 향한 집착을 버리고 자유와 행복을 향해 해맑게 다시 시작하는 사람들이 늘어나고 있다. '광고쟁이'로 살아가며 광고업계에서도 매우 인정받던 분이 서울의 집을 과감히 처분하고 아내와 함께 제주도 중산간으로 들어가 아름다운 책방을 열었다. "여기서는 언제든지 제가 좋아하는 책을 읽을 수 있고, 마음 맞는 분들과 북클럽을 할 수도 있어요." 서울에 살 땐 매일매일 온갖 감정노동과 스트레스의 연속이었는데, 이제는 매일 '자연과 책'이라는 최고의 벗과 함께할 수 있어 행복하다고 한다.

내 주변엔 이런 사람들이 많은데, 뉴스에선 그런 '행복을 향해 소유에 대한 집착을 버리는 사람들'이 아니라 '소유가 곧 행복이라 생각하는 사람들'의 투자와 개발 이야기로 열을 올리고 있다. 때로는 뉴스를 보지 않는 것이 '내 마음의 월든'을 가꾸는 첫걸음이라 생각될 때가 있을 정도다. '더 많은 소유라는 미래의 환상'이 아니라 '행복한 지금'을 살아내는 사람들의 뉴스를 보고 싶다.

간결하게, 더 간결하게!

당신은 빚으로부터 벗어나기 위해 온힘을 다해 애쓰느라 늘 지쳐 있다. (…) 빚을 갚는다고, 내일 갚겠다고 말하지만 결국 갚지 못하고 오늘도 죽어가는 것이다. 당신은 온갖 수단을 가리지 않고, 감옥에 들어갈 죄만 피해서, 타인의 비위를 맞추고, 고객을 유치하려 애쓴다. (…) 최악의 상황은 바로 자신이 스스로를 노예로 삼아 또 다른 노예 주인이 되는 것이다.

빚을 내 집을 사고 그 빚에 묶여 젊은 날을 허비하는 현대인의 삶. 이 무거운 어깨의 짐은 언제쯤 벗어던질 수 있을까. 우리는 자기 자신을 노예로 만드는 모든 노동과 관계와 과감하게 결별해야 한다. 자기착취의 시대가 되어버린 현대사회에서 사람들이 더 많은 돈을 벌기 위해서는 자존감도 사랑도 헌신짝처럼 버리는 일이 생긴다. 자기 자신을 노동의 도구, 돈벌이의 도구로 만들지 않는 것이 진정한 독립과 해방을 위한 첫 번째 길이다. 소유를 위해 인생을 저당 잡히기보다는, '지금 이 순간의 소중한 삶'을 붙들어야 하지 않을까. 우리 자신을 무거운 돈벌이의 짐으로부터 조금씩 해방시키는 삶을 지금부터 시작해 보면 어떨까.

덜 벌고도 더 행복할 수 있는 길을 찾을 수는 없을까. 나는 요즘 몇 달째 먹을 것 외에는 '아무것도 따로 사지 않기' 훈련을 하고 있다. 처음에는 편안하고 다채로운 인터넷 쇼핑의 유혹을 끊어내기 어려웠지만, 조금씩 '덜 쓰고, 덜 클릭하고, 덜 검색하기'의 행복을 느끼고 있다. 소비가 확 줄었고, 무엇보다도 쓰레기가 대폭 줄었다. 사고 싶은 물건이 점점 줄어드니 삶이 더욱 간소해져서 좋다. 조금씩 덜 가지는 연습을 하니, 상품을 관리하고 쓰레기를 정리할 시간이 줄어들고, 삶의 여유가 생긴다. 조금씩 덜 가지는 연습, 그러나 마음으로는 더욱 풍요로워지는 연습을 시작해 보자. 소유는 간소하게, 삶은 풍요롭게. 사물은 덜 가지되, 그 빈자리에 예술과 인문학을 초대하자.

삶을 위한 건축

이 나라에서 가장 흥미로운 주거 형태는 가난한 사람들이 사는 꾸
밈없고 소박한 통나무집과 오두막집이다. 이런 집들이 한 폭의 그림
처럼 보이는 까닭은 독특한 겉모습 때문이 아니라, 그 집들이 그곳
에 사는 사람들의 삶 자체를 보여주기 때문이다. (…) 지하실에 올리
브나 와인을 저장해 놓을 일이 없는 평범한 서민들은 화려한 건축
없이도 잘 살 수 있다.

그들은 죽어서나 집이라는 감옥에서 해방될 것이라는 소로
의 외침이 바로 내 귓가에서 들리는 듯하다. '비난의 신'이라 불리
는 모모스의 일침처럼, 집은 나쁜 이웃을 잘 피할 수 있도록 언제
든 이동 가능하게 만들어져야 하지 않을까. 우리는 집이 너무 비
싸서, 집에 들인 돈과 시간이 너무 아까워서, 집을 떠나지 못할 때
가 많다. '얼마나 힘들게 돈을 벌어서 이 집을 산 것인데'라는 소유
의 관념으로부터 벗어나야 주차 공간이나 층간소음 때문에 이웃
과 싸우는 일도 줄어들 수 있다. 비바람을 피할 수 있는 정도의 오
두막만 있다면 그 무엇도 더 바라지 않았던 소로처럼, 우리는 결핍
에 일희일비하지 않을 용기, 그 어떤 상황에서도 눈부신 풍요를 발
견할 수 있는 지혜를 실천해야 하지 않을까.

아무런 장식 없이도 찬란히 반짝이는 사람. 그가 바로 소로다. 소로의 오두막에서 빛나는 광채는 건축이나 장식이 아니라 사유이자 삶의 빛이었다. 그 어떤 화려한 건축도 요란한 장식도 없는 곳에서 비로소 시작되는 진짜 삶의 에너지. 아무것도 더 저장하고 축적하여 자랑할 것이 없는 서민들은 '건축' 없이도 살아갈 수 있다는 소로의 단언이 너무 통쾌해 웃음을 터뜨리게 된다. 물론 넓은 의미에서 보면 오두막 또한 엄연한 '건축'이다. 문제는 우리가 꿈꾸는 그 모든 건축이 '삶을 위한 건축'인가 하는 것이다. 다른 생물들을 죽음의 위험에 빠뜨리는 건축이라면, 더 많은 건물을 지어 생태계를 교란시킨다면, 더 많은 에너지를 써서 미래의 후손들이 쓸 에너지마저 빼앗아버린다면, 그것을 삶을 위한 건축이라 할 수 있을까.

사는(buying) 집을 넘어 살아가는(living) 집으로

나는 철도 옆에 놓인 커다란 상자를 본 적이 있다. 길이 180센티미터, 너비 90센티미터 정도의 그 상자는 철도 인부들이 밤에 여러 연장을 보관하는 곳이었다. 형편이 어려운 사람이라면 1달러에 그런 상자를 사서, 바람이 통하도록 구멍을 몇 개 뚫어놓고, 비가 내리거나 밤이 되면 그 상자 안에 들어가 뚜껑을 닫고 지낸다면, 누구나 영혼과 감성이 자유로워질 수 있지 않을까.

나에게는 그런 방식이 전혀 끔찍하게 느껴지지 않고, 누군가에게 멸시당할 일도 아니다. 누구의 눈치도 보지 않고 밤늦게까지 깨어 있을 수도 있고, 외출할 때마다 집세를 독촉하는 집주인과 마주치지 않아도 되니 말이다. 이런 상자를 구해 살아도 얼어 죽지 않고 잘 살 수 있는데, 수많은 사람들은 더 커다랗고 화려한 상자의 월세를 내느라 죽도록 고생하며 살아가고 있는 것이다. 이것은 결코 농담이 아니다.

소로는 철도 인부들이 야간에 연장을 넣어두는 커다란 상자를 발견한다. 어떻게 하면 정직한 방법으로 먹고살 것인가를 고민하던 무렵, 소로는 바로 그 커다란 상자를 1달러에 구입하여 살아간다면 먹고사는 문제를 간편하게 해결할 수 있으리라고 여겼다.

그런 소박한 삶에 만족할 수 있다면, 집주인의 월세 독촉에 시달리지도 않고, 집에 어떤 가구를 들여놓는가로 고민할 필요도 없어지지 않겠는가. 우리가 더 넓은 집을 사기 위해 소비하는 시간, 그 넓은 집을 멋진 인테리어 소품으로 채우는 데 소비하는 시간, 심지어 집을 투자의 대상으로 생각하며 돈 문제에 골몰하는 시간을 확 줄인다면, 삶은 얼마나 눈부신 야생의 시간으로 빛날 수 있을까.

귀농과 귀촌은 더 이상 노년층의 전유물이 아니다. 젊은이들이 아무 연고도 없는 시골로 이사해, 작은 농장이나 목장에서 일하며 도시에서 찌든 마음의 묵은 때를 벗겨내고 살아가는 사례가 많아졌다. 아파트 층간소음 때문에 몇 년간 골머리를 앓던 지인은 '3년만, 돈을 벌지 않고 살아보겠다'고 과감한 결단을 내렸다. 도심의 아파트를 그야말로 용감하게 처분하고, 아이를 데리고 제주도로 떠난 것이다. 지금도 온 가족이 행복한 나날을 보내고 있다고 한다. 공부에 전혀 관심이 없는 아들 때문에 고민하던 내 친구는 독일의 시골마을로 이민을 가서 한식당을 열어 행복하게 살아가고 있다. '운동신경이 무디다'는 구박을 받던 그 아들은 독일에서 마음껏 뛰노는 법을 배웠다. 그토록 싫어하던 축구도 곧잘 하고, 다이빙과 수영까지 하며 그야말로 행복한 어린 시절을 보내고 있다.

내면의 풍요를 선택할 용기

이 마을에서 집값은 평균 800달러 정도다. 이 정도의 돈을 벌기 위해서는, 부양가족이 없는 노동자라도 최소한 10년에서 15년이 필요하다. (…) 따라서 노동자는 자신의 집 한 채 마련하기 위해 인생의 절반 이상을 바쳐야 하는 셈이다.

인디언이라면 아무리 화려한 궁궐을 준다 해도, 자신들의 손으로 만들고 가꾼 삶의 터전과 바꾸지는 않았을 것이다. 게다가 인디언 천막은 언제든지 쉽게 떠날 수 있도록 만들어지지 않았는가. 그들에게 집은 언제든 마음만 먹으면 떠날 수 있는 임시적 장소이지 돈으로 사고 팔며 절대로 움직이지 않는 재산, 즉 부동산이 아니었다. 좁다란 오두막을 호화로운 궁궐과 맞바꾸지 않을 용기. 그런 용기가 있는 사람이라면 이 세상 어디에 살아도 두렵지 않을 것이다.

소로가 월든의 오두막을 짓고 2년 2개월 동안 살았던 것은 그 어디서든 여유로운 마음으로 결핍을 느끼지 않고 살아갈 용기를 체득하는 과정이기도 했다. 소로가 사랑하는 온갖 동물들과 식물들이 가득한 숲에서는 결핍을 생각할 겨를이 없었다. 동물들과 식물들을 바라보는 것만으로도 마음이 따스해지고 풍요로워졌으니까. 결핍을 생각하지 않는 것이야말로 삶의 곤경을 버티는 지혜다. 남들이 결핍을 걱정하는 곳에서 본인은 한없이 여유로울 수 있는 용기. 객관적으로는 걱정스러운 결핍이지만 주관적으로는 한없이 여유로운 풍요를 체험할 수 있는 사람이야말로 그 어디서든 '내 마음의 월든'을 가꿀 수 있는 사람이니까.

이미지로부터 해방되기

주변 사람들을 이런 질문으로 시험해 볼 때가 있다. 무릎을 헝겊으로 대고 기운 옷이나, 두세 번 박음질한 옷을 입고 다닐 수 있겠냐고. 대부분의 사람들은 마치 그런 낡은 옷을 입으면 인생의 희망이 끝나는 것처럼 행동한다. 찢어진 바지를 입는 것보다는 차라리 부러진 다리로 절룩이며 걷는 것이 훨씬 낫다고 생각하는 것이다. (…) 당신의 옷을 벗어서 허수아비에게 입힌 뒤, 그 곁에 알몸으로 서 있는다면 어떤 일이 일어날까. 사람들은 하나같이 당신이 아닌 허수아비에게 인사를 할 것이다.

눈에 보이는 이미지에 너무 많은 에너지를 쓰는 우리 현대인들. 겉모습을 가꾸기 위해 시간과 돈과 노력을 쏟아부으면서도, 타인의 눈에 충분히 멋져 보이지 않는다는 이유로 좌절하고 우울해하는 사람들. 소로는 바로 그 외모를 향한 과도한 집착이 우리를 파괴하고 있음을 통렬한 언어로 비판하고 있다. 찢어진 바지를 입고 다니느니 부러진 다리를 절뚝거리며 다니는 게 낫다고 생각하는 현대인, 알몸의 인간과 옷을 입은 허수아비 중에서 '옷을 입은 쪽'을 진짜 인간으로 착각하는 우리 현대인. 이미지에 먹혀버리지 않는 삶, 이미지에 속지 않는 삶을 살기 위해 우리는 더욱 사물의 본질에, 인물의 정신에 집중해야 하지 않을까.

우리는 머릿속으로는 '외모에 과도한 신경을 써서는 안 된다'고 생각하면서, 정작 친구의 결혼식 앞에서는 '입을 옷이 없다'며 속상해한다. 나도 비슷한 경험이 있다. 내가 '녹음'할 때와 '녹화'할 때 태도가 전혀 달라진다는 것이다. 텔레비전 방송이나 유튜브 생방송 강연에 나설 때는 필요 이상으로 바짝 긴장하게 된다. 화면으로 비친 내 모습이 신경 쓰이고, 타인의 시선에 비친 내 모습이 싫어서. 그런데 라디오 방송에 출연하거나 나 혼자 〈월간 정여울〉 팟캐스트를 녹음할 때는 전혀 떨지 않는다. 라디오 방송을 할 때는 녹음이든 생방이든 가리지 않고, 아주 신명이 나서 준비하지도 않은 내용까지 다 말해 버리는 나를 발견한다. 내가 TV형 인간이 아니라 라디오형 인간이라는 것은 알고 있었지만, 이렇게까지 180도 다른 모습일 줄은 몰랐다. 외모에 신경 쓰지 않을 때, 우리는 더 깊고 자유롭게 '나 자신'이 될 수 있는 것이다.

뼈에 가까운 삶이 가장 달콤하다

> 자기계발을 하겠다며 온갖 것들에 기웃거리지 말라. 다 쓸모없는 짓
> 이다. (…) 뼈에 가까운 삶이 가장 달콤하다. (…) 영혼의 필수품을 사
> 는 데는 돈이 필요 없다.

"뼈에 가까운 삶이 가장 달콤하다"라는 문장을 읽는 순간,
바로 마음속에서 커다란 울림이 전해졌다. 여기서 '뼈'란 삶을 위해
필요한 최소한의 것들을 상징하는 것처럼 보인다. 우리의 몸도, 우
리의 집도, 우리의 삶도, 뼈에 가까워질 수 있도록, 우리는 더욱 가
벼워지고, 간결해지고, 투명해져야 하지 않을까. 영혼의 필수품을
사는 데에 돈이 필요 없는 것처럼, 건강을 위해서도 우리는 더 적
은 음식을 먹어야 하고, 지구를 위해 더 적은 물품을 소비해야 한
다. 우리가 가진 '필요 이상의 것들'이 우리를 뼈, 즉 가장 간소한 삶
으로부터 멀어지게 하기 전에.

옷장을 가볍게, 냉장고를 가볍게, 위장을 가볍게. 여행 가방을 가
볍게, 욕실 선반을 가볍게, 화장대를 가볍게. 그 모든 것을 점점 가
볍게 하는 대신, 읽을거리를 무겁게, 행복한 시간을 다채롭게, 사랑
하는 사람을 더 많이 미소 짓게 하는 삶을 실천하자.

소로는 월든 오두막을 지을 때 커튼을 달지 않았다. 해와 달 말고는 오두막 안쪽을 들여다볼 존재가 없었기 때문이라고 한다. 햇빛이 너무 강하다 싶을 때는 나무 그늘로 피했다. 누군가 신발을 닦는 깔개를 선물하겠다고 제안했지만 그는 거절했다. 깔개를 선물받으면 또 그 깔개를 깔 자리를 찾아야 하고, 깔개를 털고 세탁하는 일을 더하는 것이기 때문이다. 그는 아름다운 석회석 세 조각을 감상하곤 했는데, 거기에 먼지가 쌓이기 시작하자 아끼던 그 장식품도 내다버렸다. 무엇을 가진다는 것은 그것을 끊임없이 관리해야 한다는 뜻임을 깨달은 그는 이렇게 소유물에 대한 애착을 버리면서 '뼈에 가까운 삶'으로 나아갔다. 그 어떤 잉여도 그 어떤 과도함도 추구하지 않는 삶.

소유물에 묶여 있는 우리는 동물원에 갇힌 야수처럼 자유를 찾아 헤매는 것은 아닐까. 우리는 돈이 없어서 자유롭지 못한 것인가 아니면 돈에 대한 집착 때문에 자유롭지 못한 것인가. 돈이 많으면 정말로 돈으로부터 자유로워질까. 정말 그렇다면 왜 그 수많은 백만장자, 억만장자 들은 더 많은 돈을 그러모으기 위해 노동자를 착취하고, 인공지능으로 주식투자를 하고, 돈이 돈을 낳기 위한 온갖 권모술수에서 벗어나지 못하는 것일까. 돈이 없기 때문에 느끼는 부자유보다 돈이라는 것 자체에 대한 집착 때문에 우리는 더욱 고통스러운 것이 아닐까. 우리의 소유물은 우리를 얼마나 깊이 구속하고 있는가.

나는 '물건에 구속되지 않는 삶'의 자유를 처음으로 느껴본 적이 있다. 그것은 바로 호되게 '도둑질'을 당했을 때였다. 베니스 기차역에서 현금과 카드가 든 지갑은 물론 갓 새로 산 애플 맥프로 노트북과 아끼는 등산 점퍼와 배낭까지 홀라당 도둑맞았다. 며칠간 패닉 상태였지만 그다음 여행지였던 피렌체에서는 '아무것도 값나가는 것을 가진 게 없으니 더 이상 도둑맞을 것도 없구나'라는 신묘한 해방감을 맛보았다. 슬프지만 아름다운 해방감이었다. 이름도 얼굴도 모르는 외국인 도둑에게(그의 목소리는 또렷이 기억한다! 유창한 영어 발음도!) 그 모든 소중한 것들을 빼앗겼으니 원통한 마음이 아직도 남아 있지만, '아무것도 남아 있지 않기에 빼앗길 것도 없구나'라는 해방감을 처음으로 맛보았다. 그 뒤로는 여행을 할 때 절대로 값나가는 물건을 가지고 다니지 않는다. 잃어버리면 눈물날 것 같은 그 어떤 소유물도 지니지 말라. 지구별 여행자들을 위한 내 유일한 조언이다.

매일매일, 더 멀리 떠나라!

매일 멀리 낚시를 떠나고 사냥을 나가라. 매일매일 더 멀리 떠나라. 수없이 많은 시냇가와 모닥불 앞에서 아무 걱정 없이 쉬다 오라. (…) 해가 뜨기 전에 일어나 온갖 걱정거리는 잊은 채 모험을 떠나라. 오후에는 매일매일 다른 호숫가에 머물고, 밤이 되면 당신이 있는 곳이 어디든 그곳이 바로 집이 되리라. (…) 너의 마음을 따라 자연으로 돌아가라. (…) 다른 사람들이 비를 피하기 위해 마차나 헛간으로 달려갈 때, 당신은 오히려 구름 아래로 달려가 비를 흠뻑 맞아보라. 생계를 꾸리는 일을 너의 직업이 아니라 기쁨으로 만들어라. 대지를 마음껏 향유하되 소유하지 말라.

소로는 자기 삶의 근원적인 정수를 대면하기 위하여 숲속으로 들어간 것이다. 우리는 때로 한 가지 좋은 일을 하기 위해 100가지 하기 싫은 일을 해야 한다. 사회생활에 이리저리 치이지 않기 위하여. 감정노동에 시달리지 않기 위하여. 만약에 그 삶을 살지 않았더라면 절대로 알 수 없는 그 부분을 꼭 살고 싶었던 것이다. 내가 만약 그런 삶을 살지 않는다면 반드시 후회할 것만 같은 그 삶을 오늘부터 살아야만 한다. 삶의 핵심과 맞닥뜨리기 위하여, 더 이상 삶의 변죽만 울리지 않기 위하여, 아무런 방해 요소가 없을 때 과연 내가 어떤 삶을 살 수 있는지 알고 싶어서, 소로가 숲 속으로 들어간 것처럼.

그 무언가에 의존하거나 집착함으로써 진정한 삶과 만나지 못하고, 그 무엇에 묶여서 자꾸만 탐욕에 길들어간다면 우리 자신의 노예성과 결별하기 위해 그때마다 이 글을 읽어보자. 대지를 즐기되 소유하지 말라고. 생계를 직업으로 삼지 말고 진정한 기쁨으로 삼아라. 날마다 모험을 찾아 떠나라. 날마다 다른 장소에서 매일 새롭고 싱그러운 아름다운 자연과의 축제를 벌이도록 하자.

'자발적 가난'이라는 시점

인간의 삶을 객관적이고 지혜롭게 관찰하려면, 타인이 아닌 바로 우리가 자발적 가난이라는 시점에서 삶을 관찰해야 한다. (…) 오늘날 철학을 가르치는 교수는 많지만 진정한 철학자는 찾기 어렵다. (…) 철학자로 살아간다는 것은 난해한 사상을 전파하거나 어떤 학파를 만드는 것이 아니라, 소박하고 독립적인 삶, 관용과 신뢰로 가득한 삶을 살면서, 지혜를 사랑하는 삶을 실천하는 것이다. (…) 철학자는 다른 사람들과 똑같이 의식주를 해결해서는 안 된다. 철학자라면 다른 사람들보다 훨씬 나은 방법으로 자신의 체온을 유지할 줄 알아야 한다.

소로는 자발적 가난이 우리의 수많은 문제를 해결해 줄 것임을 알고 있다. 소비를 지상명령으로 여기고 소비를 통해서 자신의 정체성을 증명하는 현대인을 향해, 소로는 '자발적 가난'을 통해 소비를 향한 욕망으로부터 우리 자신을 자유롭게 하기를 바라는 것이다. 소로에게 있어 철학자로 살아간다는 것은 모두의 귀감이 되는 삶, 즉 욕망에 휘둘리지 않고 소박하고 독립적이며 관용과 신뢰의 삶을 온몸으로 실천함을 뜻한다.

세상은 '한 푼이라도 더 버는 사람들'의 비법이나 투자 비결을 알기 위해 혈안이 되어 있는 듯 보이지만, 사실은 저마다 자신이 있는 자리에서 소박하면서도 욕심 부리지 않는 삶을 살아가는 사람들이 많다.

내가 사랑하는 한 친구는 '1년 동안 필요한 최소 생활비'를 정해 놓고 그 이상의 일감이 들어올 경우 정중히 거절한다. 책이 되든 말든 상관하지 않고, 그냥 오롯이 자신이 만족하는 글쓰기를 하며 기쁨을 느낀다. 그는 결코 부자가 아니지만 단 한 번도 가난하거나 무언가가 부족해 보인 적이 없다. 소비를 향한 욕심 자체를 끊어버렸기 때문이다. 그의 얼굴에는 항상 어떤 해맑은 충족감 같은 것이 엷은 커튼처럼 살포시 드리워 있다. 그는 꼭 필요한 생필품말고는 사지 않으며, 자신의 옷을 사지 않은 지가 벌써 10년이 넘었다고 한다. 그의 집에서는 쓰레기가 거의 나오지 않는다. 10리터짜리 쓰레기봉투 열 개들이 한 묶음을 사면 2년 가까이 쓰고도 남는다. 알고 보니 그 또한 소로의 친구이자 니어링 부부의 열광적인 팬이었다. 아무리 원고 청탁이나 강연 요청이 많이 들어와도 '올해의 노동 목표량'을 넘으면 미련 없이 일을 그만두고 자연과 함께하는 삶을 기쁘게 계속했던 스콧 니어링과 헬렌 니어링처럼, 여기저기서 측량기사 일을 요청했지만 꼭 필요한 경우가 아니면 거절했던 소로처럼. 내 친구는 '생존에 꼭 필요한 최소한의 재화' 말고는 이 지구를 향해 요구하지 않는 것이 그가 지구에게 줄 수 있는 최고의 소박한 선물이라고 생각한다.

가난을 마치 세상에서 가장 경이로운 화단처럼 어여쁘게 가꿀 수만 있다면. 내 모든 옷들을 뒤집어 입어도 나의 스타일은 무너지지 않을 것이다. 평생 입어도 남을 옷들이 이미 옷장 속에 있지 않은가. 이제 옷은 그만 사고 책을 사자. 소비의 시간이 아니라 배움의 시간으로 탕진의 시간이 아니라 예술의 시간으로 만들어보면 어떤가. 인터넷 웹서핑을 하며 쓸데없이 다른 사람의 삶에 호기심을 느낄 것이 아니라 바로 지금 내 곁의 사람들의 슬픔에 귀 기울이고 눈물을 닦아주는 사람이 되자.

삶이 아무리 비참하더라도 결코 용기를 잃지 말고 삶을 있는 그대로 사랑한다면 그 어떤 고난 속에서도 결코 지지 않을 것이다. 이미 나는 분에 넘치는 자연의 축복으로 이토록 건강하게 태어난 사람이니까. 나는 소로처럼 지상에서 최고로 운 좋은 존재니까. 가슴 시린 사랑도 해보았고 가슴을 찢어놓는 이별도 해보았고 생을 다 탕진할 듯한 그리움에도 빠져보았으니까. 내가 진정으로 해보고 싶은 것들 중에서는 안 해본 것이 거의 없으니까.

하고 싶은 일들 중에 못 해본 것은 수영하기와 자전거 타기인데 올해에는 제발 이 두 가지를 배웠으면 좋겠다. 자전거로 숲길을 천천히 달리며 오래오래 자연 속에 머물고 싶다. 더욱 건강하게 더욱 힘차게 자연 속에서 축제를 즐기고 싶다. 강이나 바다 위에 둥둥 떠서 물속의 눈부신 축복을 누려보고 싶다.

『월든』의 인문학

삶의 시간을 아름답게
수놓는 법

콩코드의 가을을 떠올리면, 이 장면이 떠오른다.
'가을의 정답이란 이런 거야'라고 속삭이는 것 같은
푸르른 하늘과 이제 막 물들기 시작한 낙엽들의 하
모니가 가을의 숲을 풍성하게 물들인다.

나는 '문학'을 직업으로 삼았다

　　소로는 알렉산더 대왕의 이야기를 들려주며 독서의 중요함을 강조한다. 알렉산더 대왕은 원정을 떠날 때마다 가장 중요한 물건을 넣어두는 궤짝에 『일리아스』를 넣고 다녔다. 소로는 선언한다. 글로 기록된 말이야말로 역사적 유물 중에서도 가장 귀중한 유물이라고. 다른 어떤 것보다 '책'이야말로 가장 친근하고 일상적이며 삶 자체와 가장 가까운 예술작품이라고. 무엇이 가장 소중한 인류의 유산인지, 소로는 물론 알렉산더 대왕도 알고 있었다. 『일리아스』를 귀중품 궤짝에 넣어놓고 다닌 알렉산더 대왕의 고전문학 사랑처럼, 우리도 『월든』을 매일 보이는 테이블 위에 놓아두자. 식탁 위에서, 지하철에서, 카페에서, 잠들기 전 침대에서, 소로와 만나 대화하자. 세상 전체를 지금 당장 바꿀 수 없어도, 지금 당장 내 곁의 삶과 환경을 바꿀 수 있는 지혜를 소로에게서 배우자. 내가 이렇게 자신 있게 『월든』을 온 집안에 비치할 것을 권유하는 이유는 이 책이 읽으면 읽을수록 마치 인류가 잃어버린 자기 안의 소중한 것들을 매번 되찾게 해주기 때문이다. 또한 인류의 재앙이 어떤 얼굴을 하고 있을지 정확히 예측한 소로가 자연을 사랑하고 무조건적으로 보존하는 길을 따르지 않으면 인류에게는 미래가 없음을 너무도 명징하게 보여주기 때문이다. 무엇보다도 소로의 책을 읽는 것만으로도 나는 힘겨운 날들의 복잡한 머릿속을 마치 투명한 월든 호수의 차가운 물로 말끔히 씻어내는 듯한 정화와 치유의 힘을 느꼈기 때문이다.

인류에게 소중한 깨달음을 주는 책을 쓰는 것은 소로에게 생의 모든 것을 걸어야 하는 중요한 일이었다. 소로는 돈이 되지 않는 책을 만들기 위한 쓰기에 온 힘을 쏟아부으며 평생 가난하게 살았지만, 쓸쓸하게 마음고생만 하지는 않았다. 그를 아무 조건 없이 도와준 사람들이 훨씬 많았다. 소로가 대학을 졸업한 뒤 한참 지나 하버드대학의 책을 장기 대출하려 했을 때, 당시 하버드대학 총장은 아무 조건 없이, 석사도 박사도 교수도 아닌 소로에게 책을 아낌없이 빌려주도록 조치를 취했다. 소로가 하버드대학 총장에게 자신감 넘치는 편지를 보냈기 때문이다.

그는 고백했다. 자신은 문학을 직업으로 삼았다고. 문학을 직업으로 삼은 사람에게 책을 빌려주는 것은 대학의 당연한 의무가 아니겠냐고 그는 생각했다. 책은 소로가 원하는 것 중에 유일하게 값비싼 재화였고(소로가 원하는 것들은 모두 콩코드의 숲길과 월든 호수에 있었으니까) 그 책들을 돈으로 살 수 없었던 소로는 글쓰기라는 최고의 무기를 활용해 그 책들을 공짜로 빌려볼 수 있게 되었다. 때로는 껄끄럽고 불편한 사제관계처럼 보였던 에머슨과 소로의 관계 속에서도 어쨌든 우정을 지속하는 매개체가 된 것이 '책'이었다. 에머슨의 서재는 소로가 가장 자주 활용하는 무료 도서관인 셈이었다.

편리함 탓에 잃어버리는 것들

인간이 철도 위를 달리는 것이 아니라 철도가 우리 인간을 딛고 달리고 있는 것이다. 철도 아래 깔린 침목들이 무엇인지 생각해 보았는가? 철도 아래 깔린 침목 하나하나가 바로 사람이다. 아일랜드 사람이거나 뉴잉글랜드 사람인 것이다. 사람들 위에 철도가 놓이고 모래가 덮이면, 기차들은 미끄러지듯 사람들 위를 달리고 있는 것이다.

우리가 기차를 타고 지나갈 때 우리는 누군가의 얼굴을 밟고 지나가는 것이라고. 『월든』을 떠올릴 때 나는 이 문장이 제일 충격적이었다. 잊을 수 없는 설명이었다. 이것은 현실적으로도 사실이고 상징적으로는 더욱 깊은 의미를 내장하고 있다. 일단 기차 사고로 죽은 사람들, 기차와 철로를 만들기 위해서 다치고 죽은 사람들의 숫자가 엄청나다. 현실적으로는 더 빠른 속도를 얻기 위해 우리가 희생하는 소중한 생명을 생각해 보면 된다. 그런데 상징적으로는 더 커다란 의미가 있다. 인간은 편리함, 가성비, 효율성을 위해 타인의 시간, 타인의 돈, 타인의 생명까지 빼앗는 경우가 있다는 것이다. 휴대폰을 만들기 위해서 고릴라의 생태가 파괴된다는 이야기를 들었다. 휴대폰이 고장 나지도 않았는데 그저 새 모델이 갖고 싶어서, 신상품이 갖고 싶어서 휴대폰을 바꾼다면, 우리는 또 한 마리의 고릴라 서식지를 빼앗고 있는 것이다. 이 모든 것을 깨닫기 위해서는 단지 읽는 자가 아니라 보는 자가 되는 내면의 혜안을 가져야 한다.

당신은 단순히 학생인 책을 읽는 자(reader)가 될 것인가 아니면 보는 자(seeer), 즉 예언자나 현자가 될 것인가. 우리가 부디 사물의 표면을 꿰뚫는 통찰력을 가지기를. 달리는 열차 밑에 깔린 슬픈 사람의 얼굴을 꿰뚫어볼 줄 아는 소로의 눈을 가지게 되기를.

날마다 새롭게 태어나다

날마다 새롭게 밝아오는 아침은 나에게 자연을 닮은 소박하고 깨끗한 삶을 권유했다. 나는 그리스인들처럼 정성껏 새벽의 여신을 숭배하는 삶을 살았다. 나는 매일 아침 일찍 일어나 호수에서 목욕을 했는데, 그것은 하나의 신성한 의식이었고, 내가 한 일 중에서 가장 잘한 일이기도 했다. 중국 탕왕의 욕조에는 이런 글귀가 새겨져 있었다고 한다. "날마다 새롭게 태어나고, 또다시 날마다 새로이 태어나리라." 나는 이 말을 진심으로 이해할 수 있었다.

바다가 보이는 집에서 잠깐 산 적이 있다. 창가에 드넓은 바다가 펼쳐지는 집에서 사는 것은 내 오랜 꿈이었다. 그런데 바다를 바라보는 것보다 더 커다란 축복이 있었다. 바다 위로 떠오르는 태양과 바다 아래로 사라지는 태양을 매일 볼 수 있다는 것. 동트는 장면과 해 지는 장면을 매일 볼 수 있는 곳에서 산다는 것이 그토록 아름다운 일임을 그때 알았다. 동녘과 서녘에서 매일 벌어지는 태양의 축제를 바라보는 것만으로도 내 안의 깊은 슬픔은 정화되었다. 매일 조금씩, 때로는 한 움큼씩, 나는 아픔으로부터 놓여나기 시작했다. 해가 질 때는 나의 잘못도 함께 뉘우치는 느낌으로 슬퍼졌고, 해가 뜰 때는 다시 시작할 수 있다는 희망에 설레었다.

그 슬픔도 그 설렘도 모두 다 좋았다. 매일 다시 새로워지는 나 자신과 만나는 느낌, 매일 새롭게 살 수 있는 아름다운 기회를 얻는 느낌이었다. 내가 어제 최고의 하루를 보내지 못했어도 아침 해가 떠오를 때쯤이면 그 모든 후회가 싹 사라지는 느낌이었다.

바다가 보이는 집에서 살아본 뒤 나는 깨달았다. 어제의 모든 나쁜 감정을 말끔히 없애버리는 듯한 그 위대한 아침은 매일매일 자연이 우리에게 선물하는 기적임을. 소로는 바로 이 기적이 우리가 매일 경험할 수 있는 자연의 선물임에도 우리가 미처 그 기쁨을 누리지 못하고 살고 있음을 깨우쳐준다. 일이 바쁘다며, 돈을 벌어야 한다며, 온갖 핑계를 대며 일출과 일몰을 볼 기회를 매일 버리는 우리 현대인들. 자연의 아름다움이 우리를 스쳐가는 소리를 미처 듣지 못하는 현대인의 무감각을 향해 소로는 외치고 있다. 삶의 아름다움은 우리 곁을 매순간 스쳐가고 있다고. 그 찬란한 아름다움을, 결코 놓치지 말자고.

아침과 함께 깨어나라

하루 가운데 가장 중요한 시간인 아침은 깨어남의 시간이다. (…) 우리가 저마다 지니고 있는 천성 때문에 잠을 깨는 것이 아니라 하인이 습관적으로 깨워주기 때문에 일어나야 한다면, 그날을 과연 제대로 된 하루라고 할 수 있겠는가. 공장의 종소리가 아닌 자연의 소리가 들려주는 파동과 대기를 가득 채운 향기, 그리고 우리가 새로 얻은 힘과 내면의 열망으로 깨어나지 못한다면, 그리하여 어제보다 더 고귀한 삶을 살지 못한다면, 그런 날을 과연 제대로 된 하루라고 할 수 있겠는가. (…) 하루하루는 어제 더럽혀진 시간보다 더 이르고 더 성스러우며 더 찬란하게 빛나는 새벽의 한 시간을 품어 안고 있다. (…) 기억할 만한 모든 중요한 사건은 아침 시간과 아침의 공기 속에서 일어난다. 인도의 경전 『베다』에도 모든 지성은 아침과 함께 깨어난다는 문장이 있다. 시와 예술, 가장 아름답고 소중한 인간의 행위는 바로 이 아침에 이루어진다. 세상 모든 시인과 영웅 들은 멤논처럼 새벽의 여신 에오스의 자녀들이며, 동 트는 무렵 그들은 아름다운 음악을 토해낸다.

『월든』의 가장 커다란 주제는 '깨어 있음'이다. 어떻게 하면 진정으로 온 힘을 다해 깨어 있을 수 있을까. 무언가에 정신을 빼앗긴 모든 상태는 진정한 깨어 있음이 아니다. 새벽처럼 해맑게, 막 잠에서 깨어났을 때처럼 최대한 바깥세상에 현혹되지 않는 상태, 완전히 나 자신일 수 있는 순간이 바로 깨어 있음이다. 돈을 버느라 누군가를 챙기느라 '나'와 '자연' 사이의 연결고리를 잊어버리는 그 모든 순간에 우리는 깨어 있지 못한다.

소로는 자신이 깨어 있는 사람을 한 번도 만나보지 못했다고 이야기한다. 모두들 어딘가에 붙들려 있고, 무언가에 홀려 있고, 자신이 중요하다고 생각하는 그 무엇에 정신이 팔려 진정으로 우리가 깨어 있어야 할 대상이 자연임을 잊고 있었던 것이 아닐까. 새벽의 신 에오스의 후예란 깨어 있음의 의미를 온몸으로 체현하는 존재들이다. 그것은 새벽의 힘, 즉 우리가 가장 경이로운 집중력으로 깨어 있는 순간에 최고의 우리 자신이 될 수 있음을 이야기하는 것이다.

카페인이나 니코틴의 힘을 빌리지 않고, 오직 '내 안의 생명력'으로만 깨어 있는 연습을 해보자. 나는 커피에 지나치게 의존해 왔는데, 매일 아침 커피를 마셔야만 잠이 깨는 습관적 일상에서 벗어나는 연습을 하고 있다. 커피를 매우 사랑하지만 그것을 향한 의존을 줄이고 진정으로 그 향기와 맛을 제대로 느낄 수 있을 때만 마시고 싶다. 정신을 억지로 깨어 있게 하기 위해, 노동 강도를 높이기 위해 커피를 과다하게 섭취하지 않기. 아무리 귀찮고 몸이 찌뿌드하더라도, 신발을 신고 밖으로 나가 산책해 보기. 햇살을 들이마시고 바람의 향기를 맡아보고, 지나가는 사람들을 좀 더 다정한 눈길로 바라보고, 마스크 너머로 웃고 있을 아이의 눈웃음에 화답해주기. 깨어 있는 두 눈으로 삶을 사랑하고, 깨어 있는 두 귀로 모든 살아 있는 것들의 심작박동을 들어보기. 이런 '깨어 있음'의 훈련을 가장 잘하는 사람들이 바로 소로의 눈에 비친 인디언들이었다.

인디언들은 백인들이 '이제 지쳐서 더는 못 나가겠다' 싶을 때 마치 '이제부터가 진짜 시작'이라는 듯이 씩씩하고 위엄 있게 움직였다고 한다. 숲속에서 헤매며 도저히 길이 안 보이는 곳에서도 용케 길을 찾아내고, 놀라운 관찰력과 직관으로 문제를 해결하는 인디언들을 바라보며 소로는 '문명과 자연' 사이에서 그 둘을 이어주는 가교 역할을 하는 존재들이 바로 인디언이라고 믿었다. 화폐와 문자에 지나치게 의지하는 백인과 달리 인디언은 생생한 오감과 동물적인 직관으로 세상과 교감하고 있었다. 그들의 깨어 있음이 소로를 더욱 깨어 있게 했다.

월든을 일상 속으로 초대하는 법

우리는 기계의 도움 없이 이른 새벽에 새로운 하루에 대한 무한한 기대로 깨어나서, 하루 종일 깨어 있는 상태를 유지하는 법을 배워야 한다. 우리가 가장 깊은 잠에 빠져 있을 때도, 새벽은 우리를 저버리지 않는다. (…) 그림을 그리거나 조각상을 만들어 어떤 대상을 아름답게 표현하는 것은 위대한 일이다. 하지만 우리가 사물을 바라보는 매체와 환경 자체를 조각하고 그려낼 수 있다면, 그것은 훨씬 더 영광스러운 일이며, 우리는 바로 그것을 할 수 있다. 하루하루의 일상 자체를 최고로 만드는 것. 그것이야말로 최고의 예술이다.

하루하루 완전히 깨어 있는 삶. 자신의 가장 빛나는 천성을 저버리지 않는 삶. 자기 안의 최고의 빛을 매일 이끌어내는 삶. 그 어떤 안락함이나 쾌락에도 중독되지 않는 삶을 찾아야 한다. 새벽에 대한 무한한 설렘으로부터 깨어나, 그 깨어 있음을 하루 종일 유지하는 기술은 삶 그 자체를 아름답게 만든다. 삶 자체를 예술로 만드는 삶에는 그 어떤 방해물도 끼어들지 못한다.

나는 '어떻게 하면 하루를 온전히 아름다운 예술작품으로 만들까'라는 고민을 하다가, 이런 하루를 보내보았다. 아침에 일어나 향기로운 얼그레이 홍차를 마시며 책을 읽는다. 산책을 나가 햇살의 따스함을 온몸 가득 충전한다. 바쁜 날에는 결코 경험할 수 없는, '하루를 통째로 비워야만' 느낄 수 있는 해맑은 기쁨을 경험해 보고 싶었다.

어느 날 처음으로 우리 동네의 나무들을 세어봤는데, 내가 산책하는 1킬로미터 정도의 반경 안에 무려 254그루의 나무가 있었다. 나는 그걸 모른 채 그냥 '이건 은행나무, 이건 왕벚나무네', 이런 식으로밖에 생각하지 못했다. 소로라면 모든 나무에 각각 이름을 붙여 그 하나하나의 다름을 알아채지 않았을까. 이런 생각을 하는 동안 나도 모르게 '조금은 소로처럼', '약간은 월든처럼' 살아가기 시작했음을 깨달으며 미소 짓는다. 우리 동네 근처의 나무들을 어여삐 여기고 사랑하는 것만으로도 '도심 속의 월든'은 가능하지 않을까.

집에 돌아오는 길에 루콜라 샐러드와 글루텐프리 빵을 사서 맛있게 먹는다. 누가 채식을 맛없다고 했단 말인가. 요새는 채식이 더 맛있을 때가 많다. 버터도 계란도 들어가지 않는 통곡물빵이 이렇게 맛있다는 것에 새삼 놀란다. 이렇게 잘도 먹으면서 스스로의 게으름을 탓한다. 한편으로는 직접 요리하지 않고 급히 사서 먹는 나의 게으름이 못마땅하다. 아무리 '소로처럼' 살려고 해도 '내가 먹을 요리를 내가 해서 먹는 삶'이란 금방 도달할 수는 없는 이상이로구나. 소로는 월든에서 살 때 아무런 효모도 들어가지 않은 빵을 직접 구워 먹었고, 커피나 차, 술도 돈이 들기 때문에 그냥 월든 호수의 물을 떠서 맛있게 마셨다. 단것이 그리울 때는 월귤나무에서 열매를 따 먹거나 들판에 굴러다니는 야생사과를 아삭아삭 베어 물었다. 소로처럼 간결한 식단으로 만족하기에는 내가 너무 화려한 육식 및 잡식성 문명에 찌들진 않았을까 생각한다. 그래도 일주일에 하루만이라도 채식으로 된 식단을 지켜보자고 스스로를 다독여본다.

점심을 먹은 뒤, 책을 읽고 글을 쓰는 나의 삶을 시작한다. 내 하루분의 노동은 꼭 해내야 편안한 마음으로 잠들 수 있기 때문이다. 내일의 강연 준비도 열심히 한다. 요즘은 이미지 중심의 피피티를 만드는 대신 한글로 타자를 쳐서 '종이로 된 인쇄물'을 나눠드리고 싶다. 피피티는 편리하지만, '내게 소중한 문학작품을 문장 하나하나에 집중해서 들려주는 것'에는 맞지 않기 때문이다.

나는 내가 쓴『월든』에 대한 에세이와 레이첼 카슨의『침묵의 봄』중 중요한 대목들을 골라 타이핑을 한다. 카슨 또한 소로의 '만나지 못한 친구'니까. 카슨은 1950년대 이후 미국 대륙에 살포된 어마어마한 분량의 DDT(살충제)로 새들이 집단 폐사한 것을 알아내어 인류의 범죄를 고발했다. 더 많은 농산물을 인간들끼리 독차지하기 위해, 벌레와 새에게 먹을 곡식을 주지 않기 위해, 인간들은 독한 살충제를 뿌려 토양을 황폐화시켰다. 죽은 것은 벌레만이 아니라 온갖 새들, 그리고 이미 오염되어 예전과 같은 생명력을 잃어버린 지구의 '토양'이기도 했다. '침묵의 봄'이란 울새, 홍관조,

굴뚝새 등 온갖 아름다운 새들이 살충제로 인해 거의 멸종되어 버린 세계, 이제 비둘기와 참새만이 남은 도시의 황폐한 고요함을 이야기하는 것이었다.

강의 자료를 다 만든 뒤, 오랜만에 부모님 댁 옥상 위의 텃밭에 물을 주러 간다. 참 좁은 텃밭이지만, 무려 열 가지가 넘는 채소들이 무럭무럭 자라고 있다. 방울토마토, 대파, 가지, 방아이파리, 풋고추는 물론 온갖 빛깔의 국화와 구절초까지 무럭무럭 자라고 있다.

그곳에 가면 마음이 편안해진다. 어린 시절 엄마에게 혼쭐이 나서 눈물이 펑펑 나올 때도 옥상 텃밭에 가면 마음이 편해졌다. 고장 난 기타줄을 퉁기며 서툴게 작곡도 하던, 모든 것이 어설펐던 고등학교 시절이 생각나 웃음 짓는다. 이웃에 사는 여덟 살 조카가 뛰쳐나와 옥상으로 씩씩하게 올라온다. "이모, 가지가 다 떨어져버렸어. 이제 보라색 꽃만 남았어." "그래도 참 예쁘지. 보라색 가지꽃이 이렇게 예쁜지, 이모도 몰랐어." "응, 난 아주 옛날부터 다 알았는데, 이모는 참 바보구나." 조카가 의미심장하게 씩 웃으며 나를 놀려먹는다. 조카는 울엄마가 드리워놓은 빨랫줄을 마구 흔들며 나를 흘겨보고는 괜스레 불안감을 조성해 본다. 하지만 이곳에 올라오면 나는 모든 불안을 잊는다. 옥상텃밭은 원래부터 자기 것이었는데 이모는 잠깐 스쳐가는 손님일 뿐이라는 듯 의기양양한 표정이다. 이 옥상텃밭이 얼마나 오랫동안 이모의 '울음터'였는지 설명해 주려다가 그만둔다. 아직 혼자 우는 밤의 사무치는 외로움을 알기에는 너무 어린 나이니까. 코로나 시대에 외출도 제대로 하지 못했던 여덟 살 소년에게 이 작은 옥상텃밭은 작고 아늑한 놀이터였던 것이다.

소로가 사랑했던 콩코드의 숲처럼 무성하기 이를 데 없는 야생의 공간은 아니지만, 온갖 꽃들이 자라며 서로 앞다투어 아름다운 색채와 향기를 뿜내는 옥상 텃밭은 내게 일상 속의 작은 월든이 되어주었다. 나는 아빠의 바둑판을 꺼내 조카와 '알까기'를 하며 내리 세 판을 연속으로 참패한다. 나이 많은 이모를 세 번이나 연달아 이기고 의기양양한 표정을 짓는 귀여운 조카를 남겨두고 집으로 돌아온다.

집으로 돌아와 저녁을 준비한다. 맛있는 엄마의 집밥을 얻어먹고 싶은 생각이 굴뚝같지만, 집에 와야 간단한 채식을 먹을 수 있으니까. 엄마는 오랜만에 만나는 큰딸을 위해 모처럼 두툼한 생선을 구울 것이 빤하기 때문에 '엄마, 나 월든처럼 오늘은 채식을 할 거야'라며 엄마를 말리기는 더욱 어려울 것이다. 고기나 생선을 반드시 먹여야 '내 새끼 잘 먹였다'고 생각하시는 우리 어른들에게도 맛있는 채식 요리의 온갖 영양학적 강점과 자연과의 공존과 간결한 식탁 차림의 장점을 다음 기회에 알려드려야겠다. '채식주의자도 아닌 주제에' 뭘 그러냐고 야단치실 게 빤하지만, 그래도 일주일에 단 하루라도 채식을 하는 것이, 병들어가는 지구, 너무 빨리 뜨거워지는 지구를 위해서 우리가 조금이나마 보탬이 될 수 있는 실천이라고 말씀드려야겠다.

홀로 단출하게 준비하는 저녁식탁에서는 누구나 20분 안에 뚝딱 해낼 수 있는 콩나물 비빔밥에 도전해 본다. 간장과 고춧가루, 참기름으로 양념 소스를 만든다. 대파와 마늘을 손질하는 것은 오래 걸리니 혼자 먹을 땐 생략하지만, 다른 사람과 함께 먹을 때는 정성스럽게 파와 마늘을 넣는다. 콩나물을 잘 씻어 쌀과 섞어 밥을 한 뒤, 양념 소스에 맛있게 비비면 끝! 계란프라이를 살짝 더하고 싶은 익숙한 유혹을 꾹 참고, 프라이팬에 포도씨유를 두른다. 새하얀 두부를 노릇노릇하게 부쳐서 콩나물 비빔밥과 함께 맛있게 먹는다. 디저트는 사과와 포도. 이렇게만 먹어도 이토록 깊은 포만감을 느끼는데, 그동안 왜 '그래도 고기가 들어가야 음식이 맛있다'는 통념을 지우지 못했는지.

저녁을 먹은 뒤 홍차를 마시며 며칠째 안 풀리는 글쓰기에 도전한다. 바로 이 글이다. '어떻게 하면 우리 도시인이 소로처럼 하루를 보낼 수 있을까요'라는 편집자의 질문에 대답하는 글이다. 갑자기 숲속으로 떠나 오두막에서 살기는 어렵지만, 우리가 끊임없이 자연사 다큐멘터리에 매혹되고, 산 속에 집을 짓고 홀로 또는 둘이서만 살아가는 사람들의 이야기에 매혹되는 이유. 그것은 우리 마음속에 아주 오래전부터 '또 하나의 월든'이라는 꿈의 씨앗이 자라고 있었기 때문이라고.

나는 내 방에서 오랜만에 무럭무럭 잘 자라고 있는 화분 속 올리브나무에 물을 주면서 작은 행복을 느낀다. 올리브나무에서 연둣빛 새순이 올라올 때마다, 내 안에서 죽어가던 어떤 희망들이 다시 샘솟는 것만 같다. 가끔 식물에 대한 '살아 있는 악몽'을 꿀 때가 있다. 내가 물을 너무 많이 줘서, 또는 너무 주지 않아서, 바람을 통하게 하지 못해서, 햇빛을 충분히 주지 못해서, 수없이 죽어간 그 많은 화분 속의 꽃들이 나를 추격하는 꿈이다. 살려내라고, 다시 살고 싶다고 아우성치는 식물들의 절규가 낮에도 들리는 것 같아서 미안하고 안쓰럽다. 다행히 창이 넓은 집으로 이사 오고 나서는 우리 집 꽃들이 잘 버텨내고 있다. 식물살해자가 아닌 식물의 간호사가 되고 싶다. 언젠가는 나만의 작은 텃밭이나 정원에서 더 많은 나무와 꽃을 죽이지 않고 꼭 살리면서 살아가겠다고 다짐해 본다.

나의 '조금이라도 월든을 닮은' 하루를 마무리하는 마음으로, 나는 『월든』의 문장을 읽으며 잠이 든다. "당신이 매일 낮과 밤을 기쁜 마음으로 맞이할 수 있다면, 마치 달콤한 향내를 뿜어내는 화초들처럼 당신의 하루하루가 향기를 뿜어낸다면, 당신의 삶은 더욱 유연하고, 빛날 것이며, 나아가 영원불멸의 힘을 지니게 될 것이다. 그것이 바로 당신의 성공이다." 오늘 나의 삶은 아주 소박하지만 분명 어제와는 다른 향기를 뿜어낸다.

내 안의 숨은 광맥을 찾아서

> 시간은 내가 낚싯줄을 드리우는 시냇물일 뿐이다. 나는 그 시간의 시냇물에서 물을 길어 마신다. 그런데 그 물을 마시는 동안 나는 모래바닥을 바라보며 그 냇물이 얼마나 얕은지 발견했다. 시간의 얕은 시냇물은 금세 흘러 가버릴지라도, 영원은 그 자리에 살아남는다. 나는 더 깊은 물을 들이마시고 싶다. 별들이 마치 조약돌처럼 잔뜩 수놓인 하늘의 강에서 낚시를 해보고 싶다. (…) 나는 내가 태어나던 그날보다 결코 지혜롭지 못하다는 것을 평생 안타까워했다. (…) 나는 나의 머리로 굴을 파면서 주변의 언덕들을 뚫고 헤쳐나갈 것이다. 이 부근 어딘가에 황금이 가득한 광맥이 있을 것만 같다. (…) 이제 여기서부터 채굴을 시작해 보자.

시간의 광맥이 있다면, 그 광맥 가장 밑바닥에 숨어 있는 다이아몬드, 즉 나의 눈부신 가능성을 찾아 모험을 떠나자. 시간의 얕은 시냇물은 금세 흘러가버릴지라도 영원은 그 자리에 남는다는 소로의 문장이 가슴속에 별자리를 하나 만들었다. 나 자신을 진정으로 믿고, 그 길을 향해 순정하게 나아간다면, 그 무엇이라도 해낼 수 있는 내 안의 또 다른 나와 만날 것이다.

소로는 『월든』에서 '깨어 있는 사람'을 만나기가 얼마나 어려운지를 이야기한다. 수백만 명의 사람들이 아침에 일어나는 가장 일반적인 이유는 육체적인 노동을 위해서라고. 그런데 창조적이고 지적인 활동을 할 수 있을 만큼 충분히 깨어 있는 사람은 백만 명 중의 한 명 정도라고. 그리고 시적인 삶, 성스러운 인생을 추구할 정도로 깨어 있는 사람은 1억 명 중의 하나 정도라고. 그만큼 깨어 있는 것은 진정으로 어려운 일이라는 것이다.

첫 번째 깨어남. 이것은 그냥 물리적으로 눈을 뜨는 단순한 깨어남이다. 습관적으로 일을 하기 위해 일어나는 것은 진정한 깨어남이 아니다. 우리는 적어도 창조적이고 지적인 활동을 할 수 있을 만큼, 우리 자신을 더욱 맑고 환하게 깨워야 한다. 두 번째 깨어남은 창조적이고 지적인 깨어남이다.

두 번째 깨달음을 위해서는 우선 신발을 신고 밖으로 나가자. 아무리 춥거나 덥거나 귀찮아도, 바깥세상과 만나야만 우리는 자기 안의 깨어남을 경험할 수 있다. 끊임없이 수많은 것들을 읽고, 보고, 듣고, 냄새 맡고, 만져보자. 그렇게 오감을 세상 바깥으로 활짝 열어야 우리는 깨어남의 길 위에 서 있을 수 있다.

더 높은 차원의 세 번째 깨어남. 이것을 소로는 자연과 인간과 신성이 하나가 되는 길이라고 생각했다. 단지 직업을 위해서나 개인적인 욕망을 위해 깨어 있는 것이 아니라 '내 앞의 현실 전체'와 '나', 그리고 '더 높은 차원의 또 다른 세계(예술이나 종교나 학문 등 최고의 지적 훈련을 통해서만 쟁취할 수 있는 세계)'를 연결해 보는 것이다. 그를 위해 소로는 끊임없이 읽고, 쓰고, 강연하고, 괴로워하고, 외로움을 견뎠으며, 마침내 『월든』이라는 '세 번째 깨달음'에 도달한 것이다.

창조적 봉인의 기쁨

> 내가 월든 호수로 떠난 것은 돈을 아끼기 위해서도, 일부러 고행을
> 자처하기 위해서도 아니고, 되도록 누구에게도 방해받지 않고 나의
> 개인적인 사업을 시작해 보고 싶었기 때문이다.

누구에게나 새로운 삶을 시작하기 위해서는 '봉인'의 시간
이 필요하다. 소로가 월든 오두막에 들어가서 준비했다는 '개인적
인 사업'은 바로 제대로 된 첫 번째 책을 쓰는 것이었다. 여러 잡지
에 글을 기고한 적은 있지만 아직 정식으로 책을 출간하지는 못
했던 소로에게 월든에서 조용히 자신의 개인적인 프로젝트를 준
비하는 시간은 바로 새로운 삶을 시작하기 위한 위대한 봉인의 시
간이었다. 소로는 형과 함께 떠난 최초의 긴 여행, 『콩코드 강과 메
리맥 강에서 보낸 일주일』을 쓰기 위해 월든에 들어간 것이다. 『월
든』은 월든 생활이 끝나고 한참 지난 7년 뒤에 집필했다. 월든 오두
막에서의 실험은 '나는 진정으로 내 꿈에 순수하게 매진할 수 있
는가'라는 자기 스스로의 질문을 해결하기 위한 것이기도 했다. 월
든 시절이 없었다면 소로의 데뷔작은 훨씬 늦게 나왔을 테고, 『월
든』을 쓸 수 있는 필력과 출간 경험을 쌓는 일도 훨씬 늦어졌을 것
이다.

'봉인'이라 해서 아무 소리도 들리지 않고 아무것도 보이지 않는 '무자극'의 상태를 말하지는 않는다. 오히려 '새로운 자극'에 마음을 열어두고 '일상의 익숙한 자극'으로부터 멀어지는 것도 좋은 봉인의 방법이다. 나는 한국을 떠나 멀리 여행할 때 가장 '글쓰기의 속도'가 빨라지는 나를 발견했다. 비행기가 하늘 높이 날아오르는 그 순간부터 새로운 아이디어가 샘솟기 시작한다. 국경을 아무렇지 않게 훌쩍 넘어버리는 유럽의 밤열차를 타도 좋은 아이디어가 샘솟았다. 내 모든 글의 절반 이상은 '길 위에서' 태어났다. 여행이나 산책의 길 위에서 나는 '열려 있으면서도 닫혀 있는 존재'가 되는 느낌이 들었다. 외부의 수많은 새로움에게 열려 있으면서도 동시에 외부의 수많은 방해 요인들로부터는 닫힐 줄 알게 된다. 길 위에서 나는 세속적 욕망을 떨쳐내고 그저 '생각하며 걷는 사람'이 될 수 있다.

봉인이란 외부의 부정적인 자극을 차단하면서도 동시에 긍정적인 새로움을 향해 열려 있는 마음 상태다. 소로가 산책을 빼먹으면 마치 큰일이라도 나는 것처럼 불안해했던 이유도 바로 그 때문 아닐까. 아무것도 안 하는 것처럼 보이지만 진정으로 무언가에 제대로 몰입하고 있는 상태, 그것이 내가 꿈꾸는 창조적 봉인이다.

누구도 당신을 방해할 수 없는 시간

그 무렵에 나의 정신은 밤사이 옥수수가 쑥쑥 자라듯 빠르게 성장했다. 그 시간(아무런 계획 없이 몽상을 하며 여유롭게 월든 호수에서 보낸 첫 번째 여름)은 어떤 육체노동을 하는 시간보다 훨씬 즐거웠다. 그런 시간은 인생을 낭비하는 것이 아니라 오히려 평소의 일상보다 훨씬 가치 있고 의미 있는 것이었다. 동양인들이 말하는 명상과 무위(無爲)의 의미를 그제야 깨달았다. 그 무렵 나는 시간의 흐름에 전혀 신경 쓰지 않았다. 하루하루는 마치 나의 일을 덜어주려는 것처럼 쉽게 지나갔다. 아침이 되었나 싶으면 어느새 곧 저녁이었고, 그사이 나는 아무것도 특별히 해낸 일이 없었다. 새들처럼 노래를 부르진 않았지만, 나에게 주어진 이 충만한 행운에 소리 없이 미소를 지었다.

어떻게 하면 그 누구도 우리 내면의 계획을 방해할 수 없는 시간을 향유할 수 있을까. 어떻게 하면 이런 시간의 주인공이 될 수 있을까. 방해받더라도 그것을 방해로 여기지 않는 한없는 여유. 어제와 오늘과 내일을 굳이 정확하게 구분하며 '나는 무엇을 했는가', '나는 무엇을 하는가', '나는 무엇을 할 것인가'로 나누어 시간을 갈라치기 하지 않을 용기. 이미 지나간 어제 속에 깃든 오늘의 생생함을, 지금 내 눈앞에서 벌어지고 있는 오늘에 깃든 내일의 희망을 알아볼 혜안. 그런 것들이 내가 『월든』으로부터 배운 지혜로움이다. 그리하여 나에게 인문학이란 '시간을 아름답게 수놓는 법'을 배우는 학문이다. 이미 지나가버린 시간에서조차 미래의 희망을 수놓을 수 있는 용기. 시간의 수레바퀴 아래 갇혀서 시간에 따라 재빠르게 변화하지 못하는 나를 미워하지 않는 것. 어제를 아쉬워하지 않고 오늘을 조급해하지 않고 내일을 두려워하지 않을 수 있는 용기. 그것이 내게 철학이다. 내게 철학이란 바로 시간을 제대로 보낼 수 있는 용기, 시간 속에서 그 어떤 미련도 남기지 않는 대담함이다.

사랑하는 일에 완전히 몰입해 깊은 희열에 빠지는 순간, 우리는 시간의 흐름을 잊어버린다. 끼니도, 잠도 잊고 오직 사랑하는 그 일에 몰입할 때, 숫자로 구분되는 시간의 흐름은 더 이상 중요하지 않게 된다. 몰입의 기쁨에 관해 소로는 이렇게 묘사한다. 하루가 내일을 덜어주려는 것처럼 스르륵 지나간다고. 하루가 시작되면 아, 오늘도 일거리가 산더미네, 라고 한탄하는 삶이 아니라, 하루가 내 모든 일을 덜어주려는 것처럼 빨리 지나가네, 라고 느끼려면 어떤 삶을 살아야 할까. 소로는 자연 속에서 읽고 쓰는 삶을 통해 그 어떤 자극적인 쾌락도 주지 못했던 삶의 진정한 기쁨을 느꼈던 것이다. 지금 이 순간의 아름다움을 그 무엇으로도 해치지 않는 용기. 그것이 철학이다.

우리는 과연 무엇을 배우고 가르칠 것인가

5년이 넘는 긴 시간 동안, 나는 오직 육체노동으로만 생계를 꾸렸다. 그리하여 1년에 6주만 일하면 나에게 필요한 생활비를 마련할 수 있다는 것을 깨달았다. 여름과 겨울 내내 나는 돈 문제에 시달리지 않고 오직 공부에만 전념할 수 있었다. 한때 나는 학교를 운영하는 데 전력을 쏟은 적이 있는데, 그때 내가 깨달은 것은 수입이 많을수록 지출도 많아진다는 것이다. 사실 그때는 인생에서 얻은 것보다 잃은 것이 더 많았다. 학교의 격식에 따라 생각하고 학교가 요구하는 믿음을 가져야 했으며 교사답게 옷을 갖춰 입고 학생들을 가르쳐야 했기에, 이런 일들을 해내느라 시간을 낭비하고 말았다. 학생들을 보다 나은 인간으로 만들기 위한 교육을 한 것이 아니라 나의 생계를 유지하기 위해 교사생활을 했으므로, 나의 학교 운영은 완전히 실패하고 말았다.

소로가 학생들을 가르치며 돈은 물론 시간조차 낭비했다고 절망하는 모습을 보니 마음이 아팠다. 교육 자체가 싫어서가 아니라 교육에 따르는 수많은 의무사항들, 심지어 옷까지 '교사답게' 입어야 한다는 것이 소로를 좌절하게 했다. 소로는 옷에 신경 쓰는 것을 극도로 싫어하지 않았는가. 사람을 가르치는 것, 무언가를 교육하는 위치에 서 있는 것이 얼마나 어렵고 막중한 책무인가. 그 부담감 앞에서 나 또한 여러 번 좌절했다. 20년 동안 글쓰기와 강연을 계속하며 온갖 파란만장한 일들을 겪고 나니, 이제야 조금 알 것 같다. 이제야 뭘 가르칠지 알겠다. 삶을 더 아름답게 만드는 기술. 타인에게 상처주지 않는 마음. 나 자신의 아픔을 돌보면서 동시에 타인의 아픔에도 귀 기울일 줄 아는 마음. 자연을 최대한 괴롭히지 않고 자연에 늘 감사하며 살아가는 법을. 그것이 문학이든 심리학이든 역사학이든 그 무엇이든, 그 모든 경계를 넘어 소중한 것은 바로 생명과 살아 있는 것들의 존엄함, 끊임없이 나누고 보살피며 아껴야만 비로소 지켜지는 살아 있는 것들의 아름다움이다.

『월든』은 내게 바로 그런 것들을 가르쳐주었다. 인종과 남녀노소의 차이를 뛰어넘어, 공간과 시간의 경계를 뛰어넘어, 지구에서 살아가는 존재라면 그 누구에게라도 중요한 가치가 무엇인지. 자기 안의 야수성(고기를 좋아하고, 사냥과 낚시를 즐기던 공격적인 본성)을 잠재우고 더욱 투명하고 해맑은 자기 자신의 모습을 되찾을 권리가 있다.

오늘날의 교육제도의 문제점은 교사들에게 무엇을 가르칠지 고민할 시간을 안 준다는 것이다. 온갖 행정 업무에 치여서 정작 가장 중요한 '수업 준비'에 쏟을 시간이 부족하다. 교사들은 가르칠 권리와 가르침을 준비할 권리를 제대로 누리지 못한다. 나도 그런 경험이 있었다. 초빙교수로 일하고 있을 때 '학생들을 위한 더 좋은 수업'을 준비할 시간보다는 '학교를 홍보해야 한다'는 학교 당국의 요구 때문에 괴로웠다. 아직 들어오지 않은 미래의 학생들에게 학교를 홍보하는 것이 '지금 우리가 가르쳐야 할 학생들'의 행복보다 더 중요한 걸까. 나는 그 '홍보'라는 의무에 동의할 수가 없었다.

나는 문학과 글쓰기와 심리학으로부터 배운 나의 모든 지혜를 학생들에게 가르치고 싶었다. 과연 '학교 홍보'가 교사의 진정한 의무일까. 이런 사고방식은 교육을 교육 그 자체가 아닌 '상품'이자 '서비스'로 만들어버리는 대학 자체의 과도한 상업화에서 비롯된 것이 아닐까. 나는 오히려 '학교 바깥에서' 내가 하고 싶은 수업을 할 수 있는 지금이 더 좋다. 물론 나의 이상을 실현할 수 있고, 나를 고용해 주는 학교가 있다면 더 행복했을지도 모른다. 하지만 진정한 공감과 이상의 실현은 조직 생활을 통해서는 이루어지기 어려운 셈이다. 나는 '조직의 일원'이 아니라 '오직 꾸밈없는 나 자신'으로서 활동할 때 진정으로 자유로울 수 있다.

하지만 모든 사람들에게 이런 자유를 권하고 싶지는 않다. 너무 고통스럽고 불안한 자유이기도 하니까. 나 혼자서 모든 것을 다 해내야 하는 고독을 이겨낼 때마다, 나는 이제 뿌듯함보다는 외로움을 많이 느낀다. 가르침과 배움, 그 아름다운 말들 속에 '홍보'와 '학교의 생존' 같은 다른 가치들이 섞여들지 않았으면 좋겠다. 모든 교육을 결국 '공교육'으로 만드는 것. 사교육의 부담을 학생과 학부모에게 떠넘기지 않는 것. 나아가 '교육'에 있어서만은 그 어떤 자본주의적 계산이나 비교를 허용하지 않는 세상이 되기를 바란다. 최선을 다해 가르치고, 온몸으로 배울 수 있는 삶. 그것 말고는 어떤 것도 생각하지 않도록 '학교'를 진정한 열정으로 끓어넘치는 배움의 공간으로 만들었으면.

제대로 사는 법을 가르치는 학교

가장 비용이 많이 든다고 해서 그것이 곧 학생들에게 가장 중요한 것은 아니다. 예컨대 수업료는 학비 가운데 커다란 비중을 차지하지만, 학생들이 동시대의 가장 교양 있고 학식이 높은 사람들과 사귀면서 얻는 그보다 훨씬 더 가치 있는 교육은 무상으로 제공되지 않는가. (…) 내가 하고 싶은 말은, 이렇게 비용이 많이 드는 학교 공부를 하면서, 학생들이 그저 놀면서 시간을 보내거나 공부만 할 것이 아니라 처음부터 끝까지 인생을 제대로 살아보라는 말이다. 젊은이들이 인생을 배우는 데 있어서, 직접 몸을 부딪쳐 실험해 보는 것보다 더 효과적인 방법이 어디 있겠는가. (…) 아무리 화학을 공부해도 빵 굽는 법은 배울 수 없고, 아무리 기계공학을 배워도 빵을 버는 법은 배울 수가 없다. 해왕성의 새로운 위성을 발견하는 법은 배워도 자기 눈 속의 티끌은 보지 못하고, 자신이 지금 어떤 악당의 위성처럼 살고 있는지도 알지 못한다. 식초 한 방울 속에 우글거리는 세균들은 잘 알고 있으면서도, 주변의 괴물들에게 잡아먹히고 있는 자신의 처지는 알아채지 못한다.

우리는 과연 학교에서 무엇을 배우는가. 물론 학교에서 훌륭한 교육을 실천하는 선생님들도 있다. 문제는 그런 개개인의 특출함과 휴머니즘에 기대기에는, 교육이라는 시스템이 너무나 망가져 있다는 점이다. 왜 국어를 배우는지 왜 영어를 배우는지 왜 수학을 배우는지에 대한 깨우침 없이 공식만 달달 외웠던 과거의 교육도 문제지만, 각종 수행평가와 과도하게 다변화되어 버린 수시전형으로 결국 돈 있는 집안 아이들만 유리하게 '체험(돈이 있어야 더 많이 할 수 있는 체험)'을 강조하는 교육 또한 더욱 문제다. 주입식 교육의 문제를 해결하려다가 '체험 위주'의 또 다른 자본주의적 가치를 도입해 버린 교육과정은 과연 누구의 배를 불리는 교육인가.

학교에서 요리를 하는 법, 가구를 만드는 법, 집을 짓는 법, 옷을 만드는 법, 쓰레기를 줄이고 올바르게 분리수거하는 법, 환경을 보호하고 지구를 사랑하는 법을 가르쳤으면 좋겠다. 삶을 더욱 간소하게 만들어 더욱 행복해지는 법, 서로에게 상처주지 않고 서로를 배려하는 법, 상처 입은 친구를 어색하지 않게 위로하는 법, 상처 입은 나 자신을 절망의 구렁텅이에서 꺼내는 법. 이런 아름다운 삶의 기술을 우리 인생의 학교에서 가르쳤으면 좋겠다. 나는 이 모든 것들을 혼자서 터득해야 했고, 여전히 배우지 못한 것도 많기에, 아직 완전한 어른이 되지 못한 느낌이다.

고등학교를 졸업하면, 내 집을 짓는 법, 의식주를 완전히 자급자족하는 법, 외국어로 완전한 의사소통을 하는 법 정도는 마스터할 수 있을 정도로, 삶에서 진정 필요한 것을 가르쳐야 한다. 옷도 만들 수 있고, 요리도 능숙하게 할 수 있고, 작은 집 정도는 지을 수 있을 정도의 기술을 학교에서 모두가 평등하게 배울 수 있다면. 우리는 저절로 전인적이면서도 삶을 아름답게 가꾸는 기술을 가르치기 위해 서로 앞다투어 아이들을 '공교육'의 장으로 보내지 않을까.

돌이켜보면 학교 교육에서 가장 기억에 남는 것은 결국 사람의 온기였다. 훌륭한 수업과 인간적인 가르침을 주는 선생님, 그리고 잊을 수 없는 추억을 함께 만들어가던 친구와 선후배들. 그런 사람들의 따스한 온기는 그 어떤 것과도 바꿀 수 없는 소중한 기억이다. 그리하여 정말 소중한 것들은 무료로 얻어진다는 소로의 가르침이 가슴 시리도록 아프게 다시 다가온다. 대학에서 낭만이 사라지고 오직 취직을 위한 실용적인 가르침만이 환영받고 있다는 사실, 대학이 학생들의 자유와 창조성보다는 대학 자체의 홍보와 생존을 강조하는 현실이 안타깝다.

내게 대학은 홀로 자유를 탐구할 용기와 함께 해방과 평등을 노래하는 기쁨을 동시에 꿈꾸게 해준 삶터였다. 그저 취업에 도움이 되는 공부만 했다면 나는 그 시간을 영원히 잃어버린 듯한 상실감에서 벗어나지 못했을 것이다. 도서관에서 밤을 하얗게 새우며 문학과 철학책을 달달 외우던 나, 함께 밤을 지새며 초콜릿과 커피를 나누어 먹고 누군가 졸고 있을 땐 키득키득 웃으며 장난스러운 몸짓으로 그러나 조심스럽게 서로 깨워주었던 친구들, 세 시간의 수업 시간 동안 일 분도 쉬지 않고 물 한 모금 마시지 않고 열정을 토

해내던 교수님, 수업이 다 끝난 후에도 배움을 향한 열기가 사라지지 않고 무언가 안타깝고 아쉬워서 교실 근처를 서성이던 우리들에게 막걸리와 파전을 사주시며 시간강사 월급을 다 써버리셨을 그분들. 바로 그런 것들이 소로가 말한 무료로 얻을 수 있는 가르침과 배움의 기쁨이며 결코 돈으로는 바꿀 수 없는 삶의 기쁨이었다. 우리에게는 '입시'에 짓눌리지 않는 학교, 비로소 제대로 사는 법을 알려줄 배움터가 필요하다.

학비보다 배울 수 있는 기회부터

판자 8달러 3.5센트(판잣집에서 재활용)

지붕널과 벽널 4달러

나뭇가지 1달러 25센트

유리 달린 낡은 창문 2개 2달러 43센트

오래된 벽돌 1,000장 4달러

석회 2통 2달러 40센트(비싼 편)

털 31센트(많이 남았음)

철제 벽난로 15센트

못 3달러 90센트

경첩과 나사 14센트

빗장 10센트

분필 1센트

운반비 1달러 40센트(거의 소로가 직접 운반함)

합계 28달러 12.5센트

내가 집짓기에 사용한 재료들이다. (⋯) 이렇게 집 지음으로써, 집을
원하는 학생이라면 누구든 해마다 내고 있는 기숙사비 정도로 평생
살 집을 마련할 수 있음을 알게 되었다. (⋯) 하버드대학에서는 내
오두막보다 약간 큰 방을 학생들에게 빌려주면서 1년에 무려 30달

러를 받고 있다.

　　오직 28달러 12.5센트만으로도 아름다운 오두막을 지을 수 있었던 소로를 보라. 우리는 바로 이런 간단한 준비물만으로도 집을 지을 수 있는 존재였다. 이에 비해 하버드대학의 기숙사 비용은 얼마나 비싼가. 당시 하버드대생들이 가장 많이 지출했던 비용은 학비나 책값이 아니라 '연료비'였다고 한다. 학생들이 난방을 위해 그토록 많은 돈을 지불하며 부담을 느껴야 한다면, 잘못된 건축이 아닐까. 가난했던 소로는 아마도 이 기숙사 비용이 버거웠을 테고 그 비용과 자신의 월든 오두막을 만드는 데 들어간 비용을 비교하는 것을 통해 '왜 이렇게 저렴하게 편안한 집을 지을 수 있는데, 이토록 많은 학생들이 학교에 엄청난 교육비와 기숙사비를 부담해야 하는가'라는 문제를 해결한 것 같다. 그는 자신의 힘찬 노동으로, 몸을 쓰고 머리를 쓰고 마음을 쓰는 단 한 사람의 노동으로 자신의 의식주를 해결할 수 있는 인간의 강인함을 실험한 셈이다.

　　무거운 희생을 학생과 학부모에게 강요하는 대학의 모습은 어쩌면 미국이나 한국이나, 옛날이나 지금이나 변함이 없는가. 오히려 배를 불리기 위해 학생들과 학부모들을 등록금과 생활비 부담으로 옥죄는 오늘날의 대학들이 제발 소로의 외침을 들어주었으면.

　　나는 대학 등록금이 0원이 되어야 한다고 생각한다. 대학들은 '교육을 통해 돈을 번다'는 생각을 버려야 한다. 진정으로 교육자로 거듭나고 싶다면, 진정으로 지식에 대한 양심이 있다면, 학생들에게 수백만 원의 등록금을 받으며 떵떵거리고 살아서는 안 된다. 국가의 차원에서도 교육의 패러다임을 바꿔야 한다. 낭비되고 있는 다른 분야의 예산을 줄이고 교육부의 예산을 증액해 해결할 수도 있지 않을까. 배우고 싶은데, 공부하고 싶은데, 돈이 없어서 학교에 다닐 수 없다면, 다니기는 해도 등록금 부담에 매번 허덕이며 교재 구입 비용도 아껴야 한다면, 학생들이 어떻게 마음 편히 공부를 할 수 있겠는가. 다른 모든 예산보다 가장 중요한 것은 어린이들, 청소년들, 젊은이들에게 '배울 수 있는 기회'를 주는 교육예산이 아닐까.

아름다운 장소에는 이야기가 깃든다

회반죽도 칠해지지 않은 그곳, 바람이 무척 잘 통하는 나의 오두막은 신이 여행을 다니다가 여독을 풀기 위해 쉬어가기 좋은 곳이었고, 여신이 옷자락을 끌고 다녀도 좋을 만한 곳이었다. 나의 오두막을 스쳐가는 바람은 산골짜기를 휩쓰는 강한 바람이었는데, 그 바람소리는 지상의 음악 속에서 끊어진 멜로디, 천상의 음악만큼이나 아름다운 대목들만 연주해 주었다. 이른 아침 바람은 쉴 틈 없이 불어오고, 내 안에서 창조의 시상이 끊임없이 떠올랐지만 아무도 들어줄 이가 없었다. 나의 오두막이 바로 올림푸스였다.

신이 여행을 다니다가 잠시 쉬어가기도 좋은 곳. 여신이 옷자락을 끌며 돌아다녀도 괜찮은 곳. 그곳이 바로 월든 오두막의 집터였다. 회벽도 굴뚝도 아직 없었던 월든 오두막 집터에서, 소로는 이런 상상을 했다. 아니 소로에게는 월든 주변이 정말로 이렇게 아름다운 곳으로 보였다. 지상의 음악 가운데 끊어진 멜로디를 전해주는 곳, 천상의 음악처럼 아름다운 소리만 들려주는 바람이 매일 스쳐가는 자리. 시인인 소로의 마음속에 항상 자리하는 올림푸스 신전. 그곳이 바로 월든이었다. 다른 사람의 눈에는 그저 겨우 비바람만 막아주는 판자때기 더미였겠지만 소로의 눈에는 아직 완성되지 않은 월든 오두막이 바로 이렇게 충분히 아늑하고 아름다운 천상의 장소로 보였다. 이것이 소로의 남다른 점이다. 화려하지 않은 곳에서도 이미 가득한 위엄을 보는 것. 아무런 특별함이 없어 보이는 곳에서도 이미 가득한 생의 축복을 발견해 내는 것. 소로에게는 자연의 숨결이 닿은 모든 곳이 위대한 올림푸스 신전이 아니었을까. 그곳이 아무리 소박한 곳일지라도, 소로는 그곳에서 이미 벌어지고 있는 향기로운 자연의 축제를 알아볼 수 있었다. 월든 오두막을 지으며 그 곁을 얼쩡거리는 생쥐와도 서로 숨바꼭질을 하며 친구가 될 수 있었던 소로의 따스한 친화력이 아름다운 자연의 서사시 『월든』의 심장이다. 소로의 인문학은 삶을 더욱 아름답게 만들기 위한 그 모든 마음의 기술, 지혜의 집합체였다.

화려한 집을 짓고 사는 사람들이 부럽지만, 작지만 소박한 공간을 반짝반짝 윤이 나게 가꾸고 사는 사람들은 더 깊은 감동을 준다. 집이 아닌 일터일지라도. 10년 전쯤 오스트리아에 갔을 때 박물관 화장실에서 동전을 바꿔주는 일을 하는 할머니를 만난 적이 있다. 유럽에 갔을 때 가장 낯선 풍경이었다. 그 할머니는 동전을 바꿔줄 때마다 사람들 한 명 한 명에게 좋은 하루를 보내라고 눈을 맞춰 가며 상냥하게 인사를 했다. 화장실 청소와 동전 바꾸는 일을 병행하시는 듯 보였는데, 자세히 관찰해 보니 동전을 바꾸어 주다가 잠깐 시간이 나면 화장실을 반짝반짝 윤이 나게 닦는 것이었다. 하루 종일 답답한 화장실에서 분명 많지 않은 월급을 받고 일하실 텐데 그 할머니는 마치 화장실이 아주 아름다운 거처인 것처럼 소중하게 가꾸고 있었다. 할머니는 평범한 화장실을 특별한 이야기가 있는 장소로 만들어내고 있었다.

어떤 장소를 아름답게 만드는 것은 바로 그곳에 사는 사람들의 이야기다. 어떤 장소에 아름다운 혼을 불어넣어주는 이야기의 힘. 그리고 그저 아름답고 경치 좋은 호수로 그칠 수 있었거나 개발될 위험에 처할 수 있었던 월든이 세계 생태주의자들의 성지가 된 이유, 그것은 소로라는 사람의 삶의 이야기가 월든 곳곳에 지워지지 않는 발자국으로 남아 있기 때문이다. 월든에서 2년 2개월 동안 살아낸 그의 절실한 삶의 사연 덕분에 월든 호수 전체는 아름다운 이야기가 태어나는 장소로 거듭난 것이다.

내가 살아가는 공간을 가꾸고 돌보는 습관

우리가 손수 저마다 집을 짓고 소박하고 정직한 노동으로 온 가족을 먹여 살릴 수 있다면, 마치 새들이 새끼들에게 먹이를 주면서 노래를 부르듯이, 누구에게나 숨어 있는 시인의 재능이 발휘되지 않을까. (…) 우리는 집을 짓는 기쁨을 영원히 목수에게 양보해야 하는가? 인류의 역사적 경험 속에서 건축의 의미는 무엇인가? 지금까지 나는 여러 곳을 돌아다녔지만, 내 집을 짓는다는 단순하면서도 자연스러운 작업에 몰입하고 있는 사람을 본 적이 없다.

건축가 김승회 선생님을 인터뷰하며 '아무리 작은 원룸이라도 내가 살아가는 공간을 가꾸고 돌보는 습관'을 기르는 것이 '미래의 바람직한 공간'을 향해 나아가는 첫걸음이라는 이야기를 나누었다. 잠깐 머무는 호텔일지라도 여행을 하는 동안에는 '집'이 된다. 힘들게 하루 종일 돌아다니다 보면 간절하게 '얼른 숙소로 돌아가서 씻고, 쉬고, 잠들고 싶다'는 생각을 하게 되지 않는가. 어쩌면 여행 중의 숙소야말로 '나만을 위한 이상적인 숙소'를 실험하는 흥미로운 기회가 될 수도 있다. 네덜란드에서 작은 단독주택을 빌려 여행하면서 나는 '이런 집에 살고 싶다'는 생각을 처음 해보았다. 엄청나게 넓지는 않지만 발코니가 여러 군데 있어 실내와 실외를 자연스럽게 연결하는 개방적 공간이 많고, 창밖으로는 강물과 다리와 도로가 시원하게 펼쳐지고, 가구들은 소박하면서도 깔끔한 디자인으로 갈무리되어 있었다. 작은 앞마당도 있고, 나무를 심고 꽃을 심을 정도의 미니 정원도 있었으며, 동네가 매우 평화롭고 조용했다. 잡초가 무성하게 자랄 염려가 없는 아담한 정원이 특히 마음에 들었다. 그 집에서 4박 5일 동안 행복한 시간을 보내면서, 내가 원하는 것은 으리으리한 대저택이 아니라 내가 충분히 혼자서도 청소하고 관리할 수 있는 작은 단독주택이었음을 깨달았다.

진정한 '어른 되기'의 시작은 바로 자신의 집을 스스로 지을 수 있는 용기에서 시작되지 않을까. 건축비와 토지 비용과 상관없이 '내가 살고 싶은 집'을 머릿속에서 그려보자. 나에게 진정으로 필요한 만큼의 공간, 내가 기쁨을 느낄 수 있는 공간, 내가 사랑하는 사람들을 행복하게 해줄 수 있는 공간, 나아가 우리 인간과 자연이 동시에 행복할 수 있는 건축을 상상해 보자. 거기서 진정한 성장과 치유의 발걸음이 시작된다. 다행히 『월든』을 비롯한 수많은 고전을 통해 '처음부터 다시, 더 나은 사람이 되는 법'이라는 내 마음 속의 인생학교를 다니고 있는 중이다.

저마다의 월든을 창조하기

워즈워스는 인간이 주변 환경을 인식하면서 동시에 절반쯤은 '창조'한다고 생각했다. 우리는 주변 세계를 인식하면서 절반쯤 창조하다니. 워즈워스의 이 말에 깜짝 놀란다. 반가워서. 너무 사랑하는 것들은 우리에게 그 대상을 절반쯤 해석하고 절반쯤 창조하여 전혀 다른 것으로 만들게 하는 새로운 눈을 선물한다. 『월든』이라는 아름다운 책이 존재하지 않았더라면, 월든 호수가 지금까지 이토록 아름답고 깨끗한 모습으로 보존될 수 있었을까. 소로는 월든을 절반쯤 창조했다. 아니 월든을 넘어선 새로운 월든을 창조했다. 우리는 소로의 아우라를 구름처럼 얹어서, 소로의 눈부신 문장들을 휘핑크림처럼 월든 위에 얹어서 바라보기에 더욱 달콤한 월든을, 더욱 아름다운 월든을 바라보게 된다. 그리고 그 월든 위에 또다시 우리들 각자가 가꾸어야 할 또 하나의 월든을 바라보게 된다. 아름다운 자연은 인간의 문장으로 더욱 아름다워진다. 절반쯤 창조되어. 우리는 저마다의 삶이 놓인 공간을 각자 개성 넘치는 '월든'으로 가꿀 필요가 있다.

깊은 후회는 새로운 삶의 시작

> 당신의 후회조차 최대한 활용하라. 당신의 슬픔이 질식사하도록 내
> 버려두지 말라. 당신의 슬픔이 몰입할 수 있는 완전한 흥미의 대상
> 을 찾을 때까지, 당신의 슬픔을 소중히 돌보아라. 깊은 후회는 곧 새
> 로운 삶을 살기 위한 시작이다. 깊은 후회를 통해 당신은 모든 것을
> 되찾은 것을 깨닫고 불현듯 놀라게 될 것이다.
>
> _『소로의 일기』 중에서

　　후회조차 활용할 수 있다니. 그래, 나의 슬픔을 질식사시키
지 말자. 나의 슬픔을 돌보고, 나의 슬픔 속에서 길을 찾자. 깊이
후회하는 것은 쓸데없는 것이 아니라 더 새롭고 가슴 뛰는 삶으로
나아갈 수 있는 멋진 기회이기도 하다. 슬픔을 소중히 여길 수 있
는 마음, 내겐 그것이 부족했던 것이 아닐까. 소로는 형을 잃은 슬
픔을 승화시켜 첫 번째 책을 출간했고, 여러 번 자비 출판으로 책
을 내느라 빚을 지고 좌절감에 시달렸지만 그 아픔을 이겨내고 꾸
준히 글을 써 마침내 『월든』으로 전 세계 독자들과 오늘도 만나고
있다.

내가 숲으로 들어간 이유

> 내가 숲으로 들어간 이유는 삶의 빛나는 정수만을 간절히 체험해 보고 싶었기 때문이다. (…) 나는 삶이 아닌 삶은 살고 싶지 않았다. 삶이란 그토록 소중한 것이기에. (…) 나는 삶의 골수 깊은 곳까지 모조리 빨아들이고 싶었고, 스파르타인처럼 강인하게 살아가며, 삶이 아닌 것은 모조리 제거해 버리고 싶었다.

　자신의 가능성을 온전히 살아냈기에 그 어떤 후회도 남지 않는 삶. 우리는 그런 삶을 살 수 없을까. 뭔가 과잉된 집착에 시달릴 때, '이것 없이는 안 될 것 같아'라는 소유욕에 사로잡힐 때, 나는 『월든』의 이 대목을 떠올린다. 그러면 많은 것을 가지지 않고도 괜찮은 나를 발견한다. 그 사물을 소유하지 않아도, 그 지위를 넘보지 않아도, 그런 인정을 받지 않아도 이미 충분히 빛나는 나를 발견한다. 소로의 청년 시절, 그 젊은 나이에 이런 눈부신 생각을 떠올릴 수 있다니. 그를 이토록 절박한 물음 속으로 데려간 상황은 안타깝지만, 그는 그 어려움 속에서도 마침내 위대한 삶의 비전을 얻어냈다.

　때로는 인생이 '뒤로만' 후퇴한다는 생각이 들어 답답할 때가 있다. 아무리 애를 써도 인생이라는 나룻배의 노가 앞으로 저어지지 않을 때. 그때 나는 이 대목을 떠올린다. 소로가 숲속으로 들어간 이유, 그것은 더 이상 절망에만 빠져 있을 수는 없었기 때문이며 새로운 삶을 창조하고 싶은 간절한 열망 때문이었다. 그를 위해서는 외로움을 견딜 용기, 내 앞의 불확실한 미래가 던져주는 불안을 견뎌낼 용기, 타인의 삶을 곁눈질하지 않으면서 오직 내 안에서 들리는 절실한 열망의 목소리를 들을 수 있는 용기가 필요했다.

소로는 그 많은 용기를 항상 자연과 책으로부터 얻었다. 산책은 그가 자연으로부터 온갖 피어남의 싱그러움, 다시 일어서는 씩씩함, 끝내 견뎌내는 인내심을 흡수하는 방책이었다. 독서는 매일 영혼의 가장 환한 불을 켜둠으로써 자칫 흐려지기 쉬운 자신의 마음을 비추는 거울의 역할을 해주었다. 그가 자유자재로 마치 묘기를 부리듯 거침없이 인용하고 기억해 내는 동서양의 고전들은 그에게 옛것을 자기만의 방식으로 되살려 끊임없이 새롭게 부활시키는 에너지였다. 남의 것을 탐할 필요도 없고, 내가 가진 것 이상을 넘볼 필요도 없이, 오직 내 안의 모든 가능성을 하나하나 실험하고 실현할 용기만 있다면. 우리 삶은 더욱 당당하고 아름답지 않을까.

『월든』의 윤리학

단 한 번뿐인
삶을 나답게

월든 호수는 '반짝임이란 무엇인가'를 보여주는 자
연의 백과사전 같다. 자연의 힘으로 반짝이는 모
든 원초적인 것들을 월든 호수에서 발견할 수 있
다. 반짝이는 호수, 반짝이는 모래, 반짝이는 물결,
반짝이는 사람들.

고독은 창조성의 원천

나는 한 번도 외로움을 느낀 적이 없고, 고독에 짓눌린 적도 없다. (…) 비가 한창 내리고 있을 때 나는 갑자기 깨달았다. 대자연 속에, 주르륵주르륵 내리는 빗소리 속에, 내 오두막 주변의 모든 소리와 풍경 속에, 너무도 다정하고 따스한 친구가 존재한다는 것을 느꼈다. 그것은 마치 나를 지켜주고 있는 공기처럼 무한하고, 설명하기 어려운 깊은 친밀감이었다. (…) 아주 작은 솔잎 하나하나조차 공감의 대상이 되고, 나의 친구가 되었다. 스산하고 황폐해 보이는 곳에서도 무언가 친밀한 것이 존재한다는 것을 분명히 깨달았다. 나의 혈육처럼 가깝거나 친절한 존재가 반드시 사람은 아니라는 것을 알게 되었다. 마침내 깨달았다. 앞으로 그 어떤 장소도 나에게는 낯선 장소로 다가오지 않으리라는 것을.

소로는 '고독'이라는 챕터에서 오히려 자신은 전혀 고독을 느끼지 않는다고 증언하고 있다. 모두들 외롭지 않냐, 심심하지 않냐, 무섭지 않냐는 질문을 가장 많이 했나 보다. 소로도 잠시 나에게 한 사람쯤은 필요하지 않은가 질문해 보기도 한다. 하지만 곧 그 생각을 접는다. 대자연 속에 잠겨 있는 한, 그는 항상 너무도 상냥하고 다정한 친구가 곁에 있음을 깨달은 것이다. 내가 어디에 있든 온 세상이 나를 지켜주고 있다는 확신. 대지가 나를 지탱해 주고 있다는 믿음. 그것은 종교적 확신이 아니라 자연과의 오랜 교감과 관찰로 인한 현실적 감각이었다. 가느다란 솔잎 하나하나가 공감으로 확대되고 부풀어올라 친구가 되는 듯한 느낌. 황량하고 음산해 보이는 곳에도 친근한 무언가가 항상 존재하는 느낌. 그것은 내가 자연을 소유하는 것이 아니라 자연 속에 내가 하나의 고리임을 느끼는 감각이다. 무한히 연결되어 있는 존재의 네트워크, 그중 하나의 고리가 바로 '나'임을 깨달은 자의 지극한 평온함. 그로 인해 소로는 혼자 있어도 결코 혼자가 아님을 느낄 수 있었다. 자연과 함께함으로써 그 어떤 사람을 향한 의존의 열망 자체를 느끼지 않게 된 소로의 무한한 자유가 느껴지는 아름다운 대목이다.

홀로 한라산에 올라간 적이 있다. 몸 상태가 좋지 않아 완주를 하진 못했다. 하지만 다시 그처럼 아름다운 등산을 경험하기는 어려울 것 같다. 완주가 중요한 것이 아니라 그저 그곳에 있다는 것 자체가 참으로 행복했기 때문이다. 한라산에 올라갔을 때 나는 한 번도 휴대폰을 확인하지 않았다. 연락이 오지 않을 때도 휴대폰을 확인하는 이유는 심심하거나 자극이 필요하기 때문인데, 그날 나는 아무런 추가적인 자극이 필요하지 않았다. 그냥 한라산 깊은 골짜기에서 아무 꾸밈없는 내 마음을 만나는 것이 좋았다.

'아무것도 필요 없네, 그냥 이곳에 존재한다는 사실만으로도 아름답다'는 생각을 하고 있을 때 몸집이 유난히 작은 노루 한 마리의 눈동자와 딱 마주쳤다. 노루가 그렇게 아름다운 동물인 줄은 그때 처음 알았다. 새카만 구슬처럼 영롱한 노루의 눈동자가 멀리서도 보석처럼 반짝였다. 나는 노루에게 말을 걸었다. 두려워하지 말라고. 너를 바라보기만 할 테니까 너무 빨리 도망가지 말라고. 노루는 못 믿겠다는 표정으로 나를 빤히 쳐다보더니 걸음을 멈추고 가만히 그 자리에 서 있었다. 우리 둘 다 한라산 중턱에서 서로를 바라보고 있었다. 그 순간이 너무 아름다워서 시간이 멈추어주었으면 좋겠다는 생각이 들었다. 나는 휴대폰을 꺼내 사진을 찍고 싶은 열망을 억눌렀다. 그런 삿된 생각이 노루와의 아름다운 조우를 망칠 것 같았다. 노루와 말 없는 대화를 나누는 것만으로도 나의 하루는 눈부시게 완성된 느낌이었다.

　나의 고독이 그토록 아름답게 반짝인 것은 처음이었다. 고독하지 않았다면 그날 혼자 등산하지 않았을 것이고 고독하지 않았다면 노루에게 말을 걸지 않았을 테니까. 나는 그때의 그 고독에 감사하고 싶어진다. 그날 한라산은 내게 가르쳐주었다. 혼자 있으면서도 절망적인 외로움에 빠지지 않을 용기를. 다만 자연 속에 푹 안겨 있는 작은 점 같은 인간이라는 사실만으로도 나는 축복받은 존재임을.

모든 존재는 혼자다

나는 더 많은 시간을 홀로 지내는 것이 바람직하다고 생각한다. 좋은 사람이라도 오래 가까이 지내다 보면 금방 지루함을 느끼고 싫증이 난다. 나는 홀로 있음을 즐긴다. 고독만큼 마음이 잘 통하는 친구가 있을까. 우리는 방에서 혼자 지낼 때보다 외출하여 사람들 속에 있을 때 훨씬 더 고독해진다. (…) 타인과의 만남은 대부분 쓸모가 없다. 우리는 너무 자주 만나기 때문에 서로 멀리 떨어져서 서로의 새로운 가치를 발견할 충분한 시간이 없다. 우리는 하루 세 번 식사를 할 때마다 만나서 케케묵은 치즈를 맛보라며 서로에게 권한다. 그 케케묵은 치즈가 바로 우리들 자신이다. (…) 우리는 서로 너무 가까이 모여 살고 있기 때문에 서로를 방해하고 서로에게 걸려 넘어진다.

태양도 혼자다. 월든 호수도 혼자다. 그들은 외롭지 않다. 우리도 외롭지 않다. 우리는 서로에게 너무 가까이 붙어 있기에 서로에게 걸려 넘어진다. '당신은 외롭지 않냐'고 묻는 모든 질문들을 향하여, 소로는 자연을 통하여 증명하고 있다. 인간도 자연의 일부이고, 자연 또한 외롭지 않기에, 우리 자신 또한 외롭지 않다고. 너무 가까이에 있는 서로에게 피해를 주지 않기 위해 온갖 에티켓을 발명하면서도 '타인은 지옥이다'라는 생각으로 괴로워하는 현대인들. 우린 여전히 서로에게 너무 가까이 붙어 있다. 서로에게 걸려 넘어지지 않도록, 서로가 피우는 독에 중독되지 않도록, 우리는 좀 더 멀리 떨어져서 각자의 삶에 충실해야 한다. 이것은 결코 이기심도 개인주의도 아니다. '홀로 있기'의 소중함을 깨닫고 실천하는 것이다. 그것은 더 많은 갈등을 불러일으키지 않는 최선의 방법이다.

소로는 태양도 혼자고 월든 호수도 혼자인 것처럼 자신도 혼자로 충분하다고 말한다. 세상 모든 아름다운 것들은 혼자인 채로도 아름답다. 호수도, 나무도, 별도, 혼자일 때 아무 문제없이 빛난다. 그러나 악마는 어떤가. 악당들은 어떤가. 온갖 해악들은 어떤가. 그들은 무리 지어 활동한다. 떼 지어 몰려다니며 그 거짓된 힘을 과시하고, 선한 사람을 먹잇감으로 삼아 따돌리고 괴롭힌다. 그들은 무리 지을 때 더욱 사악해진다. 아무리 외로워도 무리 짓지 않을 용기, 혼자임에도 그 누구에게도 당당할 수 있는 용기. 그것은 고독 속에서도 결코 자신의 빛을 잃어버리지 않는 늠름한 존재만이 누릴 수 있는 축복이다.

더 사랑하기 위해, 더 많은 거리가 필요하다

진실한 관계를 맺으려면 침묵할 줄 알아야 한다. 뿐만 아니라 서로 목소리가 들리지 않을 만큼 멀리 떨어져 지내야 한다. 이러한 측면으로 보자면, 연설은 귀가 잘 들리지 않는 사람들의 편의를 위해 존재하는 것이다. 그러나 연설처럼 크게 외쳐서는 전달하기 힘든 미묘한 언어들이 있다.

어릴 때는 몰랐다. 더 깊이 사랑하기 위해, 더 많은 거리가 필요함을. 거리를 유지한다는 것은 친밀해지는 것보다 훨씬 어려운 일이었다. 더구나 사랑하고 아끼는 사람들과는. 사랑하지만 그가 혼자 있을 시간을 주는 것. 사랑하지만 그가 지키고 싶은 비밀을 궁금해하지 않는 것. 사랑하지만 그의 모든 비밀과 그의 모든 고독을 존중해 주는 것. 그것은 그와 나 사이의 거리를 존중함으로써만 가능해지는 더 깊고 너른 사랑이었다.

사람들은 자꾸 의심한다. 월든의 오두막에서 소로는 너무 외롭지 않았을까. 혹시 그는 사람들을 싫어하는 인간혐오증 환자가 아니었을까. 그는 괴짜이고, 사람들과 어울릴 수 없는 이방인이라, 그저 혼자 사는 게 더 편했던 것이 아닐까. 이 모든 것은 『월든』을 제대로 읽으면 저절로 풀리는 오해다. 그는 결코 외롭지 않았다. 오히려 미친 듯이 바빴다. 인간들의 세상 속에서 이리저리 치이면서 할 수 없었던 자기만의 과업, 자기만의 꿈을 실현하느라 너무 많은 일들을 해야 했기 때문이다. 비로소 혼자만의 시간, 혼자만의 공간, 완전한 집중의 시공간을 가짐으로써 그는 그 어느 때보다도 많은 글을 썼으며, 그 어느 때보다도 창조적인 사유를 할 수 있었다. 태양은 혼자이지 않은가. 달은 혼자이지 않은가. 아름답고 찬란한 것들은 모두 혼자다. 그러니 혼자임을 아파하지 말자. 혼자임을 진심으로 즐기고 사랑할 줄 아는, 눈부신 단독자로 거듭나자.

성숙한 관계 맺기

사람들은 종종 말한다. "혼자서 정말 외로울 것 같은데요. 특히 비오는 날이나 눈 오는 날에는, 특히 밤에는 사람들 곁에 있고 싶지 않나요?"

그 질문에 나는 이렇게 대답하고 싶다.

(…) "내가 왜 외로울 것이라고 생각하나요? (…) 물리적으로 가깝다고 해서 우리가 서로에게 더 가까이 다가가는 것은 아니랍니다. (…) 한 사람을 다른 동료들과 갈라놓고, 그 사람을 따돌려 외롭게 만드는 것은 과연 어떤 종류의 공간일까요? 아무리 부지런히 두 다리를 움직여보아도, 멀어진 두 사람의 마음이 더 가까워질 수 없다는 것을, 나는 깨달았습니다."

외딴 오두막에 혼자 산다고 해서, 내가 외로울 거라고 생각하시나요? 소로의 이 질문이 오랫동안 마음속에서 다정한 울림을 만들어냈다. 난 외롭지 않다고 주장해도 아무도 믿어주지 않는 상황. 소로는 그런 상황에서 오랫동안 고민한다. 정말 외롭지 않은데, 어떻게 설명을 해야 사람들이 진심으로 이해를 해줄까. 소로는 이상한 사람도 괴짜도 아니었다. 그는 사람을 좋아했지만 사람에게 집착하지 않았을 뿐이다. 친구와 가족과 스승을 사랑했지만 그들에게 그 어떤 집착도 하지 않는 마음의 자리를 찾았을 뿐이다. 그는 월든 생활을 통해 일찍이 깨달은 것이다. 우리 생명의 영원한 원천, 즉 자연과 함께할 수 있는 길 위에서는 그 어떤 가족도 친구도 연인도 굳이 필요하지 않음을.

사랑하면서도 거리를 두는 것은 관계 맺기의 '성숙함'이다. 주저리주저리 내 모든 이야기를 다 늘어놓지 않아도, 타인에 대한 내 사랑과 우정을 증명할 수 있다. 말없이 행동으로 보여주는 사랑이 훨씬 성숙한 것이기 때문이다.

친구 중 한 명이 심각한 경제적인 어려움을 겪고 있을 때, 그래서 자신의 빛나는 재능과 소중한 꿈까지도 포기하려 했을 때가 있었다. 그때 많은 사람들은 그에게 충고를 해준답시고 온갖 요란한 이야기들을 늘어놓았다. 친구는 사실 그 떠들썩하고 현란한 충고들 때문에 더 상처받았다. 그런데 나와 한 선배는 그 친구에게 말없이 돈을 빌려주었다. 빌려주긴 했지만 사실 못 받을 수도 있다고 생각했다. 상황이 너무 심각했으니까. 궁지에 몰린 그 친구가 극단적인 선택을 할까 봐 두려웠기에, 우리는 아무런 말도 하지 않고 돈만 빌려주었다. 그 이후에도 그 친구에게 돈 이야기는 한 번도 꺼내지 않았다. 인생을 더 나아지게 하기 위한 어떤 조언도 하지 않았다. 그런 이야기들 자체가 자존심 강한 친구에게 상처가 될 것 같았기 때문이다.

그 조용한 사랑, 멀찍이 거리를 두는 우정만이 선배와 내가 그 친구를 지킬 수 있는 방법 같았다. 몇 년 후 친구는 우리에게 돈을 갚았고 눈부시게 재기에 성공했다. 그 친구는 세월이 흐른 후 나와 선배에게 고마움을 표현하면서 이렇게 말했다. "정말 고마워. 그때 아무 말 없이 곁에 있어줘서. 내 마음속이 너무 절망적으로 시끄러웠기 때문에 타인의 말은 전혀 들리지 않았거든. 나에게 충고랍시고 해주던 타인의 말들이 모두 더 아픈 상처가 되었어. 그런데 두 사람은 내게 아무 말 없이 큰 도움을 주었지. 힘들 때마다 그 말없는 사랑, 시끄럽지 않은 우정을 생각했어. 나를 향한 그 거리두기가 오히려 나를 지켜줬어." 선배와 나는 비로소 가슴을 쓸어내렸고, 그 친구가 극단적인 선택을 하지 않고 그저 우리 곁에 있어주는 것만으로도 눈물겹게 고마웠다. 사랑은 요란하게 표현하여 증명되는 것이 아니라, 아무 말 없이 어떤 상황에서도 그저 묵묵하고 우직하게 그의 편이 되어주는 것이 아닐까.

누구도 밀어내지 않는 오두막

오두막에 돌아오면 내가 없는 사이 손님이 들렀다가 두고 간 명함을 발견한다. 손님이 두고 간 명함이란 꽃 한 다발이나 푸른 잎으로 엮은 화환이기도 하고, 노란 호두나무 잎사귀나 나무판자에 연필로 쓴 이름이기도 한다. 가끔 숲속을 찾은 사람들이 나뭇가지를 가지고 다니다가 일부러 혹은 자신도 모르게 두고 간 경우도 있다. 버드나무 가지의 껍질로 고리 모양으로 만든 것을 나의 책상 위에 두고 가는 경우도 있다.

주변의 나뭇가지나 풀잎이나 발자국을 살펴보면, 내가 외출 중일 때 손님이 다녀간 것을 알아낼 수 있었다. 꽃 한 송이가 떨어져 있기도 하고, 풀 한 다발이 던져진 사소한 흔적만으로도, 희미하게 느껴지는 담배 냄새만으로도, 나는 내 오두막을 다녀간 손님의 성별과 나이와 성격을 짐작하곤 했다. 오두막에서 300미터나 떨어진 길 위에 한 나그네가 지나가고 있다는 것을 알아챈 적도 있었다. 그가 피우고 있던 파이프 담배의 냄새를 알아차린 것이다.

소로는 사람들을 피하기 위해서 월든으로 도망친 것이 아니었다. 언제든 마음만 먹으면 월든 오두막에 누구나 갈 수 있었다. 누구도 못 오게 막지 않았고 실제로 많은 이들이 방문했다. 모든 낯선 이에게 언제든 마음을 여는 진정한 환대의 마음. 그것이 소로의 진심이었다. 그는 만나지 않아도 만난 듯한 마주침을 추구한 것이 아닐까. 게다가 손님들이 놓고 가는 명함들은 얼마나 시적인가. 꽃 한 다발을 놓고 가는 것, 호두나무 잎에 연필로 쓴 이름, 버드나무 줄기로 엮은 고리 모양의 매듭이라니. 이 얼마나 아름다운 명함인가. 소로를 잘 모르는 사람들도 월든 오두막에 들르면 그 소박한 진심에 감동하였던 것이 아닐까. 이 사람은 이런 사람이구나. 만나지 않아도 만난 것 같은 사람. 멀리 있어도 그가 그저 그곳에 있다는 것만으로 좋은 사람. 그가 바로 헨리 데이비드 소로였다.

더 오래, 더 깊이 바라보기

잠시만 우리가 서로의 눈을 깊이 들여다볼 수 있다면, 그 찰나의 시간 동안 커다란 기적이 일어날 수도 있다. 우리는 아주 짧은 시간 동안 세상의 모든 시대를, 모든 시대의 모든 세계를 살아낼 수도 있다. 바로 역사와 시, 신화를 통해서! 타인의 경험을 이해하는 독서 중에서도 바로 이 세 가지가 가장 경이롭고 유익한 독서다.

우리는 너무 빨리 서로를 스쳐 지나간다. 편의점이나 대형 할인마트에서 상품을 구매할 때, 계산대 저편의 직원과 눈을 마주치는 시간이 몇 초나 될까. 점점 빨리 서로를 스쳐가는 우리 현대인들은 예전보다 훨씬 많은 사람들을 만나지만 정작 서로의 눈을 들여다보는 시간은 훨씬 줄어들었다. 소중한 사람이란 바로 오래오래 바라볼 수 있는 사람이 아닐까. 친밀한 관계로 나아갈수록, 우리는 상대방의 눈빛을 오래 바라보게 되지 않는가.

소로는 타인의 눈빛을 오래 응시하는 것 자체가 그의 경험을 읽어내는 소중한 통로임을 알고 있다. 돌이켜보면 누군가의 눈을 5초 이상 바라보는 것이 쉽지 않다. 특히 소중한 사람의 눈을 5초 이상 바라보는 것은 이상하게도 가슴 떨리고 여전히 힘든 일이다. 단지 사랑의 감정으로 묶이지 않아도 그렇다. 소로는 누군가의 눈빛을 바라보며 무엇을 보았을까. 잠깐 서로의 눈을 들여다보는 일이 기적 같은 일임을 소로는 어떤 순간 체험했을까.

나는 오래전 안타깝게 이별한 친구의 눈을 마지막으로 오래오래 바라본 적이 있었다. 그날 알았다. 우리가 나눈 그 복잡하고도 아름답고 참혹하고도 끝내 눈부셨던 이야기를 다시는 반복할 수 없다는 걸. 다시는 우리 둘 사이에서 느꼈던 그런 감정의 깊이를 그런 감정의 잔물결을 그런 감정의 빛과 향기를 다른 누구에게서 느낄 수 없다는 것을. 우리가 언젠가 혹시 다시 만난다 하더라도 이런 떨림, 이런 슬픔, 이런 고통은 다시 느끼지 못할 것임을. 단순한 시선이 아닌 응시 속에는 바로 그런 것이 들어 있다.

단 한 번뿐인 아우라. 단 한 번뿐인 마주침. 단 한 번뿐인 존재와 존재 사이의 찬란한 소통이 깃들어 있다. '저 사람에 대해서는 들은 것이 많으니까 난 이렇게 판단해야지'라는 생각은 저 멀리 치워버렸으면. 직접 보기도 전에 사람을 판단하는 것은 참으로 위험하고 불공정한 일이니까. 나를 한 번도 본 적 없는 사람이 나에 대해 안 좋은 평가를 하고 있다는 이야기를 들었을 때의 충격을 잊을 수가 없다. 어떻게 사람을 만나기도 전에 싫어할 수 있는지. 이름조차 모르는 그 사람에게 나는 돌이킬 수 없는 상처를 받았다. 타인을 오랫동안 찬찬히 살펴보지 않음으로써, 우리는 얼마나 타인을 오해하고 있는 것일까.

『월든』의 소로처럼, 우리가 좀 더 오래오래 서로를 들여다보았으면 좋겠다. 다 안다고 생각하지 말고, 그래도 한 번 더 서로의 슬픔과 두려움과 기쁨과 설렘을 읽어냈으면 좋겠다. 소로는 역사, 시, 신화야 말로 타인의 삶을 이해하는 가장 아름다운 프리즘임을 알았다.

치유로서의 사랑

사랑에는 아무 약이 없다. 오직 더 많이 사랑하는 것밖에는.

_ 『소로의 일기』 중에서

정녕 그렇다. 미워해도 소용없고, 아닌 척해도 소용없다. 사랑이라는 질병에는 증오도, 외면도, 아닌 척하기도 통하지 않는다. 오직 더 사랑하는 것밖에는, 길이 없다. 사랑이라는 질병이 당신을 괴롭힌다면, 그저 더 많이 사랑하도록 하라. 더 많이 사랑하면, 사랑으로 인한 고통은 어느새 오직 사랑해야만 느낄 수 있는 환희로 변화할 것이니. 오직 사랑이라는 영약만이 사랑이라는 질병을 치유할 수 있으니. 사랑은 질병인가 싶다가도 궁극적으로는 치유의 손길일지니.

타인의 평가에 무너지지 않기

> 타인의 평판은 스스로 자신을 평가하는 것에 비하면 그저 나약한 폭군에 지나지 않는다. 사람의 운명을 결정하는 것, 나아가 사람의 미래를 점치는 것은 스스로가 자기 자신을 어떻게 생각하는가 하는 것이다. (…) 자신의 운명에 대한 적극적인 관심을 표현하지 않기 위해 죽는 날까지 온갖 양탄자를 만들고 있는 이 땅의 여성들을 생각해 보라.

타인의 평판이란 나약한 폭군에 지나지 않는다고 일침을 가하는 소로의 용기가 좋다. 스스로 나 자신을 어떻게 생각하는가. 그것만이 중요할 뿐이다. 그 무엇에도 흔들리지 않는 자기 자신을 향한 공정한 평가를 하는 것. 그것이 윤리학의 시작이다.

또한 나는 소로를 통해 배운다. 운명을 개척하지 않는 것은 운명에 대한 태만일 수도 있다는 것을. '킬링타임'이라는 명목으로 시간을 죽이는 모든 오락 속에서, 우리는 소중한 도전의 기회를 놓쳐버리는 것은 아닌가. 매순간이 아쉽다. 운명을 새로이 개척하고 싶은 우리에게, 1분 1초도 모두 안타깝고 소중하다.

평가라는 것은 옳을 때도 있지만 틀리거나 부당할 때도 많다. 고흐를 향해 쏟아졌던 당대의 악평을 생각해 보면, 금방 이해가 된다. 시대에 앞서가는 창조성을 지닌 개인에게 세간의 평가는 가혹하기 마련이다. 모네도 '그저 사물의 표피적인 인상이나 그렸다'는 혹독한 평가를 받은 적이 있고, 소로도 정신 나간 은둔자 취급을 받을 때가 있었다. 그들은 그저 묵묵히 앞으로 나아갔다. 타인의 비판이 잔인할수록 그들의 창조는 더욱 맹렬하고 열정적이었다. 그들에게서 배우고 싶다. 우리 귀에 들려오는 '나에 대한 평가'가 좋지 않을지라도, 그 잔인한 소문의 멜로디가 아니라 내 안에서 들려오는 '나만의 월든 오두막'의 멜로디를 들을 수 있는 귀가 생기기를. 내 바깥에서 들리는 날카로운 갑론을박이 아니라, 내 안쪽에서 들리는 창조의 멜로디를 들을 수 있기를.

성공과 실패를 넘어, '나'로 살기

당신의 인생은 누구를 딛고 서 있는가? 당신은 실패한 97명에 포함
되는가, 혹은 성공한 세 사람에 포함되는가? 이 질문에 답하라. 그
렇다면 나는 당신의 겉만 화려한 물건들을 살펴보고, 그것들이 그
저 액세서리에 지나지 않는다는 것을 밝힐 수 있을 것이다. (…) 집을
아름답게 꾸미려면 이런저런 장식을 하기 전에 우선 깨끗이 청소를
해야 한다. 그런 것처럼 우리의 일상도 먼저 간결하게 정리한 다음,
아름다운 살림과 아름다운 생활로 그 토대를 마련해야 한다. 그런
데 바로 이런 미적 감각은 집도 주부도 없는 야생의 자연 속에서 가
장 잘 수련된다.

나는 성공한 세 명 중 하나인가 실패한 97명 중 하나인가.
이 질문 앞에서 나는 당황한다. 실패와 성공으로 나누어 내 삶을
재단하고 싶지 않기에, 하지만 여전히 이 질문이 가슴 아프기에. 내
가 실패한 사람이어도 가슴 아프고 성공한 사람이어도 기쁘지는
않을 것이기에. 혹시 나조차도 성공한 세 명 안에 들기 위해 아등
바등 몸부림친 것이 아닐까. 하지만 소로의 이 질문에 처음 대답하
려 했을 때(10여 년 전)보다는 훨씬 여유로운 눈빛을 지닌 나를 발
견한다. 그때는 '당연히 내가 실패한 97명 중 하나이지' 하고 대답

하며 이상한 자부심을 느꼈기 때문이다. 지금은 그 질문이 아주 교묘한 함정처럼 느껴진다. 성공과 실패의 잣대로 자기 인생을 판단하는 우리의 조바심을 자극하는 질문이기 때문이다. 소로의 인생이 세속적인 기준으로는 실패로 보였지만 지금은 전 세계 생태주의자들, 환경과 기후를 조금이라도 걱정하는 사람들에게는 더없이 아름다운 삶의 매뉴얼이 된 것처럼.

실패와 성공은 이 순간 결정할 수 없는 것이며, 그 구분 또한 부질없다. 실패와 성공의 그 구분선은 우리의 삶을 제멋대로 난도질할 수 없다. 우리 삶은 단 하나의 눈부신 가능성이다. 아무리 힘든 순간에도 아무리 어려운 장애물 앞에서도, 우리 삶은 단 한 번 주어진 행복의 길이며 사랑의 약속이며 찬란한 이 세계와의 유일한 마주침이다.

그러니 속지 말자. 성공과 실패의 잣대로 당신을 판단하려는 그 모든 권력에 맞서 싸우자. 우리는 인간의 가능성 중에서 아주 작은 부분을 써보았을 뿐이다. 그러니 조금도 움츠러들지 말자. 우리가 아직 살아보지 못한 수많은 가능성을 생각하며 빛을 내보자. 당신의 가장 찬란한 가능성은 아직 진짜 '물'을 만나지 못했을지도 모르니까. 삶을 장식하는 요란한 액세서리(인기, 명성, 부 같은 것들)에 도취되지 말자. 그 모든 현란한 장식들을 말끔하게 치우고, 내 삶의 근원적 뿌리를 돌보기 시작하자. 삶을 창조하는 가장 간결한 토대, 생명과 사랑과 노동으로부터 다시 시작하자.

절망을 끊기

수많은 사람들은 조용한 절망의 나날을 보내고 있다. 그들에게 체념이란 절망의 확인에 지나지 않는다. 이제 우리는 가망 없는 도시를 떠나 가망 없는 시골로 내려가서, 밍크와 사향쥐의 용기를 보며 위로를 찾아야 한다.

밍크나 사향쥐는 덫에 걸리면 다리를 제 입으로 물어뜯어서라도 벗어난다고 한다. 오직 자유를 위해, 제 다리를 제 이빨로 끊어내는 고통을 감내하는 것이다. 그런 용기를 닮을 수는 없을까. 우리는 가끔 편안함이라는 덫에 걸려 그것을 진정한 안정과 평화라 믿으며 스스로 그 덫에서 빠져나오지 않으려 한다. 편안함이라는 덫은 그만큼 무섭다. 고통스럽지 않게, 아니 오히려 행복하고 달콤하게 쾌락으로 우리의 감각을 마비시키기 때문이다. 나는 과연 내 다리를 물어뜯어 잘라내서라도 내 몸을 칭칭 감고 있는 욕망의 거미줄을 벗어날 수 있을까.

당신은 진정 안전한가

나는 우리가 지금보다 훨씬 많은 것을 믿고, 안심하며 살아가도 괜
찮다고 생각한다. (…) 끝없는 불안과 긴장에 사로잡힌 삶은 고칠 수
없는 질병과 같다. (…) 병이라도 난다면 어떻게 할 것인가? 하루하
루 우리는 얼마나 조심하면서 살고 있는지! (…) 모든 변화는 기적처
럼 보이지만, 사실 기적은 매순간 일어나고 있다. 공자는 말했다. "아
는 것을 안다고 하고, 모르는 것을 모른다고 하는 것, 이것이 참된
앎이다." 나는 이렇게 말하고 싶다. 머릿속의 공상을 진정한 현실의
이야기로 바꾸었을 때, 우리는 마침내 바로 그 토대 위에서 각자의
삶을 꾸려나갈 수 있을 것이다.

당신의 삶은 안전한가. 당신은 어떤 안정감의 토대 위에서
살아가고 있는가. 당신이 안정감의 토대라고 믿는 바로 그것이 진
정으로 당신을 지켜주고 있는가. 우리에게 안정감을 주는 것이 돈
이든, 종교든, 가족이든, 심지어 미신이든, 어쩌면 그 모든 것들은
불확실성과 환상에 기초한 것은 아닐까. 소로는 저마다의 환상 속
에서 '그것 때문에 나는 잘 살 수 있다'고 믿는 그 무엇을 건드린
다. 소로는 이런 질문을 하고 있는 나에게 놀랍게도 공자를 인용하
며 새롭게 말을 건다. 아는 것을 안다고 하고 모르는 것을 모른다

고 하라고. 이것이 바로 참되게 아는 것이라고. 환상 속의 사실이 아닌 이성 속의 사실을 믿으라고. 믿어야 한다는 의무감이나 습관 때문이 아니라 인간의 이성으로 확인할 수 있는 것만을 믿으라고. 모르는 것을 제발 아는 척하지 말라고. 그런 '이성 속의 앎'은 '환상 속의 믿음'보다 덜 매력적일 수 있다. 이성은 신앙처럼 편안하지도 않고 명성처럼 화려하지도 않다. 사실에 기초한 이성 위에서 싹트는 삶은 환상 속의 믿음보다 덜 매력적이지만, 결국 우리의 삶을 더욱 올바른 쪽으로 이끌 것이다.

그런 의미에서 각종 음모론은 위험하다. 인간의 이성과 앎을 향한 의지에 호소하기보다는, 막연한 공포와 불안이라는 나약한 집단심리에 호소하기 때문이다. 생태주의자들이 걱정하는 지구온난화의 가속화라는 사실 자체가 '틀렸다'고 믿는 사람들의 커뮤니티가 있다고 한다. 이런 허황된 주장은 수많은 과학자들의 실험과 연구로 이미 증명된 사실까지 음모론으로 치부해 버림으로써, 지구를 사랑하는 사람들의 온갖 생태주의적 노력마저 부정하는 것이다. 음모론 뒤에서 회심의 미소를 짓는 사람들은 환경운동의 가치를 부정하고 기업의 막대한 이익과 규제 완화를 열망한다. 우리는 이러한 터무니없는 음모론이 아니라 정확한 사실에 기초한 앎과 그 앎으로부터 우러나오는 실천을 시작해야만 한다. 이성은 그 속에 아무런 쾌락도 없는 것처럼 보인다. 하지만 바로 그렇기 때문에 우리를 속이지 않는다.

『월든』의 생태학

자연과 공생하는
삶을 꿈꾸며

월든 호수 주변의 습지를 일컬어 '와이먼 메도우
Wyman meadow'라고 한다. 와이먼 메도우는 매
사추세츠 주의 보호를 받고 있는 생태학적으로 매
우 중요한 습지다. 수많은 식물들과 동물들의 생
존을 위해 매우 결정적인 생태 환경을 제공하는
습지다.

무엇을 어떻게 먹을 것인가

나는 옥수수밭에서 쇠비름을 캐내 데쳐서 소금으로 버무린 것만으로도 충분히 훌륭한 식사를 했다. (…) 가끔씩 색다른 음식이 먹고 싶었던 것은 건강 때문이 아니라 식욕 때문이었다. 사람이 가끔 심각한 배고픔을 느끼는 것은 필수적인 음식이 부족해서가 아니라 사치스러운 음식을 탐내기 때문이다. (…) 나는 규칙적으로 마을에서 효모를 사왔는데, 하루는 요리법을 깜빡한 나머지 효모가 몽땅 타버리고 말았다. 그로 인해 빵을 만들 때 효모가 반드시 필수적인 것이 아님을 깨달았다. (…) 이후에는 효모 없이 빵을 만들어 먹었다. 그러자 마을의 여인들은 효모 없이는 좋은 빵을 만들 수 없다고 진지하게 말했고, 노인들은 빵에 효모를 넣지 않으면 나의 기력이 빨리 사라질 것이라고 주장했다. 그러나 나는 효모가 빵을 만들기 위한 필수 재료가 아님을 알게 되었고, 1년이나 효모 없이 살았지만 지금도 멀쩡히 살아 있다.

맛집 프로그램을 보면 걱정스럽다. 우리가 저렇게 맛있는 것들을 매일 먹어도 지구가 과연 살아남을 수 있을까. 맛집 프로그램에서 홍보하는 대로 매일 먹는다면, 그 무시무시한 육식의 카니발로 인해 지구는 금방 병들 것이다. 사실 지구는 이미 병들어 있다. 죽어서 고기가 될 소 한 마리를 키우기 위해 축구장 하나 넓이의 목초지가 사라진다고 하니, 우리는 우리의 먹거리를 위해 얼마나 많은 동물과 식물을 죽이고 있는 것일까. 우리가 육식을 많이 할수록, 우리가 플라스틱 용기를 많이 쓸수록, 인류가 지구에서 살 수 있는 시간은 점점 더 급격히 줄어들 것이다. 소로는 이런 미래를 마치 예측이라도 한 듯이 '더 적게, 더 간결하게, 더 소박하게' 먹고 입고 잘 것을 제안했다. 소로는 명사수였지만 사냥을 그만두었고, 낚시의 달인이었지만 낚시도 그만두었다. 동물을 사냥한 뒤 그 고기를 비축하는 것이 어려울 뿐 아니라 월든 숲속에서 동물들과 친해질수록 동물들을 죽이는 것이 마음 아팠기 때문이다. 캠핑 중 정말 먹을 것이 똑 떨어졌을 때 어쩔 수 없이 사냥을 한 뒤에는 마음이 아파 제대로 먹지도 못했다고 한다.

소로는 '맛'을 향한 과도한 탐욕을 경계한다. 이스트를 넣지 않으면 큰일이라도 날 것처럼, 이스트가 마치 '빵의 영혼'이라도 되는 것처럼 호들갑을 떠는 이웃들을 향해, 소로는 이야기한다. 이스트를 넣지 않아도 빵은 충분히 맛있다고. 옥수수가루와 호밀가루와 물만으로도 맛있는 빵을 만들 수 있다고. 소로는 지구를 향해 최대한 작은 흔적을 남길수록, 자연을 향해 최대한 누를 덜 끼칠수록 좋은 삶임을 알고 있었다. 간결하게, 더 간결하게. 우리가 무엇을 사고 싶을 때마다, 더 맛있는 맛집을 찾아 인증샷을 찍고 싶을 때마다, 이 주문을 외워보자. 간결하게, 더 간결하게, 이루 말할 수 없이 간결하게. 우리 자신을 먹이고, 입히고, 재우자. 그것만이 지구를 더 오랜 시간 사랑할 수 있는 비결이다.

　인생의 선배들이 해주는 말이라도 틀릴 때가 있다. 나이 많은 농부들이 채식주의자에 가깝게 살아가는 소로에게 충고를 했나 보다. 사람이 어떻게 채소만 먹고 살 수 있겠냐고. 그러나 소로는 사람이 푸성귀만 먹고는 살아갈 수 없다는 생각 또한 편견이었음을 깨닫는다. 인간보다 훨씬 무거운 짐을 잔뜩 싣고도 힘차게 앞으로 나아가는 소와 말 들은 정작 푸성귀만 먹고도 엄청난 힘을 내지 않는가. 고기를 먹어야 뭔가 제대로 된 것을 먹는 것 같은 착각이야말로 우리가 자연과의 공존을 위해 포기해야 할 쾌락 중의 하나다. 우리를 마비시키는 쾌락 하나. 그것은 바로 육식이다. 육식으로부터 자유로워지는 것, 채식만으로도 충분히 건강한 식생활을 해낼 수 있다는 믿음을 소로는 이미 채식주의 운동이 본격적으로 태동하기도 전에 이미 알고 있었던 것이다.

　육식뿐 아니라 온갖 '잡식'에 길들어버린 나는, 최근에 '일주일에 하루는 온전한 채식'을 해보자고 결심했다. 극소수의 사람들이 완전한 채식주의자로 사는 것보다는 다수의 사람들이 '부분적 채식주의자'로 살아가는 것이 현실적이고 지속 가능한 채식이라는 이야기를 들었기 때문이다. 예컨대 천 명의 사람들이 매일 채식을 하는 것보다는 십만 명의 사람들이 일주일에 한 번이라도 채식을 하는 것이 현실적으로 지속 가능한 공존의 실험일 수 있다는 것이다. 완전한 채식은 아직 자신 없는 내가 따라 할 수 있는 아주 작은 실천이었다. 샐러드와 비빔밥, 과일도시락과 야채주스, 고기 없는 쌈밥 등으로 하루를 보내는 것은 매우 힘들지만 '멋진 실험'이다. 고기반찬을 먹어야 '제대로 먹었다'는 느낌을 가졌던 지난날, 지나치게 풍요로웠던 내 식탁을 가볍고, 맑고, 투명하게 만드는 시간이다.

자본주의의 치명적인 허점

수많은 사람들은 '집이란 무엇인가'라는 문제를 진지하게 생각하지 않는다. 그저 남들이 집을 가지고 있으니 나도 집이 있어야 한다는 생각으로, 무리하게 집을 마련하고 평생 가난에 찌들어 살아간다. (…) 물론 현재의 집보다 훨씬 더 편리하고 화려한 집을 짓는 것은 가능하다. 그러나 그런 집을 지을 만한 여유가 없다는 사실도 인정해야 한다. 사람들은 왜 이보다 더 많은 것을 얻으려고만 할 뿐, 더 적게 소유하고도 만족하는 길은 가려 하지 않는 것일까? (…) 왜 아랍인이나 인디언의 가구처럼 소박한 살림으로 만족하면 안 되는가?

왜 우리는 더 많은 것을 가지는 것에만 골몰할 뿐 더 적게 가지고도 만족하는 법을 배우지 않을까. 소로는 자본주의의 치명적인 허점을 발견했다. 사람들로 하여금 더 많이 소유하기만을 꿈꾸게 만드는 것. 사람들의 생각 자체를 '향유'가 아닌 '소유' 쪽으로 돌리는 것. 이미 충분히 아름다운 자연을 향유해도 좋은 시간에 그 자연의 아름다움을 파괴하여 '자원'으로 만든 후 '이윤'을 창출하도록 유도하는 자본주의. 자연은 우리가 이윤을 창출하기 위한 수단이 아니다. 버팔로를 사냥할 때도 딱 먹을 만큼만 사냥하고, 버팔로를 위한 감사의 의례까지 행하며, 진심으로 동물을 향해 미안함과 고마움을 느꼈던 인디언과 달리, 백인 개척자들은 아예 버팔로 떼를 수백만 마리씩 몰살함으로써 인디언들이 누렸던 삶의 터전을 없애버렸다. 소유가 아닌 향유의 관점에서 보면, 인디언들이 우리보다 훨씬 부자였다. 그들은 화려한 건물이 아닌 자연의 숲 자체에서 만족을 누렸으며, 살아 있는 모든 것들을, 심지어 죽은 존재들마저 영원히 사랑하는 법을 알았다. 모든 것이 모든 것과 이어져 있다는 생각, 그 연결의 감각이 그들을 자연 앞에서 겸허하게 만들었다. 우리가 지구상의 모든 동물들과 식물들과 끝내 연결되어 있는 존재임을 안다면, 우리는 차마 그토록 많은 생명체를 죽임으로써 우리의 삶을 유지하는 '육식의 사회'를 정당화하지는 못할 것이다.

소로는 사냥과 낚시를 포기했다. 명사수였음에도 사냥을 포기하고, 낚시의 달인임에도 불구하고 낚시를 포기했다. 그럼으로써 자연을 사랑하면서도 자연에게 해를 끼치지 않는 삶, 자연 속에 거하되 자연에게 피해를 주지 않는 진정한 생태적 삶을 실현할 수 있었다. 소로에게는 가장 사랑하는 것을 포기할 용기가 있었다.

동물과 함께하는 삶

오래전에 나는 사냥개와 밤색 말과 비둘기를 잃어버렸다. 지금도 그들의 행방을 찾고 있다. 길에서 사람을 만나면 그들에 대해 이야기하면서, 그들이 자주 가던 곳이 어디였는지, 뭐라고 부르면 사람에게 응답하는지 등을 설명해 주기도 했다. 사냥개가 짖는 소리를 들었다는 사람도 있고, 말발굽 소리를 들었다는 사람도 있고, 비둘기가 구름 저편으로 사라져가는 것을 보았다는 사람도 있었다. 그들은 마치 자기가 사냥개와 밤색 말과 비둘기를 잃어버린 당사자인 것처럼, 간절하게 나의 동물들을 찾고 싶어 했다.

마치 잃어버린 친구를 찾듯이, 헤어진 가족을 찾듯이, 사냥개와 밤색 말과 비둘기를 찾는 소로의 모습이 가슴 아프다. 사람들도 다정해서 소로의 친구들의 행방을 어떻게든 이야기해 주고 싶어한다. 비둘기가 구름 저편으로 사라지는 것을 보았다는 사람이 있었다니. 도대체 그 구름이 어디 있는지 좌표로 설명할 수나 있을까. 비논리적이지만 그 절절함을 이해해 주는 사람들 또한 '소로의 친구들'이 아닐까. 동물을 친구처럼 사랑하는 마음, 동물을 가족처럼 아끼는 마음. 그것이 소로의 『월든』 속에 항상 강물처럼 흐르고 있는 정신이었다.

얼마 전에 내 친구 K가 무려 17년이나 키웠던 반려견이 세상을 떠났다. 처음 친구에게 이 새하얀 말티즈가 왔을 때, 우리 모두의 그 놀라움을 기억한다. 그렇게 사랑스러운 강아지가 이 세상에 존재한다니. 게다가 이 녀석은 매우 활발하고 다정해서 중국집 배달부 아저씨에게도 꼬리를 살랑살랑, 택배 아저씨에게도 꼬리를 살랑살랑, 아무에게나 안기고 몸을 부비며 온갖 애교를 부렸다. 이 티 없는 강아지에게도 뜻밖의 상처가 있었는데, 이전 견주가 괴롭힘을 일삼아서 특히 앞발 쪽을 만지려고 하면 사납게 으르렁거렸다. 앞발을 집중적으로 때리거나 찌른 것일까. 우리는 절대 앞발 쪽은 건드리지 않게 조심하면서 그 강아지를 아기처럼 소중히 다루었다. 친구의 강아지였지만 함께 친하게 지내는 네 명의 친구 모두가 그 강아지를 아꼈다. 온 동네 사람들이 그 '아무에게나 달려드는 귀여운 하얀 말티즈'를 알고 있었으니, 이 강아지는 자신의 눈앞에 펼쳐진 온 세상의 사랑을 다 받은 셈이다.

그런 강아지가 시름시름 앓더니 마지막에는 백내장과 치매까지 덮쳐서 앞도 보이지 않고 자신이 어디에 있는지도 알지 못하는 듯했다. 그렇게 강아지의 아픔을 돌봐주느라 그 친구 또한 무려 3년이나 걱정과 근심 속의 나날을 보냈다. 얼마 전 친구에게 연락을 했더니 며칠 전에 우리들의 그 사랑스러운 말티즈가 세상을 떠났다고 했다. 함께 눈물 흘리며 우리는 추억에 잠겼다. 그 어떤 따스한 위로의 말로도 친구의 아픔을 위로할 수가 없었다. '펫 로스 증

후군(pet-loss syndrome: 반려동물을 잃은 슬픔으로 심한 우울증을 겪는 현상)'으로 힘들어하는 사람들이 굉장히 많은데, 그 쓰라린 상실감은 무엇으로도 대체할 수 없는 아픔이기 때문이다.

인간들은 무슨 일을 잘해야 칭찬하고, 대단한 일이 있어야 축하를 하지만, 집안에서 우리를 하루 종일 기다리는 반려동물들은 아무 일 없어도 마치 대단한 일이라도 생긴 듯 우리를 미친 듯이 환영해 주고, 나쁜 일이 있을 때도 마치 그런 것은 아무것도 아니라는 듯 우리들의 볼과 손을 다정하게 핥아주며 사랑한다고, 사랑한다고, 끊임없이 속삭이는 것만 같다. 그런 한없는 따사로움을, 그런 조건도 이유도 분석조차 필요 없는 해맑은 사랑의 기술을, 우리는 반려동물이 아닌 존재로부터는 거의 배우지 못한다. 때로는 말 못하는 이 반려동물이, 말만은 청산유수처럼 잘하지만 서로의 마음을 제대로 이해하지 못하는 우리 인간들보다도 더 따스하게 우리의 아픔을 어루만져줄 때가 있다.

소로는 말 못하는 동물들이 전해주는 그 말없는 따스한 위로를 너무도 잘 알았던 것이 아닐까. 자신이 잃어버린 동물들을 찾아 온 숲을 찾아 헤매는 소로의 모습이 생생하게 떠올라 이 글을 읽을 때마다 눈시울이 뜨거워진다. 소로는 인간 세상에서 받지 못하는 한없는 위로와 천진무구한 사랑을 동물로부터 느꼈던 것이 아닐까.

원시인의 강인함, 문명인의 지성

티에라델푸에고섬의 원주민에 대해 찰스 다윈은 이렇게 말한다. 다윈의 일행은 옷을 단단히 껴 입고 타오르는 불 곁에 앉아 있어도 덥지 않았는데, 옷을 전혀 입지 않은 원주민들은 불가에서 멀리 떨어져 있었음에도 불을 바라보며 땀을 뻘뻘 흘리고 있는 모습을 보고 깜짝 놀랐다는 것이다. 유럽 사람들은 두꺼운 옷을 입고도 추위에 떨지만, 오스트레일리아의 원주민은 알몸으로 다녀도 추위를 느끼지 않는다는 이야기도 있다. 이 원시인들의 강인함과 문명인의 지성을 조화롭게 결합시킬 수는 없는 걸까?

원시인의 강인함과 문명인의 지성을 결합시키는 것. 이것이 소로의 이상이었다. 미개인처럼 강인한 신체로 그 어떤 더위나 추위도 꿋꿋이 견뎌내고, 문명인의 세련된 지성과 학문을 무기 삼아 어떤 고난과 역경도 지혜롭게 이겨내는 삶. 그것이 소로의 이상이었고, 소로는 실제로 그런 사람이 되었다. 그는 6개 국어 이상의 언어를 자유롭게 할 수 있었으며, 어디서나 책을 읽고 쓸 줄 알았으며, 숲의 사계절이라는 혹독한 야생의 환경에서 끝내 강인하게 살아남았다. 소로는 문인의 지성과 무인의 용맹을 동시에 갖춘, 매우 드문 지성인이었다.

소로는 어떤 고난과 역경 속에서도 끝내 야생의 환경에서 살아남는 인디언들을 예찬하다가도, 막상 숲속에서 야영을 해보니 자신과 같은 문명인은 자칫 잘못하면 영원히 숲속에서 행방불명될 수도 있다는 사실을 깨닫고 아연실색한다. 그는 인디언을 사랑하지만 결코 그 자신이 인디언이 될 수는 없었던 것이다. 그는 숲속의 오두막을 지으면서 매우 조심했지만 숲의 환경에 작지만 변화를 일으켰음을 솔직히 인정한다. 게다가 그가 숲속에 난데없이 오두막을 지을 수 있었던 이유는 문명사회에서 매우 커다란 부를 축적하고 있었던 에머슨의 배려 덕분이었다. 당시 월든 오두막이 자리한 땅은 바로 에머슨 가문의 사유지였다. 에머슨이 허락을 해주었기 때문에 그는 월든 오두막을 짓고 2년 2개월이나 무료로 그 땅에서 살아갈 수 있었던 것이다.

이 모든 측면을 종합했을 때 소로가 월든 오두막에서 온전한 야생의 기쁨만을 누렸다고 단언할 수는 없다. 그는 문명과 야생의 조화를 꿈꾸었으며 가장 자연을 덜 훼손하면서 자연과 공존하는 집, 작은 통나무 오두막은 그가 찾은 바람직한 절충안이었던 셈이다.

태양열로 냉난방을 하는 집들이 급증하고, 환경오염과 지구온난화를 가속화시키는 가솔린 엔진이 아니라 전기차를 사용하는 사람들이 늘어나는 것은 모두 자연과 공존하려 노력하는 인류의 고민이 엿보이는 지점이다. 하지만 더 좋은 해결 방법은 최대한 자연의 모든 풍경들을 많이 건드리지 않고 개발 자체를 줄이는 것이다.

아름다운 땅마다 어떻게든 리조트를 짓거나 놀이공원을 만들어 자연을 파괴하는 행위, 환경오염을 가속화시키는 플라스틱 제품의 대중화, 각종 일회용품의 빈번한 사용으로 1인당 배출되는 쓰레기의 총량을 늘리는 모든 시스템을 바꿔야 한다. 편리함에 익숙해지는 대신 약간의 불편함을 견뎌내고 좀 더 강인하게 야생인의 자유를 체험해 보자. 지구인들이 실내 난방온도를 1도씩만 낮추어도 화석연료 사용량과 이산화탄소 배출량은 엄청나게 줄어들 것이다. 푹푹 찌는 한여름에 문을 활짝 열어놓고 에어컨을 그야말로 빵빵하게 틀어놓는 매장들의 냉방문화도 바꾸어야 한다. 문명의 이점을 부분적으로 활용하되 그 편안함에 중독되거나 길들여지지 않는 우리 인간의 강인함과 부지런함이 더해질 때 우리는 비로소 우리 자신의 건강과 지구의 안녕을 지켜낼 수 있을 것이다.

잃어버린 야생의 삶을 찾아서

인류의 주거 형태는 동굴로부터 시작되어, 종려나무 잎사귀들, 나무 껍질과 나뭇가지들, 펼쳐진 천막, 마른 풀과 지푸라기, 널빤지, 돌과 기와로 지붕을 얹는 단계로 점차 진화해 왔다. 시간이 갈수록 우리는 야외 공간에서 사는 것이 어떤 것인지 잊어버리게 되었고, 이제 우리의 일상은 가정이라는 울타리 안에 한정되어 있다. (…) 밤낮을 가릴 것 없이 별들과 우리들 사이를 가로막는 장애물 없이 더 많은 시간을 보낼 수 있다면 얼마나 멋질까. 시인들은 왜 지붕 아래 실내 공간에서 그렇게 오랫동안 노래하고, 성자는 왜 지붕 밑에서 그토록 오랫동안 머무는 것일까.

우리는 야생의 삶을 잃어버렸다. 우리는 자유롭게 날며 지저귀는 법을 잊어버린 새처럼, 날아다니고 노래할 수 있는 능력을 점점 퇴화시키고 있다. 편안하고 멋진 집을 향한 욕망은 점점 커져서, 우리는 인테리어를 위해 점점 더 많은 돈과 시간을 지불하게 되었다. 현대인은 멋진 집에서 살아가는 법을 터득했지만, 대신 야생에서 생존하는 법을 잃어버리게 된다. 하지만 캠핑 마니아들이 점점 늘어나고, 해마다 '캠핑 장비를 사야겠다'며 부산을 떠는 사람들이 많아지는 것을 보면, 야생의 삶에 대한 그리움은 죽지 않았다. 소로라면 현대사회의 캠핑족에게 이렇게 조언하지 않았을까. 캠핑 장비는 최소화하라고. 야생의 자유를 위해서는 한없이 가벼운 몸이 필요하다고.

외딴섬에 가서 고기를 잡아 요리를 하고 나물을 캐먹고 닭장의 알을 꺼내 먹고 농사를 지은 식물로 오늘의 요리를 해먹는 프로그램(〈삼시세끼〉), 자연 속에서 살아가며 도시의 복잡함을 벗어난 사람들의 이야기(〈나는 자연인이다〉), 심지어 문명의 손길이 닿지 않은 야생의 자연 속으로 들어가 전기도 없이 온갖 화려한 문명의 기술도 없이 살아가는 서바이벌 게임(〈정글의 법칙〉)이 만들어지는 이유는 무엇일까. 나는 이것 또한 또 하나의 월든을 그리워하는 우리의 집단적 본능 때문이라고 생각한다.

이런 프로그램들이 항상 조심해야 할 것이 있다. 아직 도시문명의 복잡함이 충분히 스며들지 않은 그 아름다운 자연의 모습을 결코 훼손해서는 안 된다는 점이다. 한 촬영팀이 그런 예능 다큐 프로그램을 다 찍고 나서 온갖 쓰레기와 잡동사니들을 싹 모아 태우다가 산불을 냈다는 뉴스를 보고 깜짝 놀란 적이 있다. 그것이야말로 결코 해서는 안 될 일이다. 자연의 아름다움과 야생성을 '경험'하러 간 프로그램에서 그 아름다움과 야생성을 아무렇지도 않게 파괴하는 위험을 보여주는 것이다.

미니멀리즘, 그리고 제로 웨이스트

다음과 같은 두 학생이 있다고 하자. 한 학생은 관련 서적을 찾아 읽으면서 자신이 직접 채굴한 광석을 녹여 잭나이프를 만들었고, 또 한 학생은 기술학교에서 야금학 강의를 들으면서 아버지한테 펜 나이프를 선물로 받았다. 한 달쯤 지난 뒤에 어느 학생이 더 발전해 있을까? 두 학생 중에 누가 더 손을 잘 베일까? 나는 내가 재학 중에 항해학 강의를 들었다는 것을 대학을 졸업할 때에야 알고 깜짝 놀랐다. 내가 배를 몰고 항구 밖으로 단 한 번이라도 나갔다면 항해학에 대해 훨씬 많은 것을 배웠을 텐데 말이다. 가난한 학생들까지도 정치경제학을 배우고 공부하지만, 철학과 동의어인 생활경제학은 미국의 대학에서 진지하게 가르치지 않고 있다.

소로는 생활경제학, 즉 실제 생활에서 우리가 어떻게 살아갈 것인가의 문제를 해결하는 것이 철학과 완전히 동의어라고 주장한다. 나는 소로의 이런 면이 좋다. 철학은 이론의 화려한 전시가 아니다. 철학은 바로 우리가 바로 지금 여기서 어떻게 살아갈 것인가에 구체적으로 대답해야 하고, 그러기 위해 철학 또한 생활경제학이 되어야 한다. 나는 '집을 짓는 법'을 가르쳐주는 대학이 있으면 좋겠다. 집을 짓고, 농사를 짓고, 옷도 만들 수 있는 법을 가르쳐주는 대학이 있으면 좋겠다. 그런 대학이라면, 다시 한 번 새롭게 대학생활을 시작해도 좋을 것 같다. 기말고사 시험은 집 한 채를 지어 직접 살아보는 것. 졸업시험은 집 한 채를 지어 사회에 기증하는 법. 그럴 수만 있다면 우리는 집에 너무 많은 돈을 투자하지 않고, 내 힘으로 내 집을 지어 살고, 의식주를 스스로 해결함으로써 더욱 건강하고 아름다운 삶을 살 수 있지 않을까. 그런 대학이 없다면 우리가 지금부터 시작해야 하지 않을까. 살아 있는 모든 생물들이 더 나은 환경에서 살 수 있도록 우리는 쓰레기를 최대한 줄이고, 화석 연료 사용도 줄이고, 아낄 수 있는 모든 것을 아끼고, 소박하고도 건강한 의식주 문화를 만들기 위해 저마다의 자리에서 노력해야 하지 않을까.

우리가 지금부터 실천할 수 있는 작은 몸짓부터 시작하자. 상품의 '알맹이'만 구매하고 포장지는 구입하지 않는 '제로 웨이스트 운동'도 누구나 시작할 수 있다. '알맹이상점'이라는 곳에서는 당근이나 양파 같은 채소는 물론 비누나 샴푸도 내용물만 덜어가는(공병을 가져가면 누구나 액체류를 쓰레기 없이 구입할 수 있다) 실천을 통해 쓰레기를 줄이고 있다고 한다. 나는 '냉장고 없는 집'에서 살아본 적이 있는데, 매일 조금씩 먹을 것만 구입해서 쓰니 쓰레기가 평소보다 70퍼센트 이상 줄고 냉장고에서 오랫동안 방치되어 마르거나 먹을 수 없게 되어가는 음식이 전혀 없어졌다. 저장해 두는 음식이 거의 없어지니, 버려지는 음식도 없었다. 냉장고가 점점 커지면서 우리는 더 많은 음식물을 축적하고, 심지어 자기 자신조차 그 음식의 존재를 잊어버리고, 마침내는 더 많은 음식들을 버리게 되었던 것이다. 소로처럼 살기 위한 첫 번째 발걸음. 그것은 우선 냉장고에 '무엇이 있는지'를 완전히 파악하고, 빨리 먹어야 할 것과 버려야 할 것과 나눠 먹어야 할 것을 분류하고, 냉장고를 정말 '차갑게 하는 용도'로만 쓰는 것이다. 장기적으로는 냉장고를 가장 작은 사이즈로 줄이거나 쓰지 않는 삶을 살 수 있다면 더욱 소로가 기뻐하지 않을까.

얼마 전에 내가 매우 아끼는 편집자가 오랜만에 이사를 하면서 자신이 이토록 많은 '허섭스레기들'을 꼭 껴안고 살아온 줄은 몰랐다면서 아연실색했다. 꼭 필요한 줄 알고 샀는데 정말 미치도록 예뻐서 샀는데. 이사를 하려고 짐을 챙기다 보니 그 모든 것들은 사지 않으면 더 나았을 것들, 이사할 때마다 버리느라 돈을 더 쓰게 되는 값비싼 쓰레기로 판명된다. 모든 집들은 처음에는 그토록 넓어 보였는데 왜 1년만 살고 나면 그토록 좁아 보이는 것일까. 우리가 끊임없이 물건들을 사다 나르고 그 물건들이 어디 박혀 있는지도 모른 채 또 비슷한 것들을 사다 나르고 있기 때문이다. 간결함(Simplicity)은 소로의 모든 삶의 영역에서 가장 핵심적인 가치다. 물건을 정리할 때도, 인간관계를 맺을 때도, 먹거리를 준비할 때도, 긴 여행을 떠나기 위해 짐을 쌀 때도, 그는 늘 간결함을 첫 번째로 생각했다.

흔적을 남기지 않는 여행을 꿈꾸다

"왜 저축을 하지 않는 거요? 여행을 좋아하는 것 같은데, 지금이라
도 당장 기차를 타고 피츠버그로 여행을 떠나면 좋지 않겠소." 어
떤 사람은 나에게 이렇게 말했다. 하지만 나는 생각보다 똑똑해서,
도보여행이야말로 가장 빠른 여행임을 알고 있다. 기차여행을 권했
던 그 사람에게, 나는 우리 두 사람 중에서 누가 더 빨리 피츠버그
에 도착하는지 시합을 하자고 말한다. (…) 걸어서 여행을 떠나면 오
늘밤이 되기 전에 피츠버그에 도착할 수 있다. (…) 내가 도보여행을
하는 동안, 당신은 우선 차비를 벌어야 할 테니 내일이 되어야 도착
하게 될 것이다. (…) 기차여행을 선택한 당신은 지금 당장 피츠버그
로 출발하는 대신 차비를 벌기 위해 일을 하느라 하루를 꼬박 써버
렸을 것이다. 기차여행으로 지구 끝까지 갈 수 있을지라도, 걷기를
택한 나는 항상 당신보다 빨리 갈 것이다.

나는 항상 당신보다 앞서갈 것이다. 나는 알고 있다. 도보여
행이 세상에서 가장 빠르다는 것을. 소로의 천재성이 또 한 번 빛
을 발휘하는 대목이다. 여행을 좋아하는 소로에게 '당신은 왜 지금
당장 기차표를 끊어서 멀리 여행가지 않소'라고 묻는 사람이 있었
나 보다. 소로는 당연히 여행을 좋아한다. 하지만 그는 도보여행을

사랑한다. 화석연료를 쓰는 당시의 가장 빠른 여행, 기차여행이 아니라 도보여행을 가장 사랑한다. 그는 도보여행이 가장 빠른 길이라고 대답한다. 내가 걸어서 가는 동안 당신은 차비를 벌어야 한다고. 우리는 차비를 벌기 위해, 여행지의 숙박비를 벌기 위해, 아주 열심히 노동을 해서 몸의 피로도를 극한까지 끌어올린다. 그리하여 여행 당일에는 피곤에 절어 있다. 걸어서 여행한다면 훨씬 더 피로와 경비가 줄어들지 않을까. 걸을 수 있을 만큼 걷고, 돈은 거의 들지 않고, 걸어가는 동안 그 수많은 풍경들을 하나도 놓치지 않고 다 볼 수 있으니, 너무 높이 날아가는 비행기가 포착하지 못하는 풍경, 너무 빨리 달려가는 기차 안에서는 보이지 않는 풍경까지도 모두 볼 수 있지 않을까. 가장 생태적인 여행, 가장 환경친화적인 여행, 그러면서도 가장 인문학적으로 풍요로운 여행은 뭐니뭐니 해도 도보여행이다.

나는 여행을 하며 숙소에 들어가면 일단 '수건이 몇 개 있는지' 살펴보고 그 수건 중에서 '한 장'만 쓰기로 마음먹는다. 수건을 세탁하고 말리기 위해 엄청난 세제와 물과 전기가 든다는 것을 들었기 때문이다. 어메니티로 나오는 샴푸와 린스는 쓰지 않는다. 내가 이미 가지고 간 내 샴푸를 쓰면서 짐을 줄여간다. 어메니티를 모은답시고 하나하나 모아두었다가 결국 유통기한이 너무 많이 지나 쓰지 못한 경험이 있기 때문이다. 샴푸와 린스는 물론 머리끈이나 화장솜이나 빗, 칫솔과 치약까지 비치해 두는 호텔들이 있는데, 이런 어여쁘고 귀여운 물건들을 하나도 쓰지 않기가 참으로 어렵지만 그래도 꾹 참는다. 그 참음으로써 느껴지는 보람이 훨씬 크기 때문이다.

미니어처 분량으로 만들지 말고 큰 통으로 놓아두면 좋겠다는 생각도 들지만 큰 통으로 놓아두면 신나게 낭비하는 사람들도 있을 것이기에 그 어느 것도 환경친화적이지 못하다는 생각이 든다. 물기가 전혀 없어서 가벼우면서도 쓰면서 양이 점점 줄어드는 '샴푸바'는 매우 유용한 여행용 아이템이다. 샴푸를 안 쓰는 극단적인 방법도 써보았지만, 두피 가려움증이 심해져서 아직까지는 샴푸의 거품을 향한 유혹을 완전히 버리지 못했다. 비누도 로션도 쓰지 않고 오직 물로만 세수하고 목욕한다는 사람의 피부를 보니 정말 '화사한 물광'이 났다. 우리가 원래 가지고 있는 좋은 피부를 언젠가는 회복하게 된다고 한다.

환경운동의 혁명적인 변화를 이끌어온 소녀 그레타 툰베리는 비행기의 환경오염을 막기 위해 화장실도 없는 보트를 타고 무동력으로 여행을 한다고 한다. 그녀처럼 용감한 선택을 하지는 못하지만 최대한 '흔적을 남기지 않는 여행'을 하기 위해 노력한다. 쓰레기를 최소화하고, 공병이나 플라스틱 용기가 남는 상품 구매도 최소화하고, 호텔에서 여러 날 머물 때는 내가 스스로 내 방을 청소해서, 호텔 직원들이 침대보를 새로 갈지 않도록 '방해 금지(Don't Disturb)' 사인을 걸어둔다. 너무 자주 청소를 부탁하면 수건은 물론 침대 린넨을 바꾸느라 엄청난 물과 세제와 전기를 쓰게 될 테니까. 그렇게 조금씩 내가 할 수 있는 환경친화적인 삶을 일상 속에서 실천하기 위해 노력해 보자.

이제 21세기에 우리가 만들어갈 또 하나의 월든은 '숲속의 오두막형' 고립식 생태주의가 아니라 '도시문명'의 토대 위에서도 농업을 하고(도시농업), 숲을 가까이하고(둘레길 등을 만들고 공원 등의 녹지를 늘임으로써), 강과 숲과 들을 도시 안으로 초대하고 늘려가는 쪽으로 바뀌어야 한다. 한 명씩 숲속 오두막으로 은둔하는 길은 오히려 느린 방법이니, 우리는 더욱 빠르고 집단적인 움직임으로 도시의 황폐화를 막아야 하고, 도시 자체를 '숲과 공존하는 거대한 월든'으로 만드는 실험을 시작해야 한다.

소유의 고통으로부터 해방되기

한 마을에서 버스크가 열릴 때면 새 옷, 새 냄비, 새 프라이팬은 물론 온갖 살림과 가구를 미리 꺼내놓고, 헌옷을 비롯한 여러 가지 잡동사니들을 모두 모아둔 후, 집과 광장과 마을 전체를 말끔하게 청소한 뒤, 청소 중에 나온 모든 쓰레기를 남은 곡식과 오래된 음식들과 함께 거대한 산더미처럼 쌓아놓고, 한꺼번에 싸그리 불태워버린다. 마을 사람들은 약을 먹고 사흘 간 단식을 한 뒤, 마을의 모든 불을 끈다. 단식 기간에는 식욕은 물론 성욕까지, 모든 욕망을 내려놓는다. 이러한 버스크가 진행되는 동안 대사면이 행해지고, 모든 죄인들도 집으로 돌아갈 수 있게 된다. (…) 버스크 나흘째, 마을의 제사장이 마른 나뭇가지를 부러뜨려 마을 광장에 새로운 불씨를 지핀다. 이 불씨는 온 마을 사람들에게 순수한 새 불을 공급하게 된다. 이런 과정을 거친 뒤 온 마을 사람들은 그해 새로 수확한 햇곡식과 햇과일로 사흘 내내 잔치를 벌이고, 춤추고 노래를 부른다.

버스크(Busk)란 원래 '수확제'였다. 서양의 추수감사절처럼 풍요로운 수확을 축하하고, 인간의 힘겨운 노동을 치하하고, 자연으로부터 선물받은 모든 것들에 감사하는 축제였다. 그런데 인디언들의 버스크는 특이하게도 그 온갖 수확물들과 가재도구들을 깡 그리 불태워버리며 광란의 축제를 벌이는 형태로 진행된다. 그들은 왜 애써 모은 재산을 태워버린 것일까. 바로 그 재산의 축적이 서로의 성과를 비교하는 경쟁과 질투의 대상이 되기 때문이었다. 누구 집은 얼마나 수확을 했고, 어느 집은 얼마나 재산을 모았고, 이런 식으로 서로가 서로의 성과를 비교하는 삶을 살고 싶지 않았던 것이다. 그들은 부지런히 창조하고 더 부지런히 파괴했다. 재산의 축적이 인간의 탐욕을 부추기지 않도록, 축적된 재산을 지키느라 인생의 진짜 의미를 지나쳐버리는 실수를 범하지 않도록. 소유를 향한 열망이 우리 자신의 영혼까지 점령해 버리지 않도록.

버스크의 진정한 의미를 알게 되니 나는 인디언들의 이 축제, 즉 사물을 파괴하면서도 의미를 창조해 내는 이런 집단적 제의가 부러워지기 시작했다. 그들이 파괴한 것은 재산을 향한 집착과 뭐든지 지금보다 더 많이 쌓아두려는 욕심이고, 그들이 창조한 것은 삶의 더 풍요로운 의미와 공존의 가치였던 것이다.

우리도 이런 축제를 벌일 수 있다면 얼마나 좋을까. 우리가 가진 것들이 우리를 질식시키지 않도록. 우리가 너무 많은 물건들에 집착하지 않도록. 1년에 한 번쯤은 우리가 가진 모든 것들을 태워 없애버릴 수 있는 용기가 우리에게 있을까. 없애버리기에는 너무 많은 물건들, 너무 소중한 물건들 사이에서 둘러싸여 살아가는 우리들은 때로는 '이 물건을 나중에 어떻게 정리해야 한단 말인가'라는 걱정으로 잠 못 이루기도 한다. 우리의 복잡한 머릿속은 어쩌면 우리의 너무 많은 소유물들 때문이 아닐까.

　인디언의 버스크는 우리 삶에서 진정한 '정화'란 무엇인가를 생각해 보게 만든다. 정화는 단지 더러운 먼지를 털어내는 것만으로는 이루어지지 않는다. 내 안의 묵은 때, 즉 내 안의 탐욕과 집착과 결별할 수 있을 때 진정한 정화는 가능해진다. 이렇게 인디언들처럼 화끈하게 자신의 소유물들을 태울 수 없다면 우리는 1년에 단 사흘만이라도 거대한 '나눔의 축제'를 만들어 내가 충분히 즐긴 물건들을 타인에게 나눠줄 수 있는 축제를 만들면 어떨까. 현대사회의 버스크가 필요한 시대다. 그래야 미니멀리즘이 가능하다. 물건에 쫓겨나거나 물건에 깔려 죽을 판인 우리 현대인이 그토록 갈망하는 미니멀리즘의 최초의 창시자 또한 소로가 아니었을까. 우리가 이미 많이 가지고 있는 것들로부터도 자유롭지 못하다면 과연 우리는 무엇을 더 할 수 있겠는가. 각자의 자리에서 새로운 '버스크'를 꿈꾸는 실천을 해보자.

완전한 자연농법

나는 콩을 키울 때 말이나 소의 도움을 거의 받지 않았다. 다른 사람의 도움을 받지도 않았고, 최신 농기구도 쓰지 않았다. 그리하여 콩들과는 한결 더 가까워진 느낌이었다. (…)

"어쩌면 콩을 저렇게 늦게 심을 수가! 완두콩을 저렇게 늦게 심었다니!" 다른 농부들은 이미 김을 매고 있는데, 나는 그제야 씨앗을 뿌리고 있었던 것이다. 농부들의 시선에 비친 내 모습이 한심해 보였을 것이다.

"가축 사료로는 옥수수가 최고라네. 옥수수가 무조건 최고라니까."

"저 사람, 정말 저기 살고 있는 거 맞아요?" 검은 보닛 모자를 쓴 여자가 회색 코트를 입은 남자에게 묻는 모습이 보인다. (…) 나는 수레도 말도 쓰고 싶지 않았다. 게다가 농부들이 권하는 대팻밥을 구하려면 멀리까지 나가야만 했다. 마차를 타고 나를 바라보던 사람들은 내 밭과 다른 밭을 비교하면서 커다란 목소리로 수군거렸다.

어떤 기계나 거름도 쓰지 않고 오직 사람의 힘만으로 농사를 짓는 것. 수레도 말도 없이, 대팻밥이나 온갖 거름 없이, 오직 곡괭이만으로도 충분히 농사를 지을 수 있다고, 소로는 믿었다. 거의 완전한 자연농법을 소로는 이미 실천하고 있었다. 자연농법은 경운기를 쓰지 않음으로써 땅을 자유롭게 하고, 각종 비료나 농약으로 땅을 피곤하게 하지 않기 때문에 땅의 힘도 더 강해진다. 거름과 비료와 농약과 농기계로 한껏 착취를 당한 토양은 쉽게 되살릴 수가 없다. 게다가 유기농 작물이 비싸다는 것을 우리도 알고 있다. 농약과 살충제를 뿌려 지력을 상하게 한 농작물의 상태도 나빠지지만, 유기농 작물의 경우도 과도한 질소 배출과 분뇨의 냄새로 인해 완전히 좋다고만은 할 수 없다.

아무런 비료도 치지 않고 밭도 갈지 않고 오직 자연의 힘과 인간의 노동력만으로 농작물을 가꾸는 것이 가장 이롭다. 사람이 돌봐주기는 하되 땅에게 과도한 지력을 요구하지도 않고, 대량으로 팔기 위한 농작물이 아니기에 겉모양이 예쁠 필요도 없다. 소로의 농법은 일본의 자연농법 창시자 후쿠오카 마사노부의 주장과도 비슷하다. 자연농법은 농부들에게는 돈이 거의 들지 않아 좋고, 먹는 사람들에게는 건강에 좋기 때문에 더욱 이롭다. 사실 자연농법만이 항구적으로 지속가능한 농법이다. 땅을 트랙터로 뒤집는 행위도 단기적으로는 생산성을 높이지만 토양의 미생물이 파괴되고 그 안에 살고 있는 작은 벌레들도 죽게 된다. 주변 사람들 모두들 혀를 끌끌 차며 '이것은 올바른 농사가 아니다'라고 입을 모으지만, 소로는 그렇게 자연농법을 실천함으로써 자신을 먹여 살렸을 뿐 아니라 아주 질 좋은 콩을 생산해 냈다.

직업에 구속되지 않는 삶

아침에는 김을 매고 나서 책을 읽고 글을 쓴 다음, 월든 호수에 몸
을 담갔다. 호수 건너편까지 헤엄을 치면서 노동의 흙먼지를 씻어
내고, 공부 때문에 생긴 주름살을 매만져 깨끗이 편다. 그러고 나면
오후에는 완전한 자유시간이 찾아왔다.

월든 호수에서 지내는 동안 소로는 콩을 재배하는 농부로
서 살아가기도 했다. 자신이 직접 콩을 재배하면서 가축이나 농기
계의 도움을 전혀 받지 않고 오직 자신의 몸이라는 유일한 노동력
에 기대어 자연농법을 실천한다. 자연농법이란 경운기를 쓰지 않
고, 비료도 쓰지 않으며, 농약도 쓰지 않는 것이다. 그러다 보니 잡
초를 하나하나 뽑아내느라 진이 빠질 때도 많았지만, 그렇게 소로
는 콩을 길러 내다 팔아 쌀로 바꿔 먹으며, 때로는 쇠비름에 소금
을 무쳐 먹으며, 월귤나무 열매를 따 먹으며, 그 어떤 자극적인 음
식도 탐하지 않게 된다. 술도 커피도 설탕도 효모도 후추도 없는
삶이었지만, 소로는 자연의 아름다움과 글쓰기의 기쁨을 온전히
느낄 수 있는 월든 호수의 삶을 아무런 결핍감 없이 가꾸어낸다.

이렇게 자연과 함께하는 삶과 그 누구에게도 방해받지 않는 삶,
노동을 적게 하므로 결국 내 꿈에 최대한 가깝게 살 수 있는 삶은

하나로 합쳐진다. 생활경제학과 윤리학과 인문학, 생태학이 하나로 합쳐지는 지점이다. 이 네 개의 기둥이 하나로 합쳐져 소로의 삶이 되는 것이다. 마치 마르크스의『독일 이데올로기』에 나오는 이상적인 인간처럼, 노동을 하되 노동에 찌들지 않는 인간, 힘찬 노동을 마치고 나서도 남아도는 힘으로 비평도 하고 그림도 그리고 음악도 들을 수 있는 전인적 인간이 되어보는 것이었다. 생계를 걱정하지 않고 자신이 살고 싶은 대로 사는 인간. 오늘은 이 일을 하고 내일은 저 일을 하고, 아침에는 사냥을 하고, 오후에는 낚시를 하고, 저녁에는 소떼를 몰고, 저녁 식사 후에는 비평도 할 수 있는 인간. 그러면서도 사냥꾼도 어부도 목동도 비평가도 아닌 '그냥 나 자신'이 되는 인간. 그것이 바로『독일 이데올로기』가 그린 이상적인 삶이었다.

소로는 월든에서 정말 그런 삶을 살았다. 자신의 노동력을 타인에게 팔지 않고도 살아갈 수 있는 인간, 최소한의 노동만으로도 소박하지만 부족함 없는 생계를 꾸려나가고, 자연과의 조화로운 관계 속에서 충만함을 느끼기에 인간에게 과도한 애정을 갈구하지 않는 인간. 헨리 데이비드 소로는 그렇게 월든 호수처럼 맑고 푸르르고 눈부신 존재로 우리 곁에 영원히 살아 숨쉴 것이다.

『월든』을 읽을 때마다, 우리는 강해진다

월든 호수의 사진을 서랍 속에 간직하고 『월든』을 읽는 시간. 그 시간이야말로 내 마음에 보이지 않는 월든을 가꾸고 내가 잃어버린 자연의 숨결을 천천히 되찾는 시간이었다. 소로의 글을 읽고 있으면 월든 호수 한복판에서 오리 떼와 놀고 하루 종일 글을 쓰며 그 어떤 오락거리를 찾지 않고도 지고의 평화와 행복을 누릴 수 있는 지상의 낙원에 다가가는 것만 같았다. 어떻게 독서만으로 이런 일이 일어날까. 그 비밀은 바로 '묘사'에 있었다. 『월든』을 '재미없다'고 말하는 사람들의 특징은 묘사의 즐거움을 무시한다는 점이다. '앞에만 좀 중요한 내용이 나오고 뒤에는 자연에 대한 묘사가 대부분'이라는 평가도 있는데, 내 눈에는 반대로 그 아름다운 자연 묘사가 『월든』의 진짜 매력으로 보인다. 이 책은 '아름다운 자연 묘사' 자체가 핵심이며 그 속에 위대한 지혜(경제학, 고전문학, 역사학, 신화학, 생태학, 동물학, 식물학, 심지어 음악과 미술에 이르기까지)가 칼국수의 고명처럼, 건빵의 별사탕처럼 딱 알맞은 비율로 배합되어 있다. 소로의 자연 묘사를 그냥 바탕화면이나 배경화면처럼 지나쳐서는 안 된다. 그렇게 살아 움직이며 꿈틀대는 자연의 묘사를 할 수 있을 때까지, 소로는 마치 연인을 사랑하듯, 자식을 애지중지하듯, 자연을 어여삐 여기며 오랜 시간을 보낸 것이다.

소로의 싱그러운 문장이 지나간 자리에서는 파릇파릇한 새싹이 돋아난다. 솔거가 현란한 붓질로 화룡점정을 해냈다면 소로는 펜으로 쓴 '문장'으로 화룡점정을 이룩해 냈다. 소로가 문장으로 새를 그려내면 정말 새가 푸드득거리며 내 눈앞을 지나가는 듯했다. 소로가 문장으로 강물의 흐름을 묘사하면 내 몸 전체가 강물 위에 떠서 천천히 배영을 하는 느낌이었다. 소로가 야생 사과에 대해 쓴 글을 읽으면 상큼한 사과의 과육이 내 입안에서 아삭아삭 씹히는 느낌이었다. 막연하게 새가 보고 싶다든지 다람쥐가 귀엽다든지, 이런 느낌이 아니다. 정말 새가 와서 노래하고 다람쥐가 와서 재롱을 떠는 느낌이었다. 글만 읽고 있어도 자연의 그 온갖 생물들이 바로 내 곁에 와서 속삭이고 지즐대고 때론 통곡하고 때론 재롱을 피우는 느낌이다.

『월든』을 읽고 있으면 활자로만 상상하던 자연의 모든 빛깔과 향기가 눈앞에서 생생하게 펼쳐진다. 당장이라도 월든의 오리가 귀엽성 있게 '꽥꽥' 노래를 부르며 나에게 소풍을 가자고 허리를 쿡쿡 찌르는 느낌에, 저절로 미소가 번진다. 내게 월든은 그렇게 '묘사'의 타오르는 힘을 가르쳐준 최고의 텍스트가 되었다.

그렇다면 『월든』을 읽을 때마다 내가 강해지는 느낌이 들었던 이유는 무얼까. 그것은 일반적인 권력의 느낌이 아니었다. 『월든』을 읽을 때 내 안에서 커지던 힘은 타인에게 군림하는 힘이 아니라 나 아닌 모든 것들을 사랑할 수 있는 내면의 에너지였다. 『월든』을 읽는 동안 나는 그동안 서서히 잃어버린 능력, 즉 아무런 조건 없이 나 아닌 다른 존재를 사랑하는 능력을 되찾았다. 『월든』을 읽으며 강해진다는 것. 그것은 내 안에 사랑이 가득 차서, 살아 있는 모든 존재들에 대한 연민과 아픔이 가득 차서 내가 더욱 넓고 깊은 존재로 부활하는 느낌이었다. 그것은 무언가를 소유함으로써 권력을 획득하는 자본주의적 힘이 아니라, 오히려 내가 꼭 붙들고 있었던 모든 것들을 나 아닌 존재들과 함께 나누고 싶은 열망의 탄생이었다.

『월든』을 읽을 때마다 내 안에 숨어 있던 가이아(Gaia)의 에너지가 깨어나는 느낌. 아직 미처 써먹지 못한 그 모든 야생의 에너지가 나에게 이렇게 속삭이는 듯했다. 친구야, 이제 때가 되었구나. 더 크고 눈부신 삶을 향해 나아가렴. 더 많은 힘을 소유하려 하지 말고 네가 이미 가진 힘을 세상에 나누어주며 살아가렴. 더 강력한 존재가 되려 하지 말고, 무지갯빛으로 흩어지는 분수처럼, 공기 중에 영원히 흩어져 흔적을 찾을 수 없는 향기처럼, 그렇게 세상 속으로 조용히 스며들며 살고 싶다. 『월든』은 그렇게 내 삶을 기쁘게 무너뜨리고, 내 게으름을 유쾌하게 박살내며, 자연과 함께하는 더 크고 향기로운 삶을 향해 나를 이끌었다. 이제는 당신 차례다. 이 책을 읽었다면, 나와 소로의 간절한 외침을 들었다면, 바로 당신이 '내 마음의 월든'을 가꾸기를. 우리가 저마다의 월든을 간직하고 지켜낸다면, 지구에는 더 많은 초록빛의 혁명이, 아이들에게는 더 오래 지구의 아름다움을 기억할 수 있는 미래가 펼쳐질 것이다.

소로의 절친한 벗 마거릿 풀러는 아무리 친한 친구라도 소로를 위해서 아무것도 해줄 것이 없음을 이해했다. 소로는 실제로 아무것도 필요치 않았기 때문이다. 오직 자연과 함께하는 것만으로도, 월든 오두막에서 글을 쓸 수 있는 것만으로도, 그는 진정으로 행복했기 때문이다. 그가 다른 사람처럼 살지 않는다고, 그가 평범한 성공의 길을 거부했다고 지적하는 것이 아니라, 그의 삶을 있는 그대로 응원해 주는 친구들이 있었기에, 소로는 결코 외롭지 않았다. 내가 소로의 친구였다면, 나 또한 그를 바꾸려 하거나 지적하지 않고 그저 그를 내버려두라고 속삭일 것 같다. 우리의 특이한 친구 소로를 그냥 내버려두세요. 그는 아름다운 길을 걷고 있어요. 그가 걷는 길에 꽃을 뿌려주진 못하더라도 그를 이방인이라 욕하지는 말아주세요. 소로는 여전히 자기만의 세계를 창조하느라 외로움을 느낄 틈조차 없는 사람들의 영원한 벗이다.

p. s.

이 책을 처음부터 끝까지 함께 만들어주신 소중한 편집자 최미혜 님께 따스한 감사의 인사를 드린다. 나와 함께 종이 위의 월든을 한 글자 한 글자 새겨준 편집자 님이 없었다면, 나만의 월든을 완성하지 못했을 것이다.

소로와 함께 생각의 오솔길을 걷다

독자들에게 '내 마음의 월든'에 대한 강의를 하다가 이런 질문을 받은 적이 있다.

"선생님! 소로처럼, 월든처럼 살아가기가 참 좋아 보이긴 하지만, 막상 실천하기는 어려워요. 도시에서 살아가는 우리 평범한 현대인이 따라 할 수 있는 월든 라이프는 없을까요?"

그 질문에 나는 마치 전광석화처럼 대답했다.

"우선 걷기부터 시작하면 어떨까요. 무작정 걷는 거예요. 이 도시 곳곳을 자동차가 아닌 내 다리로 걸어보는 거예요. 그러면 이 잿빛 도시 안에도 숨은 월든이 있다는 것을 알 수 있어요. 온갖 자동차들이 빽빽이 들어찬 거리 위에도 아름다운 가로수들이 있고,

거대한 건물 바로 앞에도 매우 인공적으로 보이지만 자세히 보면 참으로 어여쁜 화단의 꽃들이 자라나고 있지요. 골목 곳곳에 피어 있는 작은 꽃들이나 이름 모를 잡초들조차도 도시 안의 월든이 아닐까요. 콘크리트로 가득한 이곳에서도 푸릇푸릇한 생명이 자라나고 있다는 것. 그것이야말로 우리 도시 문명 안에 이미 자리 잡은 월든의 가능성입니다. 걸어야 보이는 것들이 있어요. 천천히 걸어다니며 우리 안의 월든, 우리가 아직 아끼고, 보살펴야 할 자연의 움직임을 들여다보면 어떨까요."

그렇게 우리는 '우리 안의 월든'을 살아내는 산책을 실현해 보면 어떨까. 그렇다면 '그저 무작정 걷기'를 통해 우리는 어떤 '월든스러운 감수성'을 캐낼 수 있을까. 사실 나도 '도시 속 월든을 찾기 위한 걷기'를 제안했지만, 걷기가 여전히 목마른 '실내생활자'가 되어버렸다. 코로나 시대 이후 산책을 나가려 하다가도 마스크를 착용하고 온갖 준비를 하는 것이 귀찮아 하루 종일 집에서 컴퓨터와 책만 붙들고 '또 하나의 월든'을 쓰는 '몸과 마음의 분리 상태'를 겪기도 했다. 그래서 걷기를 통해 내 안의 숨은 월든과 만나는 것의 소중함을 더욱 절실히 깨달았다.

몸 자체의 움직임이 절실히 필요한 순간이 있다. 아무리 의지를 발휘해 밝고 긍정적인 생각을 하려고 애써도, 몸이 축 늘어져 있으면 기분이 좋아질 수 없다. 고민과 스트레스로 온몸의 근육이 경직되는 느낌이 들 때면, 나는 마스크를 쓰고 무작정 산책에 나선다. 길가의 가로수들이 앞다투어 속삭이는 듯하다. "왜 이제 나왔어? 도대체 며칠째 틀어박혀서 일만 한 거야? 플라타너스 잎사귀 빛깔이 며칠 새 확 바뀐 것, 안 보이니?" 며칠 전보다 더 높고 푸른 하늘 또한 속삭이기 시작한다. "아무리 바빠도, 하루에 한두 번쯤은 날 바라봐야 하지 않겠니?" 새들의 속삭임이 가장 시끄럽고 부산스럽다. 그들은 정말 소리를 내고, 노래까지 부르며 '산책하지 않는 나'를 질책하기 때문이다. "넌 참 가엾구나. 우린 이렇게 매일 힘차게 하늘을 날아오를 수 있는데, 그 답답한 방구석에서조차 넌 좀처럼 움직이질 않더라." 나무들과 하늘과 새들의 다그침을 들으며, 나는 비로소 환하게 미소 짓고 걷고 또 걷는다. 굳어 있던 근육이 조금씩 부드러워지고, 컴퓨터 화면만 보느라 건조하고 따갑던 눈이 조금씩 촉촉해진다. 정신은 쉽게 위장을 할 수 있지만, 몸은 거짓말을 못한다. 움직이지 않으면 몸은 쉽게 굳어버리고, 몸을 움직이면 근육이 유연해지고 통증이 사라지며 마음까지 상쾌해진다.

걷기의 좋은 점은 셀 수 없이 많지만, '내가 어떤 방식으로 움직인다는 방향성이나 방법을 복잡하게 생각하지 않아도 된다'는 점이 가장 좋다. 아령을 들 때처럼 몇 킬로그램을 드는지 의식하지 않아서 좋고, 내가 왼팔을 흔드는지 오른팔을 흔드는지 의식하지 않아서 좋다. 그저 자연스럽게 걷기의 흐름에 나를 맡기기만 하면 된다. 나도 모르는 사이 온몸의 근육이 마치 정확하게 프로그래밍된 것처럼 일제히 움직인다는 사실이 신기할 때가 있다. 바로 그것이 걷기가 우리에게 주는 선물이다. 온몸의 근육 하나하나가 나도 모르는 사이 총체적으로 일사불란하게 움직이는 위대한 몸짓이 바로 걷기다. 그것이 전혀 힘들거나 억지스럽지 않다는 점도 마음에 든다. '운동'이 되기 때문에, 건강에 좋아서 걷는 것도 좋지만, 나는 무엇보다도 걷기 자체가 가져다주는 순수한 기쁨이 좋다. 아무런 꾸밈없이 그냥 걷기의 기쁨을 느껴보는 순간이 좋다. 목적지에 닿기 위한 실용적 걷기, 건강을 위한 의식적 걷기가 아니라, 그저 걷는 것 그 자체를 위한 걷기가 가장 순수한 기쁨을 준다.

낯선 도시를 여행할 때, 내 몸은 더욱 행복한 '걷기의 댄서'가 된다. 평소에는 출발지에서 목적지로 기계적으로 움직이던 몸이, 여행을 할 때는 마치 춤추는 사람처럼 즐거운 몸짓으로 내가 걷는 발걸음 하나하나를 우아하게 되새김질한다.

여행을 하면서 나는 깨달았다. 걷는 속도로 바라볼 때 세상이 가장 아름답고 눈부시다는 것을. 목적지에 도착할 수 있는 교통수단은 수없이 많지만, 그 어떤 자동차도 기차도 비행기도 선물하지 못하는 기쁨을 걷기는 가져다준다. 그것은 바로 직접 내 몸을 움직여서 목적지에 다다르는 기쁨이다. 교통수단은 말 그대로 이곳에서 저곳으로 가기 위한 '도구'지만, 교통수단 자신뿐 아니라 인간의 몸 자체도 '도구'로 만들어버린다. 그저 수동적으로 운전하는 주체,

기계에 종속되는 주체, 교통수단의 상태와 속도에 따라 일희일비하는 존재는 스스로 결정할 수 있는 움직임의 범위가 매우 좁다.

걷기는 우리를 '움직임의 주체'로 만들어준다. 그 어떤 탈것에 의지하지 않아도 좋은 몸, 오직 우리 몸이 최고의 교통수단임을 느끼게 해준다. 메이지유신 시대에 일본의 보통 상인들은 하루에 무려 6만 보 이상을 걸었다고 한다. 조선의 보부상들도 분명 걷기의 달인이었을 것이다. 그들의 삶은 고달팠지만, 심혈계 질환이나 고지혈증 같은 현대인의 질병과는 거리가 멀지 않았을까. 그들은 매일 온 세상을 걸어다녔고, 움직임이 적은 부자나 귀족들보다 더욱 건강하고 활기찬 삶을 살았을 것이다. 온 힘을 다해 매일 바지런히 움직이는 삶의 주인공들이니, 불면증에 걸릴 위험도 매우 적지 않았을까.

걷기는 미학적으로도 아름답다. 걷는 몸은 그저 서 있는 몸보다 훨씬 역동적이다. 유난히 아름답게 걷는 사람들이 있다. 그들은 그저 걷는 것일 뿐인데도, 마치 춤을 추는 것 같다. 꼭 모델이나 발레리나가 아니더라도, 일상 속에서 곧고 아름다운 자세로 걷는 사람들을 보면 기분이 좋다. 사람들의 걷는 모습을 가만히 관찰해 보면, 발레리나나 모델들만 걷기를 전문적으로 하는 것이 아니라 모든 사람들이 '자신만의 걷기'를 실천하고 있음을 알 수 있다.

걷기는 그 사람의 성격, 일상, 습관, 마음의 상태와 건강 상태까지 보여준다. 항상 걷기 자체에 집중하지 못하고 온갖 딴생각을 하며 걷는 나는 자주 돌부리에 걸려 넘어질 뻔하고 허리통증에 시달리기에 비틀거리며 걷는다. 건강하고 활기찬 나의 여덟 살 조카는 마치 걷기만 해도 우아한 황새가 날아다니는 것처럼 가뿐하고 날렵하게 춤추듯 거리를 활보한다. 게으름과 나른함을 온몸으로 보여주며 흐느적흐느적 걷는 사람의 몸짓은 나무늘보의 느릿느릿한 춤사위 같고, '뭐 또 재미있는 일 없나' 하는 호기심 어린 눈빛으로 호시탐탐 주변을 탐색하며 두리번거리는 사람의 걸음걸이는 산토끼처럼 경쾌한 춤의 곡선을 그린다. 우리는 그렇게 매일매일 자신만의 걷기라는 일상 속의 춤을 추는 '행복한, 보통의 댄서들'이 아닐까. 우리의 걷기라는 춤이 부디 매일매일 조금씩 더 아름답고 바지런하며 싱그러워지기를. 내 안의 월든을 찾는 도심 속의 걷기 여행, 그 속에 이미 '소로의 친구'가 된 우리 자신의 모습이 있다.

　나는 걷기를 크게 세 가지로 나눈다. 첫째, 건강을 위한 산책. 둘째, 철학을 위한 산책. 셋째, 자연 그 자체를 사랑하기 위한 산책. 건강을 위한 파워 워킹, 철학자들의 산책, 그리고 자연 그 자체를 사랑하는 사람들의 산책 사이에는 흥미로운 차이점이 있다. 건강을 위한 파워 워킹에는 '건강하지 못한 몸'을 향한 걱정과 생명 연장의 꿈이 담겨 있고, 철학자들의 걷기에는 '사유를 향한 최고의 도구'로서 산책을 선택하는 의지가 담겨 있다. 이 두 가지의 공통점은 '자아'를 향한 열정적인 관심이다. 그런데 자연 자체를 사랑하는 사람들의 산책에는 건강이나 사유의 필요성을 뛰어넘어, '나'를 위한 것만이 아닌 자연 그 자체와 소통하려는 의지가 담겨 있다. 철학자의 산책과 자연예찬자의 산책을 비교해 보니 흥미로운 차이점과 공통점들이 발견된다. 나는 철학자들의 산책을 대표하는 사람으로서는 발터 벤야민을, 그리고 자연을 사랑하는 이들의 산책을 대표하는 사람으로서는 헨리 데이비드 소로를 꼽고 싶다.

소로에게 숲과 호수 근처를 산책하는 것은 온갖 다채로운 사람들과 안부 인사를 나누며 마을을 산책하는 것과는 전혀 다른 의미가 있다. 바로 '자연과 나', 오직 둘만이 소통하는 풍요로운 대화의 체험이다. 소로가 지닌 영감의 보물창고는 크게 두 가지였는데, 하나는 어린 시절부터 광적인 책벌레였기에 언제든지 비슷한 주제만 나오면 거의 문장 자체를 외워서 말할 수 있을 정도의 엄청난 독서 체험이었고, 두 번째는 단 하루도 거르지 않고 싶어 했던 야생의 산책이었다. 산책조차도 그에게는 일종의 독서이자 글쓰기였다. 산책을 통해 그는 돌멩이 하나, 야생화 한 송이, 나무의 나이테 하나하나에 세심한 관찰력을 집중했고, 그는 자연의 몸짓 하나하나를 '읽는' 과정을 통해 매일 성장했다.

문학평론가이자 철학자였던 벤야민이 '산책자(플라뇌르, flâneur)'라는 개념으로 이 복잡한 대도시의 온갖 진귀한 상품과 문화를 탐구하는 예술가의 일상을 훌륭하게 압축한 것처럼, 그보다 훨씬 오래

전에 소로는 대도시가 아닌 '숲속'에서도 의미를 창조하는 걷기의 여행이 가능함을 발견했다. 벤야민의 산책은 상품과 문명의 의미를 밝히지만 본인은 더욱 외로워지고 우울해지는 '군중 속의 고독'이라는 위험을 안고 있었다. 반면 소로의 산책은 하면 할수록 더욱 즐거워지고 기쁨으로 가득 차는 충만한 일상 속의 여행이었다. 그것은 너무도 여행을 떠나고 싶지만 경제적 형편 때문에 한평생 한 고장에 머물러 살았던 소로가 발명한 '내가 있는 장소를 매일 낯설게 하기'라는 새로운 산책법이었다. 벤야민의 산책이 플라뇌르, 즉 도시 속의 정처 없는 헤맴이라면 소로의 산책은 손터링(sauntering), 즉 아무 목적도 없지만 결국 자연과의 공존과 합일을 이루는 걷기의 유토피아였다.

우리 현대인에게는 이 두 가지 걷기가 다 필요하지 않을까. 세상의 빠른 변화 과정을 포착하고 이해하기 위한 벤야민의 산책, 그리고 자연 속을 걸으며 원래 내가 탄생한 자리, 나라는 존재가 비롯된 본래 그러함을 사유하는 소로의 산책. 그 모두가 우리에겐 필요하다. 벤야민의 산책이 끊임없이 생각하며 비판적인 안목을 기르는 '사유의 긴장'을 추구하는 걷기라면, 소로의 산책은 아무리 입에 침이 마르도록 칭찬해도 모자랄 자연의 아름다움과 풍요로움 속에 나를 훅 던지는 '사유의 이완'을 추구하는 걷기다. 이 둘 사이에는 아주 중요한 공통점도 있다. 뚜렷한 목적지를 정하지 않고, 절대로 빨리 걷지 않고, 걷기 속에서 자유롭고 창조적으로 사유하는 것이다. 건강을 위한 파워 워킹도 아니고, 정해진 목적지에 도달하기 위한 실용적인 걷기도 아닌, 그저 걷는 것 그 자체에 온몸으로 집중하는 걷기를 통해 두 작가는 자기 안의 눈부신 잠재력을 최대한 끌어낸다.

나는 걷는다. 소로와 함께 걷는다. 당신도 걷는다. 우리는 소로와 함께 자기만의 월든을 향해 걷는다. 다 함께 걸으며, 마침내 소로가 우리에게 묻는다. "당신의 월든은 어디인가요?"

다시 만난 월든

제1판 1쇄 2022년 2월 28일
제1판 5쇄 2022년 12월 5일
제2판 1쇄 2025년 10월 30일
제2판 2쇄 2025년 12월 10일

지은이 | 정여울
펴낸이 | 송영석

편집장 | 박신애
기획편집 | 최예은 · 이나연
디자인 | 박윤정 · 유보람
마케팅 | 김유종 · 한승민
관리 | 송우석 · 전지연 · 채경민

펴낸곳 | (株)해냄출판사
등록번호 | 제10-229호
등록일자 | 1988년 5월 11일(설립일자 | 1983년 6월 24일)

04042 서울시 마포구 잔다리로 30 해냄빌딩 5 · 6층
대표전화 | 326-1600 **팩스** | 326-1624
홈페이지 | www.hainaim.com

ISBN 979-11-6714-128-6